ANN ANDREWS
UND JEAN RITCHIE

VON ALIENS ENTFÜHRT

EINE WAHRE GESCHICHTE

Aus dem Englischen von
Hartmut Huff

BASTEI
LÜBBE

BASTEI-LÜBBE-TASCHENBUCH
Band 12813

Deutsche Erstveröffentlichung
Titel der englischen Originalausgabe:
Abducted

Printed in Germany, April 1998
Einbandgestaltung: Gisela Kullowatz
Titelfoto: Ann Andrews

Satz: Textverarbeitung Garbe, Köln
Druck und Bindung: Ebner Ulm
ISBN 3-404-12813-3

Der Preis dieses Bandes versteht sich einschließlich
der gesetzlichen Mehrwertsteuer.

Dieses Buch ist den zahllosen Familien gewidmet, die derzeit darum ringen, mit ähnlichen Erlebnissen fertig zu werden. Schöpfen wir Kraft aus der Hoffnung, daß wir eines Tages eine Antwort bekommen werden.

Ich widme dieses Buch auch

Jason

für seine ungeheure Kraft und seinen Mut;

Daniel

für sein Verständnis und seinen Humor, der uns alle aufmuntert;

Paul

für seine fortwährende Liebe und Unterstützung;

und Tony Dodd,

der immer da ist – für uns alle.

Danksagungen

Die Autoren danken allen, die bei den Recherchen für dieses Buch und beim Schreiben geholfen haben, besonders Jason Andrews. Motivation für das Schreiben dieses Buches war sein Engagement dafür, die Wahrheit über seine Erlebnisse herauszufinden, und seine Überzeugung, anderen Menschen – besonders Kindern und Teenagern – die versuchen, ähnliche Phänomene zu verarbeiten, helfen zu können, indem er über seine Entführungen offen spricht.

Besonderer Dank gilt auch Tony Dodd, der unvergleichliche Erfahrung auf diesem Gebiet besitzt, sowie Maria Ward, James Basil und Sue und Billy Rutland, die den Autoren bereitwillig über ihre Erlebnisse berichteten. Vielen Dank auch an Paul, Daniel und Vi, die das Projekt unterstützten und ihre Zeit dafür opferten.

Inhaltsverzeichnis

1. KAPITEL
Eine Geburtstagsfeier

Rein äußerlich ist Jason ein attraktiver Junge: von durchschnittlicher Größe und Gewicht für einen Vierzehnjährigen. Seine hellblauen Augen, von dunklen Wimpern gesäumt, blicken aus einem runden, intelligenten Gesicht. Sein dunkelbraunes Haar ist adrett für die Schule geschnitten.

Er macht alles, was Vierzehnjährige tun: In der Schule ist er durchschnittlich, bekommt Tadel, weil er seine Hausaufgaben nicht gemacht hat. Er ist frech und um keine Ausrede verlegen, wenn er damit durchkommt, kann phantastisch mit einem Computer umgehen, treibt sich mit seinen Freunden herum und glaubt, daß das Geld an Bäumen wächst. Ein ganz normaler Junge – abgesehen davon, daß sich hinter diesen wunderschönen blauen Augen ein schreckliches Geheimnis verbirgt.

♦

Der 2. Juli 1987 war im Haushalt der Andrews ein wichtiger Tag. Jason, der jüngere der beiden Söhne der Andrews, wurde an diesem Tag vier Jahre alt, und seine Mutter und sein Vater hatten seine erste richtige Geburtstagsfeier organisiert.

Am Ende des Tages schlief Jason, vollgestopft mit Geburtstagskuchen und Chips und völlig überdreht durch die Ballons und Geschenke und Freunde, die stundenlang in dem Cottage herumgelaufen waren, erschöpft auf dem Sofa ein. Seine Großmutter Vi (die Kurzform von Violet) deckte ihn mit ihrem Mantel zu, als die Abendluft kühl wurde.

Seine Mutter Ann war erleichtert, weil alles gut verlaufen war und setzte sich, um mit ihrem Mann Paul und ihrer Mutter in Ruhe eine Tasse Kaffee zu trinken.

Ihr lockeres Geplauder wurde durch ein lautes Klopfen an der Tür ihres Cottage in Slade Green, Kent, unterbrochen. Alle drei waren verdutzt. Es war Freitagabend, zehn Uhr, zu spät für unerwartete Besucher. Doch das Geräusch war drängend und hartnäckig, lauter als das Geräusch einer Faust, mehr wie ein schwerer Stiefel, der mit ungeheurer Wucht derart heftig gegen die Tür trat, daß der Rahmen bei jedem Schlag erbebte.

Paul sprang auf und riß die schwere Eichentür weit auf.

Draußen war niemand. Das Schlaggeräusch endete in dem Augenblick, als Pauls Hände die Türklinke berührten. Er trat hinaus und schaute sich auf dem schmalen Weg um, der an ihrem Cottage endete. Durch die dicken Wolken eines heranziehenden Sturmes war es dunkler als an einem normalen Juliabend, doch selbst in dem Dunkel konnte er sehen, daß nichts auf der Straße war. In dem Cottage nebenan brannten Lichter, doch die Vorhänge waren zugezogen und die Türen geschlossen.

Als Paul wieder ins Wohnzimmer trat, gab es einen lauten Donnerschlag, lauter als jeder Donner, den Ann je gehört hatte. Darauf folgte ein fernes Grollen, das schnell zu gewaltigen Crescendos anschwoll. Es war, als ob jeder Donnerschlag unmittelbar über ihrem Cottage erfolgen würde. Der Lärm war so laut, daß sie nicht sprechen konnten, und für einen Augenblick hatten sie das eigenartige Klopfen an der Tür vergessen.

Das Unwetter weckte den sieben Jahre alten Daniel, ihren älteren Sohn, der oben geschlafen hatte. Er tauchte am Fuß der Treppe auf und rieb sich verschlafen die Augen. Er kletterte in den Schoß seiner Großmutter. Sein vierjähriger Bruder Jason schlief weiter, blieb zusammengekauert auf dem Sofa liegen.

Plötzlich gab es einen blendenden Blitz von solcher Heftigkeit, daß selbst Paul, ein großer Mann, der normalerweise nicht aus der Ruhe zu bringen war, zusammenzuckte.

Als hätte Jason ein Stichwort bekommen, richtete er sich so plötzlich auf, daß der Mantel seiner Großmutter zu Boden glitt. Die beiden Hunde winselten und krochen unter den Eßtisch. Jason starrte nur mit weit aufgerissenen Augen ins Leere, schien aber weder den Raum noch die Menschen um ihn wahrzunehmen.

Er öffnete seinen Mund und begann zu reden, gab eine unglaubliche Menge von Zahlen von sich, als habe er den Jackpot eines verrückten mentalen Spielautomaten geknackt. Phantastische Zahlen, große Zahlen, seltsame algebraische Formeln, mathematische Begriffe wie ›Pi‹ und ›Binärcode‹ sprudelten aus dem Mund eines vierjährigen Jungen, der normalerweise Mühe hatte, in seinen Bilderbüchern bis zehn zu zählen.

Das laute Pochen an der Tür begann wieder. Dann schien es vom Fenster zu kommen, dann von allen Fenstern und Türen gleichzeitig, und das ganze Cottage schien zu zittern.

Paul griff nach dem Telefon, um die Notrufnummer zu wählen. Nichts geschah. Er hörte das Freizeichen, doch die eingegebenen Ziffern wurden nicht registriert. Er versuchte es wieder, legte dann nach einem dritten Versuch den Hörer wütend auf.

Er wollte zur Tür gehen, als Jason, so plötzlich, wie er zu reden angefangen hatte, damit aufhörte. Genau in diesem Augenblick hörte das Pochen auf.

Dann glitt Jason von dem Sofa und begann, noch immer in Trance, auf die Tür zuzugehen. Paul legte seine Hände auf die Schultern seines kleinen Sohnes und hielt ihn behutsam fest.

»Wohin willst du denn, Junge?« fragte er. »Draußen gießt es in Strömen. Du wirst klatschnaß.«

Das Kind blickte zu seinem Vater auf und erwiderte mit einer seltsamen, emotionslosen Stimme: »Sie warten auf mich. Ich muß gehen.«

Während er sprach, begann das heftige Pochen wieder. Vi begann hysterisch zu schreien. Ann nahm ihr Daniel vom Schoß und drückte ihren älteren Sohn fest an sich, als sei er ein Talisman für Normalität.

Jason befreite sich aus Pauls leichtem Griff und ging wieder auf die Tür zu. Diesmal packte Paul fester zu. Jason wehrte sich dagegen und Paul, der verzweifelt war, schüttelte ihn heftig und befahl ihm »Laß den Quatsch!«

Zuerst kämpfte Jason noch heftiger gegen ihn an, und das Pochen wurde lauter und stärker, hallte im ganzen Hause wider. Dann blinzelte Jason plötzlich, und Paul, der die Veränderung spürte, gab ihm eine sanfte Ohrfeige, während er die ganze Zeit mit ihm sprach.

Jason erwachte allmählich, und dabei ließ das Pochen nach. Es erstarb völlig, als Jason zu Paul aufblickte und unschuldig fragte, ob er fernsehen könne.

Minuten später hatten die beiden Kinder in passenden Batman-Schlafanzügen ihre Lieblingsposition bezogen und lagen vor dem Fernseher, als ob nichts geschehen sei. Vi folgte den Instinkten, die sie während des zweiten Weltkriegs entwickelt hatte, um mit allen Eventualitäten fertig zu werden, und setzte den Teekessel auf.

Die beiden Hunde kamen aus ihrem Versteck hervor und liefen durch das Zimmer, während sie mit ihren riesigen Schwänzen wedelten, bevor sie sich neben den Kindern niederließen.

Paul griff wieder zum Telefon, und dieses Mal erreichte er die Polizei. Er berichtete von dem Klopfen, und man versprach ihm, so schnell wie möglich einen Streifenwagen vorbeizuschicken. Noch während er zu erklären versuchte, was geschehen war, wurde ihm bewußt, daß es unmöglich war, es zu begreifen.

Als die Polizei Minuten später eintraf, berichtete er, was geschehen war, ohne dabei Jasons Rolle zu erwähnen.

Die beiden Polizisten und Paul gingen mit Taschenlampen hinaus, um die Tür auf Spuren von Beschädigung zu untersuchen oder Verwüstungen im Garten zu finden.

»Das ist höchst eigenartig«, sagte der ältere der beiden Polizisten, der in der Tür stehenblieb, um den Teppich nicht zu beschmutzen. »Es gibt keinerlei Hinweise darauf, daß irgend jemand hier war – kein einziger Fußabdruck draußen im Lehm. Nach diesem heftigen Regen müßte es eigentlich Fußabdrücke geben.«

♦

Nebel umschließt meinen Wagen so dicht, daß ich über den Strahl der Scheinwerfer nicht hinaussehen kann. Das Fahrzeug holpert über die tiefgefrorenen Furchen des Feldweges. Es ist der Winter des Jahres 1996, in dem Kent, der Garten Englands, seit Wochen eingeschneit ist.

Mit Erleichterung sehe ich unmittelbar vor mir das fünfstäbige Metalltor mit dem Warnschild »Vorsicht, Hunde«. Dies ist er, der Kleinlandbesitz, der Paul und Ann Andrews gehört.

Ein großer Mann mit einem Holzfällerhemd tritt aus dem Nebel und öffnet das Tor, so daß ich hineinfahren kann. Der Hof ist ebenso voller Schlaglöcher und uneben wie der Weg, der zu ihm führt. Auf der linken Seite sieht man nichts, aber zu meiner Rechten hebt sich ein niedriges Gebäude mit einem verschwommenen gelben Licht in der Tür.

Bei einem solchen Wetter ist es leicht, sich alles mögliche jenseits des eingegrenzten Blickfeldes vorzustellen. Doch der Klang von Anns Stimme, die von der Tür kommt und durch den Nebel kaum gedämpft ist, vertreibt das Unheimliche.

»Das Teewasser ist aufgesetzt. Kommen Sie rein und wärmen Sie sich auf.«

Es ist sehr schwer, bei diesem ersten Treffen die Ungeheuerlichkeit ihrer Geschichte zu glauben. Ich wußte, daß sie eine völlig normale Familie waren, der anomale Dinge widerfahren sind, seit Jahren widerfahren sind und die noch immer geschehen. Doch irgendwie erwarte ich im Unterbewußtsein das Kainsmal bei ihnen, die Stigmata, die auch äußerlich den Unterschied zu uns anderen zeigen.

Da ist aber nichts. Als wir über das Wetter plaudern, ihre Hunde, meine Hunde, ihre Kinder, meine Kinder, ist es, als wäre ich bei einem meiner Freunde. Ann und ich haben die Probleme gemeinsam, die alle Mütter heranwachsender Söhne haben, und während wir sprechen, muß ich mich ständig daran erinnern, daß sie neben all dieser Normalität mit etwas fertig werden muß, was weit über die üblichen Reibereien im Leben mit Teenagern hinausgeht: Ann ist Jasons Mutter.

Jason. Er ist der eigentliche Grund dafür, warum ich hier bin. So sehr ich darauf gespannt war, Ann und Paul kennenzulernen, ist es Jason, der mich am meisten fasziniert. Was erwartet man von einem Jungen, dessen Kindheit so von Ereignissen dominiert gewesen ist, die das Fassungsvermögen von Erwachsenen überschreiten, ganz zu schweigen von dem Gleichaltriger? Wie ist er mit seinen ungeheuerlichen Erfahrungen fertig geworden, mit dem Druck, sie vor einer ungläubigen Welt geheimzuhalten?

Er kommt einfach hereingesaust. Als ich ankam, sah ich ihn nicht. Er war auf dem Feld, versteckt im Nebel und sprach mit seinen geliebten Ponys.

Er ist ein gutaussehender, munterer Junge, der eine modische weite Jacke trägt und einen hellroten Arsenal-Schal um den Hals geschlungen hat. Er ist Fußball-Fan, begeistert von Computern und verrückt nach der Musik von Michael Jackson. Bands wie Oasis mag er nicht. Ihre Songs sind für ihn ›Mädchen‹-Musik. Aber die Spice Girls sind okay, mehr als okay, erzählt er mir.

Jason ist wie seine Eltern absolut normal. Er hat Anns Sinn für Humor – sie necken sich ständig. Er tut, was man ihm sagt, aber dann, wenn er es will, wie die meisten Kinder seines Alters. Er beherrscht alle Register und weiß, wie weit man gehen kann, ohne Ärger zu bekommen. Sagt man ihm, er soll die Musik leiser stellen, dreht er den Lautstärkeregler, aber der Pegel geht um nicht mehr als ein oder zwei Dezibel herunter. Sagt man ihm, er soll die Hunde ausführen, tut er das, sitzt aber zwanzig Minuten später wieder vor dem Fernseher.

An diesem ersten Tag ist es die völlige Normalität der drei Hauptdarsteller in dieser außergewöhnlichen Geschichte, die mich drängt, mehr zu erfahren. Die Andrews sind keine Irren. Sie sind keine Phantasten. In der Gruppe gibt es kein dominierendes Familienmitglied, das die anderen dazu drängt, einen Betrug fortzusetzen.

Dies sind drei nüchterne, sensible, phantasielose Menschen. Ich komme wieder auf die Worte ›gewöhnlich‹ und ›normal‹ zurück. Denn das sind sie. Nicht außergewöhnlich. Besonders in der Hinsicht, wie alle Menschen für ihre eigene Familie individuell und besonders sind, aber für jeden anderen durchschnittlich und typisch und mittelmäßig.

Das setzt sie nicht herab. Es macht ihre Geschichte soviel stärker, soviel eindringlicher. Wenn es ihnen widerfahren kann, kann es jedem widerfahren. Vielleicht ist es weit mehr Menschen widerfahren, als wir wissen. Denn in einer Hinsicht *ist* die Familie Andrews außergewöhnlich: Sie sind bereit, ihre Geschichte zu erzählen, sie untersuchen und anzweifeln und überprüfen zu lassen. Sie wollen, daß die Wahrheit enthüllt wird. Wenn es eine logische Erklärung geben sollte, möchten sie sie erfahren.

♦

Seltsame und unerklärliche Ereignisse haben Jason Andrews seit dem Augenblick seiner Geburt, am 2. Juli 1983, begleitet. Aber erst zwölf Jahre später, im Herbst 1995, bekamen seine Eltern Paul und Ann Hinweise auf das, was geschah. Zuerst war es eine Erklärung, die sie nicht akzeptieren konnten. Sie war so bei den Haaren herbeigezogen, so unglaublich, so anders als alles, was sie je in Erwägung gezogen hatten, daß sie beide sich weigerten, sie zu glauben. Doch je mehr sie herausfanden, sowohl über Jasons Erlebnisse als auch die von anderen in ähnlichen Situationen, desto mehr wurde ihnen bewußt, daß seine Probleme exakt zu dieser Theorie paßten.

Die Offenbarung kam ihnen an einem Abend, als sie im Wohnzimmer ihres Hauses in Borough Green, Kent, saßen, um sich eine Fernsehsendung anzusehen.

Es war eine dieser Fernsehdiskussionen, bei denen das Publikum in Rängen sitzt, und dazwischen Leute, die einen Beitrag zu leisten hatten, aufgespürt von frischgebackenen Forschern und bestochen mit Reisekosten und der Verlockung der Fernsehkamera. Der Moderator lief die Gänge hinauf und hinunter und hielt den wenigen Auserwählten, die ihre dreißig Sekunden Ruhm haben wollten, das Mikrofon hin.

Die Diskussion war ziemlich locker strukturiert. Es ging zuerst um Hypnose als Unterhaltung. Berufshypnotiseure diskutierten mit denen, die glaubten, daß Bühnenhypnose demütigend und möglicherweise schädlich sei. Es gab im Publikum Leute, die sich freiwillig vor ihren Partnern hatten hypnotisieren lassen und in den fünf Minuten, in denen sie der festen Überzeugung waren, Elvis Presley zu sein, nichts als Spaß gehabt hatten. Es gab andere, denen das mißfallen hatte und die noch Tage später die Nachwirkung in ihren Hirnwellen spürten.

Dann ging es um den seriösen Einsatz von Hypnosetherapie als Mittel zur Überwindung von Suchterkrankungen wie Rauchen, Eßsucht und Trunksucht. Oder um vorhandene, aber unbegründete Ängste zu überwinden, so die Angst vorm Fliegen oder vor Spinnen. Ann und Paul verfolgten die Sendung mit Interesse. Ann kannte jemand, der mit Hilfe eines Hypnotiseurs aufgehört hatte zu rauchen, und es faszinierte sie. Daniel und Paul saßen auf dem Sofa, blätterten in Zeitschriften und warfen gelegentlich einen Blick auf den Bildschirm.

Schließlich ging es bei der zusammenhanglosen Diskussion um den Einsatz von Hypnose, um verborgene Erinnerungen ins Bewußtsein zu rufen. Ein Mann in den Vierzigern erklärte, daß er eines Abends ganz normal von der Arbeit nach Hause gefahren sei, eine Fahrt von fünfunddreißig Minuten. Doch in diesem besonderen Fall hatte sie drei Stunden und zwanzig Minuten gedauert. Er hatte keine Erklärung für das, was in den restlichen zweidreiviertel Stunden geschehen war, doch seit diesem mysteriösen Zeitverlust litt er unter unerklärlichen Stimmungsschwankungen, Depressionen und einer irrationalen Angst vor Dunkelheit. Am Ende hatte er einen Hypnotiseur aufgesucht, um seine Erinnerungen an die verlorene Zeit wiederzufinden.

Ohne Vorwarnung sprang Jason an dieser Stelle der Sendung auf, ergriff einen kleinen Porzellanhund, den Anns Mutter ihr vor Jahren einmal geschenkt hatte, und schleuderte ihn auf den Fernseher. Er verfehlte den Fernseher und traf mit voller Wucht den Videorecorder, wo das Porzellan in tausend Stücke zerbrach.

Paul sprang von seinem Platz auf und fragte den Jungen verärgert, was mit ihm los sei.

Jason drehte sich zu seinen Eltern um. Tränen rannen über seine Wangen und er schluchzte heftig.

»Der Mann da ist so dumm, so dumm. Er sollte froh sein, daß er sich nicht erinnern kann. Er sollte es dabei belassen. Denn ich kann mich erinnern. Ich erinnere mich an alles. Ich habe solche Angst. Sie lassen mich nicht in Ruhe. Warum können sie mich nicht in Ruhe lassen?«

Er rannte aus dem Zimmer und knallte die Tür hinter sich zu. Das Geräusch seines heftigen Schluchzens war aus der Küche zu hören.

Die drei im Zimmer sahen sich in schockiertem Schweigen an. Daniel sprach als erster.

»Versteht ihr noch immer nicht?« Er sprach zu seinen Eltern mit kaum verhohlener Verachtung über ihre Begriffsstutzigkeit.

»Dieser Kerl im Fernsehen ist von Außerirdischen entführt worden. Kapiert ihr beiden das noch immer nicht?«

Sie verstanden es nicht. Sie schauten ihren älteren Sohn betroffen schweigend an. Daniel war nie in die Familienstreitigkeiten wegen Jasons seltsamem Verhalten verwickelt. Mit 16 hatte Daniel sich von der Familie halb gelöst. Er bereitete sich auf seine Mittlere Reife-Prüfung vor und überlegte, was er tun sollte, wenn er die Schule beendet hatte. Sein gesellschaftliches Leben drehte sich um seine Kameraden und seine erste richtige Freundin. Er kommunizierte mit seinen Eltern nur durch Knurrgeräusche, fand Ausreden, um nicht an den gemeinsamen Mahlzeiten der Familie teilzunehmen und plünderte zu den unmöglichsten Tag- und Nachtstunden den Kühlschrank. Er war, kurz gesagt, ein typischer Teenager. Die bloße Tatsache, daß er im selben Zimmer saß und sich dasselbe Fernsehprogramm wie die anderen ansah, war bemerkenswert.

Anns Gedanken überschlugen sich. Das seltsame Verhalten, das der Mann in dem Dokumentarfilm schilderte, war genauso wie das von Jason. Er hatte von Narben gesprochen, die an seinem Körper auftauchten und wieder verschwanden, von einer plötzlichen und schrecklichen Angst vor der Dunkelheit, einem Verlangen, nachts bei jemandem zu sein, von einer unerklärlichen Müdigkeit, selbst wenn er lange Stunden im Bett gelegen hatte, von Stimmungsschwankungen, die er nicht steuern konnte und einem überwältigenden Panikgefühl.

Das war doch sicher nur ein Zufall? Sicher waren die wiedererlangten Erinnerungen des Mannes daran, entführt und in ein außerirdisches Raumschiff gebracht worden zu sein, nur wilde Phantasien? Ann hatte in Zeitungen Geschichten über Menschen gelesen, die behaupteten, Kontakt zu Außerirdischen zu haben, hatte sich aber selten damit aufgehalten. Die Welt war voll von Verrückten, dachte sie. Außerirdische gab es wahrscheinlich ebenso wenig wie Elfen im Garten. Und was Paul anging: Wenn Paul etwas nicht anfassen konnte, existierte es nicht.

Während ihr diese Gedanken durch den Kopf gingen, hörte sie wieder Daniels Stimme.

»Mum, erinnerst du dich, wie ich dir von meinem Soldatenfreund erzählt habe, der auf meinem Bett saß, als ich klein war? Daß du glaubtest, ich hätte mir ihn nur eingebildet? Erinnerst du dich, wie durcheinander ich war, als er sagte, er würde mich eine Weile nicht mehr besuchen, weil ihm klar geworden sei, daß ich nicht derjenige sei, mit dem er arbeiten sollte?«

Ann erinnerte sich vage daran, daß Daniel als kleiner Junge schniefend sein tränenverschmiertes Gesicht an ihrer Schulter vergraben und ihr erzählt hatte, daß sein Soldaten ›Freund‹, über den er so oft geredet hatte, endgültig weggegangen sei. Sie hatte das hingenommen, ohne jemals auch nur einen Augenblick zu glauben, daß sein unsichtbarer Freund etwas anderes sei, als das Produkt einer hyperaktiven Phantasie. Viele Kinder, vor allem Einzelkinder ohne Brüder und Schwestern, haben eingebildete Spielkameraden – und Daniel hatte vor Jasons Geburt angefangen, seinen Soldaten zu ›sehen‹.

»Er wollte Jason haben«, sagte Daniel. »Ich weiß jetzt, daß mein Soldatenfreund real war. Ich glaube, ich habe immer gewußt, daß er real war.«

Ann wollte wissen, warum Daniel vorher nie etwas davon erzählt habe. Paul hingegen machte klar, daß er alles, was Daniel gerade erzählt hatte, für Unsinn hielt.

Daniel lehnte sich im Sessel zurück und lachte humorlos.

»Verstehst du? Darum habe ich nie etwas gesagt. Dad hätte mich für verrückt erklären lassen«, sagte er.

Seine Stimme wurde wieder ernst.

»Tut mir leid, Mum. Ich wollte es dir erzählen, aber ich dachte, Jasons Seelendoktor würde es aus ihm rauskriegen. Ich habe auch irre Sachen erlebt, weißt du. Letzte Nacht wurde ich durch ein sehr helles Licht geweckt, und als ich mich aufrichtete, hatte ich am ganzen Körper das Gefühl, geschlagen worden zu sein. Fast so, als ob etwas in mich eingedrungen wäre. Ich spürte, daß mich eine heiße Energie durchlief, aber ich war wie gelähmt. Ich hatte schreckliche Angst. In der nächsten Sekunde schlief ich, und bis heute morgen erinnere ich mich an nichts.«

»Mein Soldatenfreund erzählte mir, Jason hätte eine echte Seele, was immer das bedeuten mag. Ich weiß, daß sie ihm nichts antun werden, weil ich es fühlen kann. Aber er braucht Hilfe, Mum. Er kann damit nicht fertig werden. Es macht ihn wirklich verrückt. Er ist verängstigt.«

Es war die längste Rede, die Ann je von Daniel gehört hatte. Es kostete sie Überwindung, das zu verarbeiten. Daniel war oft schnodderig und hatte den gleichen spöttischen Humor wie seine Mutter und sein Bruder. Aber es war klar, daß er es im Augenblick völlig ernst meinte.

Paul erhob sich langsam von dem Sofa und legte seine Hand auf Daniels Schulter. Er ging mit Daniel in die Küche, wo Jason noch immer schluchzte.

Ann blieb für einen Augenblick still sitzen. Das Gesumm aus dem eingeschalteten Fernseher war ein Kontrapunkt zu ihren Gedanken, und immer wieder fiel dieses unglaubliche, unglaubhafte, unakzeptierbare Wort ›Außerirdische‹.

Als sie schließlich in die Küche ging, beachtete sie niemand. Sie zog einen Stuhl heran und setzte sich zu ihnen an den Tisch. Jason hatte sein Gesicht in seinen Armen vergraben, aber er sprach deutlich und unterdrückte sein Schluchzen.

»Es ist immer das Licht, das zuerst kommt. Es weckt mich auf. Dann sehe ich diesen Großen durch den Boden am Ende meines Bettes aufstehen. Plötzlich sind überall ganz viele Kleine. Sie sind irgendwie behaart und undeutlich und sie bewegen sich sehr schnell. Ich kann mich nicht bewegen oder sprechen, aber ich bin wach und ich kann sehen und hören und fühlen. Ich will immer schreien und weglaufen, aber der Ton kommt nicht heraus und mein Körper bewegt sich nicht. Manchmal denke ich, ich schreie – ich kann mich selbst schreien hören. Aber es weckt euch nie auf. Ihr kommt nie, um mir zu helfen.«

»Ich hasse sie. Ich hasse sie. Ich hasse euch, weil ihr nicht kommt, wenn ich euch brauche …«

Jason richtete sich auf und starrte seine Eltern anklagend an.

»Warum laßt ihr zu, daß sie mich mitnehmen? Ich muß mit ihnen gehen. Sie bringen mich in einen Operationssaal, wie im Krankenhaus, und alles ist weiß und glänzt. Manchmal ist es ein runder Raum mit einem Metallboden. Es ist immer kalt. Ich will heimgehen, ich hasse es. Sie sind dort. Der Große berührt mich, aber ich fühle das nicht, gerade so, als ob ich betäubt wäre. Ich hasse es, ich hasse es …«

Ann legte ihre Arme um ihn und sagte ihm, es sei Zeit, ins Bett zu gehen.

»Aber du glaubst mir nicht, du glaubst mir nie, du denkst, ich bin ein dummes Kind, das sich das alles nur ausdenkt«, sagte Jason heftig.

»Ich glaube dir«, sagte sie. »Ich werde dir helfen, eine Lösung zu finden.«

Glaubte sie ihm? Sie wußte instinktiv, daß er die Wahrheit erzählte, wie er sie sah. Aber es war alles zuviel, um es zu verarbeiten, und sie hatte das Gefühl, es müßte eine andere Erklärung geben, eine, bei der keine großen Gestalten durch den Boden kamen. Aber sie wußte, daß Jason nichts vorheuchelte. Die Ereignisse waren für ihn völlig real.

Als er fragte, ob er im selben Raum wie seine Eltern schlafen könnte, war Paul sofort einverstanden.

Nachdem sie ihren Sohn auf eine Matratze gebettet hatten, die sie auf Anns Bettseite auf den Boden gelegt hatten, sprachen Paul und Ann über die Ereignisse des Abends.

Paul sträubte sich noch mehr als Ann, all das zu akzeptieren, was Jason ihnen erzählt hatte, sah aber wie sie, daß sein Sohn es todernst damit meinte. Er akzeptierte auch, daß es ihre Pflicht als Eltern war, alles in ihrer Macht Stehende zu tun, um zu helfen. Der erste Schritt, schlug er vor, war, daß sie soviel wie möglich über das Thema Entführung in Erfahrung bringen müßten. Er erklärte sich bereit, am nächsten Tag nach Dartford zu fahren und in Buchhandlungen nach einschlägiger Lektüre zu suchen.

Es war für sie der erste Schritt zu einer langen und verwirrenden Reise, einer Reise, die ihnen helfen würde, viele der Dinge zu verstehen, die Jason widerfahren waren.

Ich schloß mich fünfzehn Monate später, im November, ihrer Reise an. Wie Paul und Ann hatte ich vorher nichts von Entführung durch Außerirdische gewußt, aber wie ihnen war mir klar, daß mit ihrem Sohn Jason etwas sehr Bedeutsames geschah, etwas, das untersucht werden mußte. Die Familie Andrew bat mich um Hilfe, weil sie eine unparteiische Person haben wollten, die sich mit den Ereignissen in ihrer Familie beschäftigte, jemand, dessen Blickwinkel nicht durch persönliche Beziehung beeinträchtigt war.

Vor allem aber wollten sie, daß Jasons Geschichte untersucht, geprüft und erforscht wurde. Obwohl Paul in diesem Stadium widerwillig akzeptiert hatte, daß die Außerirdischen-Theorie die einzige war, die einigermaßen all die mysteriösen Dinge, die ihnen widerfahren waren, einzuschließen schien, wäre ihm eine vernünftige, wissenschaftliche Erklärung lieber gewesen, eine Interpretation von Ereignissen, die in sein entschieden newtonsches Weltbild paßt. Er ist nüchtern, sachlich und hält nichts von wilden Phantasien. Ann ist sensibler, neigt eher dazu zu glauben, daß es mehr im Leben gibt, als wir unbedingt sehen können. Doch auch sie hat wenig Zeit für phantastische Geschichten, weil sie mit der Haushaltsführung beschäftigt ist, eine Familie zu versorgen hat und Paul bei den Tieren ihres kleinen Bauernhofes hilft.

Als ich sie kennenlernte, hatten sie bereits einen Teil ihrer Reise hinter sich gebracht. Sie waren durch die Jahre, in denen sie sich mit Jasons sonderbarem Verhalten beschäftigt hatten und die Fülle paranormaler Ereignisse, die ihm widerfahren waren, daran gewöhnt, und sie hatten über Entführung durch Außerirdische gelesen und mit einigen Experten auf diesem Gebiet gesprochen. Ich hatte eine Menge nachzuholen.

2. *KAPITEL*

Der Perdeflüsterer

Die Geschichte von Jason Andrews reicht vor die Zeit seiner Geburt zurück, vor die Geburt seiner Mutter, vielleicht vor die Geburt seines Großvaters, eines Zigeuners, der mit der Familientradition brach, indem er Jasons Großmutter, Vi, heiratete und seßhaft wurde.

Jasons Urgroßvater war ein reinblütiger Zigeuner, der eine Schaustellerin heiratete, die ebenfalls Zigeunerblut in den Adern hatte. Eine Weile lebten sie in einem hölzernen, von Pferden gezogenen Wohnwagen, den sie selbst gebaut hatten. Sie rühmten sich damit, daß die einzigen Teile, die sie kaufen mußten, die Räder und der Ofen waren. Es war eine Lebensweise, die Jasons Urgroßvater gut kannte – er war 15, als seine Familie endlich ein Haus bezog, und brauchte Jahre, um sich daran zu gewöhnen. Obwohl Stans Eltern das Wanderleben aufgaben, als ihre Kinder geboren wurden, pflegten sie den Umgang mit anderen Zigeunern und ermutigten ihre Kinder, in der Sippe zu heiraten. Stan, der während des Krieges bei der Luftwaffe diente, bestürzte seine Familie dadurch, daß er Vi, eine hübsche Sechzehnjährige wählte, die er nach seiner Entlassung aus dem Militärdienst kennenlernte. Er arbeitete damals als Fahrer bei der Konservenfabrik Crosse and Blackwell.

Vi erinnert sich, ihn gleich an seinem ersten Arbeitstag dort gesehen zu haben. Er war dunkel, gut aussehend und aufregend. Das junge Mädchen, das erst seit einem Jahr aus der Schule war, ging nach Hause und erzählte ihrer Mutter, sie sei »einem netten Mann, der aber zu alt für mich ist«, begegnet. Stan war 23, welterfahren, aber ebenso hingerissen wie Vi. Er gab ihr den Kosenamen ›Min‹ und redete sie für den Rest ihres gemeinsamen Lebens nur dann mit Vi an, wenn sie einmal eine ihrer seltenen Streitereien hatten. Stans Eltern waren bereits tot, als die beiden heirateten, aber der Rest der Familie machte klar, daß sie Vi für zu jung hielten und daß sie keine Zigeunerin war. Ein Riß entstand, und obwohl beide Seiten der Familie sich bei Hochzeiten und Beerdigungen trafen, hatte Stan von da an keinen engen Kontakt mehr mit seinen Geschwistern.

Zum Ausgleich wurde er von Vis Familie herzlich aufgenommen und zog mit seiner jungen Frau in eine Dreizimmerwohnung in der ›Walworth Road‹-Gegend von London, die nur wenige Schritte von Vis Elternhaus entfernt lag. Hier wurde ihr ältestes Kind Ann am 11. Juli 1956 geboren. Binnen eines Jahres zog die Familie in eine Kellerwohnung in Peckham, im Südosten Londons, um. Sie hatte nur ein Zimmer, aber Vi und Stan errichteten in der Mitte eine Trennwand aus Möbeln, so daß schließlich zwei Räume entstanden. Ann bekam bald zwei Brüder, David und Stephen. So lange alle klein waren, gab es keine Probleme, das halbe Zimmer zu teilen. Zu der Wohnung gehörte eine Außentoilette, und das Bad war eine große Zinkwanne, die mit heißem Wasser aus dem Kessel gefüllt werden mußte.

An der großen weißen Küchenspüle gab es nur eine Kaltwasserleitung.

Ann besuchte die lokale Grundschule, wo sie glücklich war und erfolgreich lernte. Die Familie war relativ arm, aber das waren die anderen auch, doch da ihr Vater nie arbeitslos war, ging es ihr besser als vielen anderen. Ihre Mutter Vi war alles, was ein Kind sich wünschen konnte: aufmunternd, hilfreich und voller Hingabe, um ihren Kindern ein schönes Zuhause zu geben.

Obwohl sie in einem der am dichtesten bewohnten Stadtteile Londons wohnten, verlor Stan nie seine angeborene Liebe zum Land. Mit Anns Worten: »Er fand mitten in London Natur.«

Von dem Augenblick an, als sie laufen konnte, nahm er seine kleine Tochter an jedem Wochenende mit in den dortigen Park und sagte ihr die Namen all der Blumen und Gräser, die sie dort sahen, und wie sie medizinisch oder als Küchengewürze genutzt werden konnten. Später begleiteten ihre Brüder sie auf den Expeditionen, aber sie waren mehr an Ballspielen und Fahrradfahren interessiert, als etwas über Pflanzen zu erfahren. Er teilte mit Ann die Überlieferung der Zigeuner, die Traditionen und Märchen, die sein Vater ihm weitervermittelt hatte.

Und mit Ann teilte er noch eine andere Gabe. Als sie sechs war, entwickelte sie eine Liebe zu Pferden. Pferde gab es für die meisten Kinder in Peckham, wo sie lebten, nur in Bilderbüchern. Doch Anns große Liebe zu ihnen wurde durch einen Ausflug nach New Forest entfacht, als sie und ihr Vater in einer Herde wilder Ponys umherspazierten, sie tätschelten und mit ihnen sprachen, während andere Ausflügler aus respektvoller Entfernung zuschauten.

Das Kind Ann fand es nicht ungewöhnlich, daß ihr Vater ein so harmonisches Verhältnis mit den wilden Ponys hatte. Aus ihren Tagen im Park wußte sie, daß Hunde und Vögel seine Gesellschaft liebten, und sie nahm es als selbstverständlich hin, daß die Pferde das auch taten. Aber Vi, die aus sicherer Entfernung zuschaute, wußte, daß ihr Mann Stan eine Begabung hatte. Er war ein Pferdeflüsterer, hatte eine Fähigkeit, die in Zigeunerfamilien vererbt wird. Er konnte zu Pferden in einer Sprache sprechen, die sie verstanden, sie beruhigten, sie trösteten, sie dazu brachten zu tun, was er von ihnen wollte.

Wenn die erwachsene Ann heute zurückschaut, weiß sie zu würdigen, was ihr Vater aufgab, um seine Frau und seine drei geliebten Kinder zu ernähren. Nach Crosse and Blackwell wurde er Postbote, arbeitete lange Stunden und machte zusätzliche Schichten, damit die Lohntüte ständig voll war. Er wohnte in einem Mietshausviertel, obwohl er sich die ganze Zeit nach der Freiheit des Landes sehnte. Doch für das Kind Ann war die Traurigkeit ihres Vaters immer nur ein flüchtiger Gesichtsausdruck, der zuweilen da war.

Die Begeisterung seiner Tochter für die wilden Ponys veranlaßte Stan dafür zu sorgen, daß sie Reitunterricht bekam. Peckham war mit Reitmöglichkeiten nicht sehr gesegnet, und so stiegen er und Ann jeden Samstagmorgen in den alten Thames-Kombi, um hinaus nach Dulwich zu fahren, wo sie an der Dulwich Riding Academy mit den Töchtern der Mittelschicht

Reitstunden nahm. Vi war sich nicht sicher, ob dies ein geeigneter Zeitvertreib für ihre Tochter sei, aber sie willigte gerne darin ein. Manchmal kamen David und Stephen mit und hofften darauf, daß ihre große Schwester herunterfallen würde. Zuweilen wurden sie belohnt, aber Stan hob Ann immer auf, klopfte ihr den Staub ab und bestand darauf, daß sie sich wieder auf das Pferd setzte. Er machte ihr klar, daß es ihre Schuld war, nicht die des Pferdes.

»Sei verständnisvoller, Annie, verdiene ihren Respekt und gib ihnen deinen Respekt«, sagte er dann.

An einem dieser Samstagsausflüge herrschte auf dem Stallhof völliges Chaos, weil ein großer Fuchs stieg, buckelte und mit seinen Hufen nach den Stallknechten ausschlug, die versuchten, ihn zu bändigen, während ein Tierarzt darauf wartete, ihn zu untersuchen und ihm Injektionen zu geben. Stan verfolgte die Panik und Verwirrung ein paar Sekunden lang und sagte dann zu Ann, sie solle ihr Pferd wenden, damit es nicht auch in Panik geriet. Er schlenderte in aller Ruhe mitten in das Durcheinander, nahm dem Mann, der am Kopf des Pferdes stand, den Haltestrick ab und sagte zugleich dem anderen Knecht, er solle zurücktreten. Das schwitzende Pferd beruhigte sich sofort, als Stan murmelnd mit ihm sprach und dabei seinen großen Kopf streichelte. Wenige Sekunden später führte er das riesige Jagdpferd auf dem Sattelplatz herum, als sei es ein altes, friedliches Arbeitspferd. Er winkte den Tierarzt heran, der es untersuchte und behandelte, ohne daß es Probleme gab. Als Stan dem Stallburschen den Haltestrick zurückgab, sagte er ihm, daß das Pferd für den Rest des Tages ruhig sein würde.

Ann beendete ihren Ritt. Sie war zu Recht stolz auf ihren Vater, der bei diesem Drama die Hauptrolle gespielt hatte. Als sie zum Wagen zurückgingen, rief der Tierarzt ihnen nach, sie sollten warten und kam atemlos zu ihnen geeilt. Er hielt Stan seine Hand hin, und Ann erinnert sich, obwohl sie damals erst neun war, ganz deutlich an die Worte, die er sagte:

»Korrigieren Sie mich, wenn ich mich irre, aber ich glaube, ich hatte soeben das Vergnügen, einem Pferdeflüsterer bei der Arbeit zusehen zu dürfen, nicht wahr?« Stan lächelte und ergriff die ausgestreckte Hand. Er setzte seine Tochter in das Auto und sprach dann eine Zeitlang mit dem Tierarzt. Obwohl die neunjährige Ann nicht verstand, was ein Pferdeflüsterer war, fühlte sie sich ganz stolz.

Von da an war Stan in den Reitställen eine Berühmtheit, und ein paar Wochen lang sonnte Ann sich in seinem Ruhm. Dann wurde sie eifersüchtig, weil ihr Vater soviel Beachtung fand. Bald baten Pferdebesitzer ihn, ihre Pferde zu besuchen. Als Ann ihn bei einem dieser Ausflüge begleitete, sah sie zu ihrem Erstaunen, wie ihr Vater auf ein ungesatteltes, großes Pferd stieg. Ihr war nie bewußt gewesen, daß er reiten konnte, obwohl ihr im Nachhinein völlig klar ist, daß es ganz natürlich war, daß er es konnte. Dieses spezielle Pferd hatte als unreitbar gegolten, doch Stan verbrachte ein paar Stunden mit ihm und überzeugte es vom Gegenteil.

Erst Jahre später sprachen Stan und Ann über seine magische Fähigkeit im Umgang mit Tieren, und er erklärte sich schließlich bereit, seiner Tochter etwas von seinem Wissen zu vermitteln. Zu seinem größten Bedauern zeigte keiner seiner Söhne Interesse an Pferden, ebensowenig daran, die Kunst des Pferdeflüsterers zu erlernen. Vi erinnert sich, daß er Ann versprach, als sie sehr klein war, sie würde eines Tages ihr eigenes Pferd haben. Als sie in Peckham in einer Kellerwohnung lebten, schien das ein verrückter Traum zu sein, aber es wurde einer, der sich am Ende erfüllte.

Stan konnte auch mit Hunden gut umgehen, und der jeweilige Liebling der Familie war immer gut dressiert und brauchte nie ein Halsband oder eine Leine. In späteren Jahren vor seinem Tod brachte Ann ihre eigenen Hunde immer zu Stan, um sie von ihm ausbilden zu lassen.

Bis vor kurzem hatte Ann fast ausschließlich glückliche Erinnerungen an ihre Kindheit. Ihre Eltern lachten gern und hatten den gleichen Sinn für Humor. Obwohl nie viel Geld übrig war, hatte die Familie viel Spaß. Zweimal die Woche fuhren sie mit dem Bus zu ihrer Großmutter, und im Wohnzimmer ihrer ›Omi‹ fanden immer große Familienfeiern mit Kusinen und Tanten und Onkeln statt. Anns Großmutter führte ein offenes Haus. Die Tür in der Erdgeschoßwohnung an der Old Kent Road, dem wirklichen Herzen Londons, war nie verschlossen. Immer stand der Wasserkessel auf dem Herd, und im Wohnzimmer saßen stets Nachbarn, Verwandte und Freunde, während Anns Großvater sich in einer Ecke hinter seiner Zeitung verschanzte. Sie hat ihn als einen freundlichen, alten Mann mit zwinkernden Augen in Erinnerung, der ein wenig unter dem Pantoffel seiner fröhlichen Frau stand, das aber genoß.

Doch in diesem Durcheinander fröhlicher Kindheitserinnerungen ist auch eine erschreckende, die Ann verfolgt hat. Ihr Leben lang kommt sie dann und wann wieder hoch. Um ihre Bedeutung weiß sie erst, seit sie Jasons Probleme versteht. Sie war noch sehr klein. Sie erinnert sich, daß sie nicht einschlafen konnte und an dem Raumteiler vorbei ins angrenzende Zimmer ging, wo ihre Mutter auf dem großen Doppelbett lag. Stan hatte in dieser Nacht Dienst, und so war es leicht für Vi, ihre Tochter neben sich zu legen und wieder tief zu schlafen. Pat, der braunschwarze Mischlingshund, schnarchte leise am Fußende des Bettes.

Ann lag wach da und hatte das starke Gefühl, daß noch jemand in dem Zimmer war. Sie zog sich die Decke über den Kopf, dann wieder herunter und spähte. Eine ummantelte Gestalt schien durch den Boden am Fußende des Bettes aufzusteigen und richtete sich allmählich auf, bis sie so hoch wie ein großer Mann war. Ann zerrte fieberhaft am Arm ihrer Mutter, versuchte verzweifelt, sie aufzuwecken, aber Vi lag in einem tiefen, tranceähnlichen Schlaf. Pat, der Hund, lag stumm und reglos da, als ob er betäubt worden sei.

Die große Gestalt bewegte sich um das Bett herum, bis sie auf Höhe von Ann war. Ihre letzte Erinnerung ist, daß die Kapuze des Umhangs zurückgeschlagen wurde und sie in zwei große Augen schaute. Das Gesicht war nicht menschlich, sondern von diesen beiden riesigen, schwarzen, glänzenden Augen beherrscht. Das Gefühl von Entsetzen ist bei Ann noch immer da. Sie umklammert die Lehne ihres Sessels, als sie jetzt, 35 Jahre später, darüber spricht. Sie hat keine weiteren Erinnerungen an diese Nacht, aber an den nächsten Morgen. Sie erinnert sich deutlich daran, daß ihre Mutter sie tröstete und sagte, alles sei nur ein böser Traum gewesen.

Voller Wehmut kann sie sich ihres Gefühls tiefer Enttäuschung darüber erinnern, daß ihre Mutter nicht glaubte, daß es Wirklichkeit gewesen war, nicht glaubte, daß sie zwischen Traum und Wirklichkeit unterscheiden könne. Bei der Erinnerung an diese Gefühle treten Tränen in ihre Augen, weil sie sich schuldbewußt an die vielen Male erinnert, bei denen sie Jason mit den gleichen Worten tröstete. ›Es ist nur ein Traum‹, ›Du hast wieder einen Alptraum gehabt‹, ›Hab keine Angst, morgen früh ist alles wieder gut.‹

Ihrem Vater hat sie nie davon erzählt. Die Reaktion ihrer Mutter brachte sie dazu, die Erinnerung zu verdrängen, tief in ihrem Innern zu begraben. Dann und wann war sie plötzlich wieder da, aber sie hat sie immer ignoriert. Rückblickend sagt sie, wenn sie es ihrem Vater erzählt hätte, wäre er vielleicht verständnisvoller gewesen. Vielleicht hätte auch er gewußt, wie es ist, wach im Dunkeln zu liegen, während alle ringsum in einem unnatürlichen und tiefen Schlaf liegen, hätte gewußt, wie es ist, der Gastgeber unirdischer, furchterregender Besucher zu sein.

Stan starb 1983, zwei Monate nach Jasons Geburt. All die Fragen, die Ann ihm jetzt gern gestellt hätte, müssen unbeantwortet bleiben. Aber sie spürt instinktiv, daß auch er von Außerirdischen entführt worden ist. Vi erinnert sich, daß er ihr erzählte, es gäbe Dinge, die sie niemals verstehen würde, daß er sie ihr nicht verraten könne. Sie hatte immer geglaubt, es seien Zigeunergeheimnisse. Jetzt denkt auch sie anders.

Als Ann sehr klein war, vier Jahre alt, vor der Geburt ihres Bruders Stephen, verbrachte sie Stunden damit, Selbstgespräche zu führen und mit einem ›Freund‹ zu spielen, den ihre Mutter nicht sehen konnte. Vi maß dem wenig Bedeutung bei, da sie wußte, daß Einzelkinder oft imaginäre Freunde erfinden. (Die Familiengeschichte wiederholte sich einmal mehr, wenn Ann den gleichen Weg mit einem ›Freund‹ gegangen wäre, wie ihr ältester Sohn Daniel, der mit seinem sprach, wenn er allein in seinem Zimmer war.) Stan hingegen war von Anns unsichtbarem Besucher gefesselt und zugleich darüber besorgt, versuchte seine kleine Tochter dazu zu bringen, ihren ›Freund‹ zu beschreiben. Im nachhinein fragt Ann sich, ob er vermutete, daß ihr ›Freund‹ nicht ihrer Phantasie entsprang, sondern aus einem anderen Teil des Universums kam.

♦

Viele Jahre später, nachdem Ann die Wahrheit über Jason herausgefunden hatte, begannen weitere Kindheitserinnerungen in ihr aufzusteigen (siehe 10. Kapitel). Anders als ihr Sohn ist sie eine typische Entführte – sie hat nur sehr wenige bewußte Erinnerungen daran, daß sie entführt wurde. Hätte Jason sich nicht so deutlich an das erinnern können, was ihm widerfuhr und was so verheerende Auswirkungen auf das Familienleben hatte, hätte Ann Andrews vermutlich den Rest ihres Lebens weiter gelebt, ohne je zu wissen, daß sie von Kindheit an regelmäßig in einem Raumschiff zu Besuch war, das unsichtbar und völlig unentdeckt um unseren Planeten kreist. Rätsel hätte es in ihrem Leben immer gegeben – unerklärliche Flecken an ihrem Körper, seltsame und beunruhigende Gedanken, das Gefühl von etwas, das unmittelbar unter der Oberfläche ihres

Bewußtseins vergraben war – doch wahrscheinlich hätte sie diese Rätsel nie gelöst, da sie ein arbeitsames Leben führte, sehr nüchtern ist und einen Mann hat, der für solche Dinge keine Zeit hat.

Erst als die verblüffenden Ereignisse ihres eigenen Lebens sich zu denen Jasons fügten, begann sie wieder, über die Lebensumstände ihres Vaters nachzudenken und darin ein Muster zu sehen, aus dem sich ergab, daß auch er ein Entführter war. Es ist kein Fall eines Blitzes, der dreimal an derselben Stelle einschlägt. So wie Ärzte und Wissenschaftler immer mehr unsere Gesundheitsprobleme dem genetischen Code zuschreiben, den wir erben, ist es mit Entführungsopfern. So wie wir medizinisch gesehen Leiden vererben, seien es kleinere Erkrankungen wie Kurzsichtigkeit und Gelenkschwäche oder lebensbedrohende wie Krebs oder Schlaganfall, so geben Entführte der nächsten Generation ein verheerendes Erbe weiter.

Entführung findet in Familien statt.

♦

Als Ann zwölf Jahre alt war, wurde ihre Familie von der Stadtverwaltung umquartiert. Sie zogen aus der Wohnung in Peckham aus, in der sie zu fünft gewohnt hatten, und bezogen eine brandneue Maisonnettewohnung in Slade Green. Ann war gerade ein Jahr auf der höheren Schule gewesen, der Friern Road Comprehensive. Deshalb war der Umzug ziemlich störend, zumal sie von einer reinen Mädchenschule auf eine gemischte Schule kam, nach Slade Green Comprehensive. Doch obwohl sie traurig war, ihre Klassenkameradinnen verlassen zu müssen, fand sie bald viele neue Freundinnen, da sie ausgeglichen und kontaktfreudig ist.

Das neue Zuhause war wie ein Palast. Es hatte drei Zimmer und vor allem – für Stan und Ann war dies das Schönste – es lag in Landnähe. Slade Green liegt außerhalb der sprichwörtlichen Grenzen Londons, gehört aber dennoch zum Stadtgebiet. Aber es ist grün und sorgfältig geplant, und die Hopfendarren des malerischen Kent sind nur wenige Minuten Fahrzeit entfernt.

Ann hatte Freude an der Schule, arbeitete hart und bestand ihre O-level-Prüfung in fünf Fächern. Wegen ihrer guten Leistungen wollte die Schule, daß sie blieb und sich für die Universität qualifizierte. Doch Ann brannte darauf, in der Welt herumzukommen und nahm eine Stelle beim Finanzamt an. Abends besuchte sie das Erith College und machte ihren Sekundarabschluß in Kunst und Englisch. Sie wechselte mehrmals die Stelle, befolgte aber immer den strengen Rat ihres Vaters, niemals eine Stelle aufzugeben, bevor sie keine neue hatte, und fand schließlich eine Arbeit, die ihr Freude machte, im Büro eines Immobilienmaklers. Idealerweise hätte sie gern mit Tieren gearbeitet, aber als unqualifizierte Hilfskraft in einem Hundezwinger oder in einer Tierarztpraxis wäre sie schlecht bezahlt worden.

Kurz nach ihrem 18. Geburtstag lernte Ann Paul Andrews kennen. Er war damals 17. Die zwanzig Tage Altersunterschied gaben in den Jahren, die sie jetzt zusammen sind, reichlich Anlaß für Scherze über ältere Frauen und ihre Gespielen. Sie lernten sich durch eine Verabredung mit Unbekannten kennen, die Anns Kusine Fay arrangiert hatte, die mit einem Freund von Paul ausging. Die Beziehung begann unter schlechten Vorzeichen. Fay und ihr Freund hatten einen heftigen Streit, und beide stürmten davon und ließen Ann und Paul allein. Erst am Ende des Abends merkte Paul, daß Fays Freund seine Schlüssel hatte. In Anns Haus rief er überall an und versuchte, seinen Kumpel irgendwo ausfindig zu machen, aber schließlich – und mit großem Widerwillen – erklärten sich Anns Eltern damit einverstanden, daß er auf ihrer Couch schlafen könne.

Am nächsten Morgen willigte Ann in eine weitere Verabredung ein, allerdings nur, um sicherzustellen, daß Paul schnell ging, ohne ihre Mutter noch mehr vor den Kopf zu stoßen, und nicht, weil sie ihn wiedersehen wollte. Bei dieser zweiten Begegnung wurde den beiden bewußt, daß es mehr als eine zufällige Verabredung war. Paul erklärte sogar, daß er Ann eines Tages heiraten würde. Sie lachte, aber schon bald sollten ihre Freunde sie als Paar sehen.

Vi war von Paul nicht sehr begeistert. Sie träumte davon, ihre einzige Tochter gut zu verheiraten. Ann hatte sich mehrfach mit einem Arzt getroffen, zwar nur sehr kurze Zeit, aber lange genug, um ihre Mutter mit Munition zu versorgen. ›Meine Tochter hätte einen Arzt heiraten können‹, war ein Satz, den Paul mehr als einmal in den drei Jahren zu hören bekam, die er um Anns Hand anhielt. Für Vi war Paul ein Provisorium, ein ungebildeter Mann ohne große Perspektiven. Schlimmer noch war, daß er auf einem Motorrad herumfuhr, und sie hatte vorgefaßte Meinungen über ›Rocker‹.

Paul wohnte mit seiner Mutter Shirley in einer Sozialwohnung in Kennington, nicht weit entfernt von jenen Teilen Londons, in denen Ann ihre frühen Jugendjahre verbracht hatte. Sein Vater hatte die Familie verlassen, als er noch ein Baby war. Paul war zu klein gewesen, um irgendwelche Erinnerungen an ihn zu haben. Seine Mutter arbeitete ganztags als Näherin, so daß seine Großmutter bei seiner Erziehung eine große Rolle spielte. Als er ins Teenageralter kam, war er mehr an Motorrädern und Kumpeln interessiert, als daran, seine Tage im Klassenzimmer zu verbringen, und er ging ohne Abschluß von der Schule ab. Er hatte nie ernsthafte Probleme mit der Polizei gehabt, jedoch wegen seiner Motorräder einige Verwarnungen bekommen. Als Ann ihn kennenlernte, hatte er gerade bei einer Firma, die Gold raffinierte, zu arbeiten begonnen, in unmittelbarer Nähe der Oxford Street im Herzen von West End. In den kommenden Jahren stieg er vom Laufburschen über eine Lehre im Raffineriegeschäft schließlich zum stellvertretenden Geschäftsführer auf.

Auf den Tag genau drei Jahre nach ihrer ersten Begegnung heirateten Paul und Ann. Überraschenderweise war es Pauls Idee, diesen romantischen Jahrestag zu wählen. So groß, rauhbeinig und freimütig er ist, ist er doch auch der Romantiker des Paares, bringt ohne besonderen Grund ganze Sträuße von Rosen seiner Frau mit nach Hause. Als sie 1977 heirateten, hatte Stan Paul sehr lieb gewonnen, und Vi akzeptierte ihn. Bis heute gehen Schwiegermutter und Schwiegersohn etwas gereizt miteinander um. Sie kommen jedoch meistens ganz gut miteinander aus, aber es gibt auch Meinungsverschiedenheiten.

Die Hochzeit war traditionell und in Weiß. Dabei traf die Braut zu spät ein, weil sie die Pferde fütterte, die den offenen Landauer zogen, in dem sie auf Verlangen ihres Vaters Stan zur Kirche fahren sollten. Als die Zeremonie vorbei war, schoß Paul in seinem neuen Anzug aus der Reihe der Gäste, die sich für das Hochzeitsfoto aufgebaut hatten, um mit den Pferden zu sprechen.

Die Flitterwochen waren weniger erfolgreich. Als sie auf dem Wohnwagencampingplatz der Isle of Sheppey ankamen, entdeckten sie zu ihrer Überraschung Anns Großeltern, eine Tante, einen Onkel und eine schwangere Kusine, Vicky, die alle in einem benachbarten Chalet untergebracht waren. Da es dort sehr eng war, schlugen die anderen vor, daß die Kusine – die unmittelbar vor der Entbindung stand – bei Paul und Anne schlafen sollte. Die Frischvermählten verbrachten ihre erste Nacht als Mann und Frau damit, daß sie Vickys Atmen lauschten und herauszufinden versuchten, ob sie schnarchte oder die Wehen hatte. Am folgenden Tag zogen sie in eine Pension in Hastings um, doch die beiden Einzelbetten weigerten sich, zusammengeschoben zu bleiben, rutschten auf dem glatten Linoleumboden auseinander und brachten die Vermieterin an ihre Tür.

»Zumindest begannen wir das gemeinsame Leben lachend, auch wenn wir sonst nichts tun konnten«, sagte Ann.

Ihr erstes Heim war eine Doppelhaushälfte in Crayford, nur wenige Meilen entfernt der Wohnung von Anns Eltern gelegen. Die Kaution brachten sie durch einen Glücksfall auf. Sie gingen mit Pauls Mutter zu einer ihrer üblichen Bingoveranstaltungen und Paul gewann 400 Pfund. Mit den hundert Pfund, die sie bereits gespart hatten und einer Hypothek aus öffentlichen Mitteln konnten sie sich das 140 Jahre alte Cottage leisten samt Einbau eines Badezimmers im Obergeschoß. Die Möbel wurden von Verwandten gespendet, und sie lernten auf die harte Tour, wie man sich einrichtet. Als Ann zwei Jahre nach ihrer Heirat schwanger wurde, waren sie eingewöhnt.

Daniel wurde am 10. Oktober 1979 geboren. Es war eine normale Entbindung, und er war gesund und sieben Pfund schwer. Ann war froh darüber, ihre Arbeit aufgeben zu können, um sich ganz ihm zu widmen, und Paul freute sich über den Familienzuwachs. Daniel war nicht der einzige Neuzugang: Als Ann ihre Arbeit aufgab, um mit ihrem Baby daheim sein zu können, kaufte sie einen hübschen Welpen, eine Kreuzung aus Borzoi und Neufundländer, den sie Heidi nannten. Hauptgrund für diesen Kauf war, daß bei ihnen eingebrochen worden war, und sie wollten ein Haustier haben, das zugleich Wachhund war. Ann wußte auch, daß Paul, der seine Kindheit noch mehr in der Stadt verbracht hatte als sie, sich immer einen großen Hund gewünscht hatte. Heidi war Auslöserin seiner lebenslangen Leidenschaft für Hunde. Paul ist heute ein geachteter und bekannter Züchter von Pyrenäen Berghunden. Überall im Heim der Familie hängen Trophäen, Auszeichnungen und Diplome, und immer sind mindestens vier oder fünf Hunde da.

Ein Jahr nach Daniels Geburt zogen sie nach Strood nahe Rochester in ein größeres Haus um. Aber sie waren von Anns Familie weiter entfernt, die Gegend war dichter bebaut, und Pauls tägliche Fahrt ins Zentrum von London dauerte noch länger. Er ging an fünf Tagen in der Woche früh um halb sechs aus dem Haus und kam nicht vor sieben Uhr abends heim. Er war jung und gesund und nahm das auf sich. Aber Ann fühlte sich sehr isoliert, da sie den ganzen Tag allein war und nur Daniel als Gesellschaft hatte. Als sie mit Jason schwanger war, wußten sie, daß sie näher zu ihrer Mum und ihrem Dad ziehen wollten.

Paul war mit seiner Arbeit erfolgreich, Beförderungen und Gehaltserhöhungen folgten in kurzen Abständen. Wegen des Preisverfalls auf dem Immobilienmarkt bereiteten sie sich darauf vor, das Haus in Strood mit Verlust zu verkaufen und das Haus ihrer Träume, ein Cottage in Slade Green, zu kaufen. Hier war es, zwei Monate nach ihrem Einzug, daß Ann ihren zweiten Sohn, Jason Simon Andrews, zur Welt brachte.

3. KAPITEL

Der Soldat

Jasons erstes Zuhause war Sweetbriar Cottage, Moat Lane, Slade Green, ein Haus und eine Lage so hübsch, wie der Name verrät. Hierher zogen Ann, Paul und der dreijährige Daniel keine zwei Monate vor Jasons Geburt.

Als Ann mich dreizehn Jahre später dorthin führte, war ich durch ihre Beschreibung vorbereitet, aber dennoch war ich erstaunt, diesen Flecken ländlicher Schönheit verborgen in den ausgedehnten Wohnsiedlungen längs der Mündung der Themse zu finden. Wir fuhren durch Straßen, an denen Häuser aus der Nachkriegszeit standen, überquerten eine Eisenbahnlinie und bogen in etwas ab, was auf den ersten Blick nur eine Zufahrt zu sein schien, sich dann aber als ein schmaler Weg entpuppte. Obwohl nur wenige Meter hinter dem letzten Wohnhaus gelegen, schien es Meilen von allem anderen entfernt zu sein. Hecken und Felder lagen zu beiden Seiten des Weges. Das einzige Indiz für Bewohnung waren die hohen Scheinwerfermasten eines von Flutlicht beleuchteten Fußballplatzes, die wir hinter den Feldern zu unserer Linken sehen konnten. Ann erzählte mir, daß dieser und die umliegenden Häuser noch nicht dort waren, als sie hier wohnten.

Etwa eine halbe Meile weiter endet der Weg in einer beeindruckenden Ansammlung halb baufälliger landwirschaftlicher Gebäude. Früher einmal muß diese eine große, blühende Farm gewesen sein, doch durch das Vordringen der Wohnhäuser ist kaum Ackerland geblieben, und jetzt wird das Gelände nur noch für die Lagerung von Baustoffen benutzt.

Auf der anderen Seite des Weges, gegenüber der Farm, steht eine Reihe von Cottages, in der ursprünglich Landarbeiter wohnten. Hinter den Cottages fließt der River Darent der Themse zu. Er ist umgeleitet worden und umfließt unmittelbar hinter den Cottages eine Insel wie ein Wassergraben. Auf der Insel stand einmal ein Kloster, und man kann die geduckten Ruinen der Gebäude noch immer unter wucherndem Efeu erkennen. Heute ist dies ein Naturschutzgebiet. Im stehenden Wasser dieses Grabens fand Paul Andrews einmal eine Leiche, als er seine Hunde am frühen Morgen ausführte. Später erzählte ihm die Polizei, daß der Mann, der ertrunken war, erst vor kurzem aus einer psychiatrischen Klinik entlassen worden war und vor vielen Jahren im Cottage der Andrews gewohnt hatte. In seinem verwirrten Zustand hatte er versucht, den Weg nach Hause zu finden und war ins Wasser gefallen.

Ursprünglich standen vier Cottages in einer Reihe nebeneinander, doch das Paar, das Sweetbriar an Ann und Paul verkaufte, hatte zwei gekauft und wollte sie zu einem umbauen. Während des Umbaus scheiterte die Ehe, und so verkauften sie billig an die Andrews. Für Ann und Paul war es ein Traumhaus: so nahe am Bahnhof gelegen, daß Paul zu Fuß dorthin gehen konnte und doch ringsum von Feldern umgeben. Nahe bei

Anns Eltern, den Geschäften, Schulen und doch idyllisch ländlich. Genau der richtige Ort, so glaubten sie, um Kinder großzuziehen und ihre wachsende Schar von Hunden unterzubringen.

Der Nachteil war, daß sie das Cottage unfertig übernahmen. Weder gab es Dielen im Wohnzimmer, noch war eine Treppe vorhanden. Der einzige Weg ins Schlafzimmer führte über eine Leiter, und Ann wagte sich erst nach Jasons Geburt dort hinauf. Handwerker wurden eilends beauftragt, die notwendigen Arbeiten zu erledigen, um das Haus bewohnbar zu machen, und dann verbrachten Paul und Ann den Rest der Zeit, die sie dort wohnten, damit, an dem Cottage zu bauen. Sie liebten es und wollten nichts mehr, als dort immer wohnen bleiben.

Bald nach ihrem Einzug kauften sie ihren zweiten Pyrenäen-Berghund und begannen mit der Zucht. Zwei der Welpen aus dem erstem Wurf behielten sie. Paul zeigte sie auf Ausstellungen und lernte alles, was er wissen mußte, aus Büchern, von anderen Züchtern und den Experten, die sie auf Ausstellungen kennenlernten. Hunde waren und sind noch immer sein Hobby. Weder er noch Ann trinken oder rauchen, und so sind die Kosten für die Hunde der einzige Luxus, den er sich leistet. Er entspannte sich von den langen Stunden des Pendelverkehrs nach und von London, indem er mit den Hunden am Flußufer spazierenging.

Jason wurde im Queen Mary´s Hospital, Sidcup, geboren. Es schien eine Entbindung wie aus dem Bilderbuch zu werden, bis sie plötzlich abbrach. Ann wurde an den Tropf gehängt, damit die Preßwehen blieben. Zugleich wurde ein Fötalmonitor angeschlossen, um den Herzschlag des ungeborenen Kindes zu kontrollieren, und augenblicklich herrschte auf der Station fieberhafte Aktivität. Die Krankenschwestern rannten voller Panik herum und riefen nach einem Arzt. Trotz der Schmerzen, die Ann durch die Wehen hatte, merkte sie, daß etwas nicht in Ordnung war. Paul, der an ihrer Seite war, sah sehr besorgt aus, erzählte ihr aber erst anschließend, daß der Fötalmonitor keinen Herzschlag angezeigt hatte.

Ann wurde in den Kreißsaal gebracht, wo ein Arzt bereitstand und ein Brutkasten vorbereitet war. Das Team erwartete, daß das Baby mit ernsten Problemen geboren wurde oder sogar als Totgeburt. Alle waren überrascht und erfreut, als dann ein gesunder Junge zur Welt kam. Während ihrer ganzen Schwangerschaft war Ann gesagt worden, ihr Baby sei klein, doch Jason warf alle Erwartungen über den Haufen. Er wog über neun Pfund, war ein großes, kräftiges Baby mit pechschwarzem Haar, lauter Stimme und gutem Appetit.

Zehn Tage später brachte Ann ihn in ein umgewandeltes Sweetbriar Cottage. Während sie im Krankenhaus war, hatten Paul und die Handwerker keine Mühe gescheut, um die Umbauarbeiten abzuschließen. Als sie heimkam, waren die Dielen gelegt und eine Treppe errichtet, die zu den drei Schlafzimmern führte, die sie nie zuvor gesehen hatte. Sie fühlte sich glücklicher denn je. Zwei wundervolle gesunde Kinder, eine Ehe, die von Jahr zu Jahr stärker wurde und ihr Traumhaus.

Nur eine Wolke war am Horizont zu sehen. In der Zeit, als Ann mit Jason schwanger war, wußte sie, daß Stan schwer erkrankt war. Sein Herz war angeschlagen.

Stan wußte, daß er sterben würde. In den Wochen vor Jasons Geburt sprach er viel mit seiner Frau Vi darüber. Aber er war entschlossen, das Baby zu sehen. Er war auch entschlossen, ein Versprechen zu erfüllen, daß er einer kleiner Tochter vor vielen Jahren gegeben hatte.

»Ich kann nicht gehen, bevor dieses Mädchen ein Pferd hat«, sagte er zu Vi. In der Zeit, als Ann und Paul nach Sweetbriar Cottage umzogen, löste er sein Wort ein und schenkte Ann ein häßliches, neun Monate altes Fohlen.

»Er wird sich gut entwickeln, wenn er heranwächst«, sagte er. Das Pferd bekam den Namen Craven und entwickelte sich, so wie Stan es vorhergesagt hatte, zu einem stattlichen Tier, das einen ganzen Schrank voller Trophäen und Pokale gewann, sowohl für sein gutes Aussehen als auch für seine Springkünste. Obwohl es an Zucker erkrankte, lebt es noch immer glücklich auf der Farm der Andrews.

Zwei Wochen, nachdem Stan Ann das Pferd geschenkt hatte, und zwei Monate nach Jasons Geburt, starb er. Es war eine schreckliche Zeit für die ganze Familie, aber für Ann war der Verlust besonders schmerzlich. Er hatte ihr einen Teil seines Wissens über Pferde weitergegeben, aber nicht alle seine Geheimnisse. Er hatte ihr erzählt, daß er wollte, daß die alte Kunst des Pferdeflüsterns überlebte, die Tradition ihm aber verbot, alles, was er wußte, mit einer Frau zu teilen. Alle Pferde, und besonders Craven, lösen bei Ann Erinnerungen an ihren Vater aus. Ihre Fähigkeit im Umgang mit ihnen ist nie so auf die Probe gestellt worden wie die ihres Vaters an dem Tag, als er den steigenden

Hengst beruhigte, doch sie hat ein harmonisches Verhältnis zu ihnen, das nie in Zweifel gestellt wurde. An dem Tag, als wir Sweetbriar Cottage wieder besuchten, galoppierte ein kastanienbraunes Pony über eines der angrenzenden Felder – über genau das Feld, auf dem Craven einst weidete – um sie zu begrüßen und schmiegte seine Nüstern an sie, als sei sie jemand, den es gut kenne.

Auch Jason hat eine angeborene Affinität zu Pferden. Obwohl er so klein war als Stan starb, erinnert sich Vi, daß ihr Mann das Baby manchmal stundenlang hielt. Er war kein ›neuer Mann‹ und war im Grunde der Überzeugung, daß man Babys am besten den Frauen überließ, damit die sich um sie kümmerten. Es war das einzige Mal in ihrer langjährigen Ehe, daß Vi sah, daß er mit einem Baby so selbstverständlich und natürlich schmuste. Sie glaubte, daß er wußte, daß Jason etwas Besonderes war, anders, der Erbe seiner Fähigkeiten, mit Tieren umzugehen, aber auch von etwas anderem, von etwas, über das er nicht einmal mit seiner Frau sprach.

Abgesehen von dem Kummer über den Tod ihres Vaters, war Anns Alltag in den ersten Wochen von Jasons Leben ganz normal. Er war ein zufriedenes Baby, und obwohl es die übliche Ermüdung durch Nächte mit zu wenig Schlaf, ständigem Füttern und Windelwechsel gab, verging die Zeit im Nu. Daniel schien den Familienzuwachs sehr gut aufzunehmen. Ein kleiner Bruder war amüsant, aber bei weitem nicht so aufregend wie sein neues Zuhause auf dem Lande mit dem großen Garten, in den zu seiner großen Freude ständig Kühe aus dem dahinterliegenden Feld eindrangen. Er liebte die Welpen und die Freiheit, die er hatte, konnte draußen völlig sicher herumtollen. Dieser Zeitvertreib bedeutete, daß er überhaupt nicht böse auf seine Mutter zu sein schien, weil sie so mit dem neuen Familienmitglied beschäftigt war. Zudem hatte Ann hinreichend entsprechende Lektüre gelesen und kümmerte sich auf ihre Weise darum, daß Daniel sich nicht vernachlässigt fühlte.

Einen oder zwei Monate nach Jasons Geburt, nachdem Ann ihn von einer Wiege, die neben ihrem Bett gestanden hatte, in ein Kinderbett in seinem eigenen Zimmer gelegt hatte, begannen die mysteriösen Vorkommnisse. Sie legte ihn zum Nachmittagsschlaf in sein Kinderbett und fand ihn später unter dem Kinderbett auf dem Boden liegend. Wenn er nachts weinte, fand sie ihn am falschen Ende des Bettes wieder, obwohl er viel zu klein und unbeweglich war, um dorthin krabbeln zu können. Zweimal fand sie ihn unter einem Stuhl, der neben seinem Bett stand. Einmal konnte sie ihn zu ihrem Entsetzen überhaupt nicht finden, als sie zum ersten Mal in das Kinderzimmer trat – er lag hinter der Tür auf dem Boden.

Sie vermutete, daß Daniel der Schuldige war. Sie glaubte, daß seine offensichtliche Einstellung zu einem jüngeren Rivalen eine tiefe Unsicherheit kaschierte, und daß er seinen kleinen Bruder heimlich bewegte, wenn Anns Aufmerksamkeit etwas anderem galt. Oder vielleicht, überlegte sie, wollte er einfach nur mit Jason spielen. Was immer sein Motiv sein mochte, er war der einzige Verdächtige. Sie stellte fest, daß er, wenn er auf einem Stuhl stand, groß genug war, um in das Kinderbett zu langen.

Aber dennoch fügte sich das nicht. Es gab Zeiten, wo sie genau wußte, daß Daniel es nicht getan haben konnte. Einmal war er im Haus seiner Großmutter gewesen, ein anderes Mal die ganze Zeit mit Ann im Garten. Und was war mit den Zeiten, wo das Baby mitten in der Nacht bewegt worden war?

Sie und Paul rätselten darüber, und Ann erzählte es ihrer Gesundheitsfürsorgerin und ihrem Arzt. Auch Vi wurde Zeugin dessen und war verwirrt. In Ermangelung einer anderen einleuchtenden Erklärung wurde am Ende Daniel für schuldig befunden. Er war fast vier Jahre alt und konnte ausdrücken, was ihm mißfiel und was ihn ärgerte. Ann sprach ihn nicht darauf an. Sie wollte nicht, daß er sich schuldig fühlte. Der Arzt riet ihr, nicht mit ihm zu reden oder großes Aufheben über das zu machen, was er tat, sondern ihn einfach im Auge zu behalten. Er würde schließlich seines ›Spieles‹ überdrüssig werden.

Im Laufe eines Tages gab es viel und reichlich zu tun. Noch immer kamen in Abständen Handwerker, um an dem Haus zu arbeiten. Zwei Kinder waren zu versorgen, Hunde mußten ausgeführt werden, Mahlzeiten zubereitet werden, Wäsche gewaschen werden. Durch diesen täglichen Rummel konnte Ann die Sorgen darüber, wie und warum ihr kleiner Sohn immer wieder woanders hingelegt wurde, verdrängen. Außerdem geschah das nicht dauernd, sondern nur dann und wann, und nach etwa zwei Monaten hörte das auf. Ann und Paul waren erleichtert. Sie vermuteten, daß der Arzt recht gehabt und Daniel eine schwierige Phase überstanden hatte. Erst im nachhinein wurde ihnen die Bedeutung dessen bewußt, was da vorgegangen war.

In den ersten Jahren von Jasons Leben, schien Anns ganze Sorge auf Daniel konzentriert zu sein. Es war kurz nach Jasons Geburt, daß Daniel in seinem Schlafzimmer Selbstgespräche zu führen begann, aus keinem offensichtlichen Grund kicherte und lachte. Daran war nichts Seltsames. Viele Kinder tun das. Es gab nichts Beunruhigendes, auch nicht, als er Ann erklärte, daß er einen ›Freund‹ habe, der ihn in seinem Zimmer besuche. Viele Einzelkinder haben eingebildete Freunde. Obwohl Daniel jetzt einen kleinen Bruder hatte und ihr Altersunterschied fast vier Jahre betrug, würde es noch einige Zeit dauern, bis Jason ein Spielgefährte für ihn sein können würde. Sweetbriar Cottage war isoliert, abgesehen von den beiden benachbarten Cottages, so daß Daniel keine große Schar von Freunden hatte, mit denen er spielen konnte. Also akzeptierte Ann es ohne Sorge, als er ihr von seinem Freund erzählte, der jedesmal verschwand, wenn sie sein Zimmer betrat.

Dennoch war sie von der Beschreibung seines Freundes überrascht. Sie hätte erwartet, der Besucher sei ein anderer kleiner Junge oder vielleicht ein Teddybär, der zum Leben erwacht sei oder eine Figur aus einem der Bücher, aus denen Daniel jeden Tag vorm Schlafengehen vorlas. Daniel sagte, sein Freund sei ein ›Soldatenmann‹, und er konnte richtig wütend auf Ann werden, wenn sie in sein Zimmer kam, und warf ihr vor, sie ›verscheuche ihn‹. Er erzählte ihr, sein Besucher heiße Junus, und als er eines Abends eine Science-Fiction-Sendung im Fernsehen sah, rief er sie und deutete auf die Uniformen, die die ›Raumforscher‹ trugen: alle hatten Kostüme mit Epauletten.

Paul und Ann erkundigten sich behutsam nach seinem ›Freund‹, um mehr zu erfahren, und Daniel erzählte ihnen, daß Junus ihm Unterricht über die Sterne und den Himmel gäbe. Daniel beantwortete die Fragen nach ihm sehr sachlich. Als seine Eltern fragten, wie Junus in sein Zimmer gelange, hörten sie, er käme durch das Fenster. Aber als sie fragten, ob Junus mit ihm zur Schule gehe oder ob Daniel ihn einmal gerne zum Tee einladen würde, schenkte ihnen ihr kleiner, blondhaariger Sohn einen vernichtenden Blick und sagte, sie sollten nicht albern sein.

Die Besuche hörten manchmal wochenlang auf. Daniel erzählte ihnen das vorher. ›Junus kann eine Weile nicht kommen‹, sagte er. Manchmal erzählte er ihnen, daß er in dieser Nacht einen Besuch erwarte, und prompt hörten sie ihn auch plaudern. Wenn sie sich zur Schlafzimmertür schlichen, saß Daniel auf dem Bett und redete, schien aber immer irgendwie ihre Anwesenheit zu spüren und hörte auf. Er schien von den Besuchen unbeeindruckt zu sein und entwickelte sich zu einem glücklichen, aufgeschlossenen kleinen Jungen, der sich gut in den Kindergarten einfügte. Als Ann der Gesundheitsfürsorgerin von Daniels ›Freund‹ berichtete, wurde ihr versichert, daß dies nicht ungewöhnlich sei, und als es eigenartig schien, was für eine Art von eingebildetem Gefährten Daniel sich ausgesucht hatte, erinnerte Ann sich daran, daß sie als Kind eine lebhafte Phantasie gehabt hatte. Daniel mußte sie geerbt haben.

Ann erwartete, daß der ›Freund‹ verschwinden würde, als Daniel eingeschult wurde und neue, reale Freunde in Daniels Leben traten. Tatsächlich aber besuchte Junus Daniel drei Jahre lang, bis er sieben war.

Es hörte erst auf, als andere, weit mysteriösere Dinge im Haushalt der Andrews zu geschehen begannen, und besonders bei Jason. Es fing mit der Feier des vierten Geburtstags an, als Jason begann, komplexe Zahlenkombinationen zu plappern und das Cottage von heftigem Klopfen erschüttert wurde. Nachdem die Polizei und Vi gegangen waren und Ann und Paul alleine waren, sprach sie mit Paul über das Thema. Aber er bezog bereits Verteidigungspositionen und versuchte der verblüffenden Abfolge der Ereignisse einen Sinn zu geben: das Klopfen war Donner, es war heftiger Regen, Jason hatte einfach einen Alptraum gehabt. Ann folgte dem nicht. Sie sah an Pauls Stirnrunzeln, daß er an seine eigenen Erklärungen nicht glaubte, daß er über die Ereignisse des Abends tief beunruhigt war. Aber sie wußte auch, daß Paul eine übernatürliche Erklärung nicht akzeptieren würde.

Wenn er etwas nicht berühren, nicht sehen, nicht untersuchen konnte, glaubte Paul nicht daran, und Ann begriff, daß die unwahrscheinlichen Erklärungen, die er vorbrachte, seine Art waren, mit den unheimlichen Ereignissen des Abends fertig zu werden. Und ganz gewiß hatte sie keine bessere Erklärung anzubieten.

Ab dem Tag nach der Party, gab es nie wieder völlige Normalität in Sweetbriar Cottage. Das Cottage wurde mitten in der Nacht von gleißenden Lichtern erfüllt, Lichter, die sich ebenso abrupt ›abschalteten‹, wie sie angegangen waren, und jedesmal, bevor Ann Zeit fand, nachzuschauen. Elektrogeräte entwickelten ein Eigenleben. Der Fernseher oder die Stereoanlage begannen mitten am Tag oder in der Nacht zu laufen, obwohl sie ausgeschaltet waren. Der Fernseher ging sogar an, obwohl Ann sorgfältig den Stecker herausgezogen hatte. Die Uhren im ganzen Haus gingen vor oder nach, alle gleichzeitig, als ob Sweetbriar Cottage in einem anderen Zeitsystem als der Rest des Landes sei.

Schlüssel, Tassen, Teller und Bücher wurden unter Betten, in Schränken oder in den falschen Räumen gefunden. Zahnbürsten verschwanden aus dem Badezimmer und fanden sich im Küchenschrank wieder, ruhten auf einer Dose mit gebackenen Bohnen. Ein Paar schmutziger Wanderschuhe fand sich in einem Bett wieder. Zuerst neckten sie sich und erklärten, vergeßlich zu werden (»Muß mehr Wasser in den Whisky geben«), aber allmählich fragten sie sich, ob sie verrückt wurden. Dann begannen sie, sich gegenseitig und doppelt zu kontrollieren. Wenn Ann die Autoschlüssel auf den Tisch legte, holte sie Paul, damit er bezeugen konnte, daß sie sie dort hingelegt hatte. Doch am nächsten Morgen waren sie regelmäßig bewegt worden.

Nichts verschwand jemals völlig. Alles tauchte immer irgendwo wieder auf. Es gab Zeiten, die sie zur Verzweiflung brachten, besonders, wenn die Autoschlüssel verschwunden waren und Ann in Eile war, weil sie Daniel zur Schule bringen mußte. Aber es gab keine wirklichen Verluste, nur Unannehmlichkeiten und ein schleichendes Gefühl, mitten in etwas sehr Seltsamem zu sein.

Auch die Kinder spürten das, und Ann machte absichtlich einen Scherz daraus. Sie befand, sie seien Opfer eines Poltergeistes und taufte ihren übernatürlichen Eindringling Charlie. Sie informierte Daniel und Jason über seine ärgerlichen Aktivitäten. Poltergeist ist ein deutsches Wort und bedeutet ›lärmender Geist‹, und obwohl Charlie nicht allzuviel Lärm machte (gelegentlich gab es unerklärliche Schläge und Gerassel), war er ungezogen und aufdringlich, als wolle er die Aufmerksamkeit der Familie auf sich lenken. Ein typisches Poltergeist-Verhalten.

Ann wußte wenig über das Übernatürliche, aber sie hatte von Poltergeistern gehört. Sie wußte, daß das Cottage über hundert Jahre alt war und sie begnügte sich damit zu akzeptieren, daß Geister aus der Vergangenheit ihre Spuren in dem Haus hinterlassen hatten. Paul war skeptisch, aber ihm entgingen die meisten paranormalen Aktivitäten, weil er so lange arbeitete. Er verließ das Haus um halb sechs morgens und kehrte nicht vor sieben Uhr abends zurück. Nachdem er seine Hunde ausgeführt hatte, schlief er wie ein Baum, erwachte auch nur selten, wenn Ann ihn anstieß, damit er das eigenartige blauweiße Licht sah, das periodisch ihr Schlafzimmer durchflutete.

Ann beschloß oft, Paul von all den seltsamen Ereignissen nichts zu erzählen. Sie wußte, daß ihn das störte, daß er im Gegensatz zu ihr niemals die Existenz von Geistern oder Gespenstern akzeptieren würde. So lange ›Charlie‹ harmlos war, glaubte Ann, Paul nicht beunruhigen zu müssen. Mit Vi war das anders. Wenn sie ihre Tochter und Enkelsöhne tagsüber besuchte, war sie Zeugin, wie viele seltsame Dinge geschahen, und sie bat Ann ernsthaft, das Haus exorzieren zu lassen.

Ann sprach mit ihren direkten Nachbarn nicht über das Problem. Es war ein älteres Paar, das wegen der Hunde und der Kinder der Andrews nicht gerade freundlich war. Die Jungen nannten die alte Dame ›Quengeltasche‹, weil sie sich stets beschwerte, wenn sie ihre Fahrräder nahe dem Cottagetor abstellten. In dem Cottage ganz am Ende der Reihe wohnte ein anderes junges Paar, und auch dies erlebte einige milde übernatürliche Aktivitäten. Es war immerhin soviel, daß die Eltern der Frau sich weigerten, in dem Cottage zu schlafen. Die Eltern kamen mit einem kleinen Wohnwagen zu Besuch und bestanden darauf, darin zu schlafen. Sie erklärten nie richtig, was an dem Cottage sie beunruhigte, aber sie erzählten Ann, daß dort ›eine unnatürliche Atmosphäre‹ sei.

Für Ann war die Poltergeistaktivität ein harmloser Spaß, und da es Jason seit den dramatischen Ereignissen an seinem vierten Geburtstag gut gegangen war, verdrängte sie allmählich all ihre Sorgen über diesen Abend. Doch fünf Monate nach der Feier begann etwas anderes.

Wie viele andere geplagte und überarbeitete Mütter war Ann dankbar für die Erfindung des Videos. Zeichentrickfilme waren für sie und Paul, der in der Woche so lange arbeitete, wie ein Rettungsseil. Von Montag bis Freitag war Ann den ganzen Tag damit beschäftigt, sich um die Wünsche der Jungen, um die Hunde, ein Pferd und ein Haus zu kümmern, in dem noch immer viel zu tun war.

An den Wochenenden aber konnte man sich darauf verlassen, daß Daniel als erstes frühmorgens Zeichentrickfilme in den Videorecorder schob. Ab sechs Uhr morgens konnte Ann das Gequake der gezeichneten Figuren unten auf dem Bildschirm hören, und sie wußte, daß ihre beiden Jungen beschäftigt waren und sich amüsierten, so daß sie und Paul ruhig liegenbleiben konnten.

Welcher Instinkt war es, der sie an diesem Samstagmorgen im November 1987, als Jason vier Jahre alt war, veranlaßte, aufzustehen und nach ihnen zu schauen? Sie weiß es nicht. Aber als sie nach unten kam, fand sie Daniel, Jason jedoch nicht. Sie rief nach Paul, der kam, um nach seinem jüngeren Sohn zu sehen.

Als Paul in Jasons Zimmer trat, vorsichtig seine nackten Füße zwischen die Autos und Flugzeuge und Legosteine, die den Boden übersäten, setzte, stürmte der kleine Junge mit ausgestreckten Armen auf ihn zu. Tränen rannen über seine Wangen.

Paul trug Jason nach unten und setzte ihn auf das Sofa. Ben, der riesige Pyrenäen-Berghund, der sich als Jasons Leibwächter betrachtete, vollzog sein übliches Morgenritual, indem er seinen kleinen Schützling ableckte. Normalerweise kicherte Jason vor Freude, besonders, wenn Bens rauhe Zunge seine Nase kitzelte, aber an diesem Morgen reagierte er nicht.

Paul beruhigte seinen kleinen Sohn sanft und sagte, er habe nur einen bösen Traum gehabt, sonst nichts. Aber Jason ließ sich nicht trösten. Wieder traten Tränen in seine Augen und rannen über sein Gesicht.

»Sie sind wiedergekommen«, sagte er. »Sie sind wiedergekommen, und ich mußte mit ihnen gehen. Sie sind wiedergekommen. Sie sind wiedergekommen.«

»Wer?« fragten Ann und Paul gleichzeitig.

»Die kleinen Männer mit den großen Augen. Sie machen mir angst, und ich will nicht mit ihnen gehen, aber sie bringen mich dazu. Bitte mach, daß sie weggehen, Daddy. Laß nicht zu, daß der Kleine mich mitnimmt. Mach, daß sie mir nicht wehtun.«

Ann und Paul trösteten ihn, sagten ihm wieder, daß es nur ein Traum sei und erinnerten ihn daran, daß der Weihnachtsmann in ein paar Wochen kommen würde.

Jason hörte auf zu weinen und wurde wieder fröhlich. Weder Paul noch Ann dachten weiter über diesen Zwischenfall nach, zumal Jason nach wenigen Minuten mit Daniel herumtollte und Cowboys und Indianer spielte.

Ann verdrängte diese Geschichte, war überzeugt, daß es ein Alptraum gewesen war. Alle Kinder haben Alpträume. Gibt es irgendwo im Land Eltern, die noch nicht ein verstörtes und schluchzendes Kind trösten mußten, nachdem es einen entsetzlichen Alptraum gehabt hatte?

In den frühen Stunden des nächsten Morgens wurde Ann, die schließlich eingeschlafen war, durch aufflammendes, gleißend helles Licht wieder aufgeschreckt.

Sie weckte Paul. Sie hatte Lichter wie diese schon vorher gesehen, in anderen Nächten, und vergeblich versucht, ihren Mann zu wecken. Dieses Mal aber erwachte Paul aus seinem tiefen Schlaf.

Er sprang aus dem Bett und ging zum Fenster, erwartete, eine vernünftige Erklärung auf der anderen Seite der zugezogenen Vorhänge zu finden. Jahre später frage ich ihn, was das für eine Erklärung gewesen sei. Er hat offensichtlich nie eine überzeugende Theorie entwickelt.

Autoscheinwerfer? Aber sie wohnten am Ende eines Weges, der ins Nichts führte, und selbst aufgeblendete Scheinwerfer würden niemals in ihr Schlafzimmer in der ersten Etage dringen. Der Scheinwerferstrahl eines

Polizeihubschraubers? Möglich, doch es gab kein Geräusch von Hubschrauberrotoren und in der Lokalzeitung keine Berichte über Autodiebe oder Einbrecher, die über diesen abgelegenen Weg geflohen waren. Ein Meteor? Paul, der Skeptiker, hätte nur zu gerne geglaubt, daß der Himmel von dem ionisierten Schweif eines Felsbrockens erleuchtet worden sei, der in der Erdatmosphäre verglühte. Doch Nachforschungen beim Meteorologischen Institut und beim Kriegsministerium ergaben, daß in dieser Nacht keine Meteoriten über Britannien beobachtet worden waren. Und was dann folgte, bestätigte, daß dies nichts mit einem umherfliegenden Steinbrocken aus dem Weltall zu tun hatte.

Bevor Paul das Fenster erreichen konnte, kam ein entsetzter Schrei aus Jasons Zimmer. Ann sprang so schnell aus dem Bett auf, daß sie und Paul an der Tür zusammenstießen, als sie sich beeilten, zu ihrem Sohn zu gelangen, der aus voller Kehle schrie. Sein kleines Gesicht war rot vor Anstrengung.

»Sie sind wieder da, sie sind wieder da«, schrie er seinen Eltern zwischen hysterischen Schreien zu.

Ann zog ihn fest an sich und machte tröstende Geräusche, während sie seinen Kopf streichelte. Die Schreie wurden zu Schluchzern. Das intensive Licht erlosch plötzlich, als ob jemand einen Schalter betätigt hätte, und die drei standen im Dunkel.

Paul weigerte sich, einen Zusammenhang zwischen Jasons Schreien und dem Licht zuzugeben. Es war wieder nur ein böser Traum. Nicht mehr. Aber er fühlte sich unbehaglich und war mit Ann der Meinung, daß Jason den Rest der Nacht in ihrem Zimmer verbringen sollte. Er trug die Matratze aus Jasons Bett in das Elternschlafzimmer und legte sie an Anns Bettseite auf den Boden.

Der kleine Junge schluchzte noch immer, als Ann ihn zudeckte, und sie lag wach da, ließ ihren Arm aus dem Bett hängen und hielt seine heiße Hand. Langsam ging sein Schluchzen in ein gleichmäßiges, ruhiges Atmen über. Er schlief. Schließlich schlief auch sie ein, obwohl sie es nicht wollte.

Der folgende Tag war naß und windig, und die Jungen mußten im Hause bleiben. Das Haus hallte von dem Gejohle und Gekreische der Cowboypatrouille wider, und wieder sahen Ann und Paul ihren schelmischen, normalen kleinen Jungen an und begannen sich zu fragen, ob die Ereignisse der Nacht nur Einbildung gewesen waren.

Doch als es Zeit zum Schlafengehen war, wurde Jason quengelig und störrisch. »Sie kommen immer nur nachts«, sagte er. »Darf ich bei dir schlafen, Mummy?«

Paul und Ann willigten ein. Es sollten noch viele Nächte folgen, in denen Jason nur im Schlafzimmer seiner Eltern schlafen wollte.

♦

Jason veränderte sich im Laufe der nächsten paar Wochen. Aus dem fröhlichen, aufgeschlossenen Vierjährigen, der gerne mit seinem Hund Ben oder seinem Bruder Daniel auf dem Boden herumtollte, der mit Ann kühn die Felder nahe dem Cottage erforschte, sie mit seinen tollkühnen Mätzchen erschreckte, der bei der Aussicht, gemeinsam mit Daniel zur Schule zu gehen, ganz aufgeregt plapperte, der es liebte, auf dem verlassenen Weg mit dem Fahrrad zu fahren – dieser Jason verschwand. Statt dessen hatte Ann ein störrisches, schwieriges Kind, das wie eine Klette an ihr klebte und ohne sie nicht einmal zur Toilette gehen wollte – das vor dem Badezimmer saß, wann immer sie darin war.

Die Schlafenszeit wurde zu einem nächtlichen Schlachtfeld. Jason weigerte sich, in seinem Zimmer zu schlafen. Die Andrews versuchten es damit, daß sie ihn zu Daniel ins Zimmer legten, und das schien ihn ein wenig zu trösten. Aber wirklich beruhigt war er nur, wenn er auf der Matratze auf dem Boden neben Anns Seite des großen Doppelbettes in ihrem Schlafzimmer schlief. Auch dies war ein Kompromiß. Er wollte sich zwischen seine Eltern schmiegen, doch sein Gestrampel bedeutete, daß Paul nicht genügend Schlaf bekam, bevor sein Wecker klingelte. Wenn er in Daniels Zimmer einschlief, wurde Ann mitten in der Nacht dadurch geweckt, daß er auf ihr lag und seine Arme um ihren Hals geschlungen hatte und schluchzte, daß ›sie‹ ihn wieder geholt hätten. Sie tröstete ihn dann, erzählte ihm, daß alles nur ein böser Traum gewesen sei.

Wenn die Familie ausging, nach Einbruch der Dunkelheit Familienangehörige oder Freunde besuchte, geriet Jason in Panik. Er fand bald heraus, wie er sich aus seinem Sitz im Auto befreien konnte und stürzte sich auf Ann, klammerte sich an sie, während sie zu fahren versuchte. Sie wurde wütend, sorgte sich um die Sicherheit der anderen Insassen des Autos, aber Jason kreischte »Ich will dich, ich will dich.«

Die Poltergeistaktivitäten gingen weiter, und es gab eine neue Dimension, eine, die Ann und die Jungen zu der Zeit als selbstverständlich hinnahmen. Eine Schneeeule begann an den dunklen Winterabenden ihr Cottage zu besuchen. Sie hockte sich auf das Fensterbrett vor dem Zimmer, das die Jungen jetzt teilten. Es war ein außergewöhnlicher Anblick, ihr reinweißes Gefieder vor der pechschwarzen Nacht zu sehen. Dem achtjährigen Daniel gefiel das, und als er das Fenster öffnete, flog sie zweimal in das Zimmer und hockte sich auf eine Stuhllehne.

Ann hingegen war dadurch beunruhigt. Es war ein großer Vogel mit wachsamen Augen, die ihr überall im Raum hin folgten. Aber sie stellte seine Anwesenheit nicht in Frage. Im Nachhinein weiß sie, daß sie naiv war. Doch dadurch, daß sie in der Stadt aufgewachsen war, wußte sie nichts über wilde Vögel. Sie hatte nur ein einziges Mal eine Eule aus allernächster Nähe gesehen, als sie in einem Zoo war, doch natürlich hatte sie nachts Schleiereulen und Waldkäuze gesehen, die lautlos zwischen den verlassenen Farmgebäuden umherschwebten. Sie vermutete, daß Besuche von Eulen, Schneeeulen eingeschlossen, auf dem Lande ganz normal waren und erklärte ihre Zutraulichkeit damit, daß sie von Menschen aufgezogen und dann freigelassen worden war und deshalb keine Angst vor Menschen hatte. Sie wußte nicht, daß Schneeeulen seltene Vögel sind, arktische Kreaturen, deren natürlicher Lebensraum Eisschollen und kahle Felsvorsprünge in einer baumlosen, frosterstarrten Landschaft sind. Selbst in einem harten Jahr, wenn es nur wenige Lemminge gibt, wagen Schneeeulen sich in Europa nie weiter vor, als zu den Küsten von Island, Grönland, Norwegen und dem Gebiet um Murmansk in der ehemaligen Sowjetunion. In der üppigen und relativ warmen Umgebung Kents hätte sie nie überleben können.

Die Eule kam sechs Monate lang sporadisch, manchmal zwei oder drei Nächte hintereinander, manchmal eine Woche oder noch länger nicht. Als sie nicht mehr am Fenster auftauchte, war Daniel ganz aufgeregt. Dann tauchte sie eines Nachts wieder auf. Es war ein Einzelbesuch, bei dem es schien, als ob sie lange Zeit ihre Augen auf Daniel richtete. Sie flog davon und wurde nie wieder gesehen. Doch nach dieser Nacht akzeptierte Daniel ihr Verschwinden. Ann hatte das unbestimmte Gefühl, als sei sie gekommen, um sich von ihm zu verabschieden, um ihren Frieden mit ihm zu schließen, weil sie nicht mehr kam. Aber sie verdrängte einen so phantastischen Gedanken.

♦

Jahre später fand ich heraus, daß ›Eulen‹ häufig in ›maskierten Erinnerungen‹ an Außerirdische erscheinen. Menschen sehen ihre außerirdischen Besucher dann in einer normalen, alltäglichen Gestalt. Besonders Kinder sprechen oft über Außerirdische mit Begriffen, die sie verstehen: Vögel, Katzen oder andere Tiere. Eulen werden sehr häufig erwähnt, wahrscheinlich, weil sie große Augen haben, die ihre Köpfe ebenso dominieren, wie es bei Außerirdischen der Fall ist, und wegen ihrer Fähigkeit, lautlos zu fliegen. Manche Forscher glauben, daß die Außerirdischen ihre eigenen Identitäten absichtlich verstecken, indem sie andere Gestalten annehmen, so daß der menschliche Verstand statt einer erschreckenden Entität etwas Vertrautes wahrnimmt. Dennoch gibt es üblicherweise Hinweise, daß es unmöglich ist, das betreffende Tier oder den Vogel in einer solchen Umgebung zu sehen. Die Eule der Andrews war zum Beispiel kein typischer britischer Vogel und sie verhielt sich auch nicht – dadurch, daß sie ins Zimmer kam – wie ein wildes Tier.

♦

Paul sah die Eule nie, aber Ann erzählte ihm von ihr. Auch er nahm das als normales Landleben hin. Außerdem war er mit seinen eigenen Problemen beschäftigt. Er empfand Jasons ständige Anwesenheit als belastend. Das Bett war der Ort, in dem er und Ann wie die meisten Ehepaare, Zuflucht vor dem Streß suchten, der mit dem Großziehen von Kindern verbunden war. Aber für Paul war es keine Zuflucht, weil Jason überall dort war, wo Ann war. Er versuchte, Verständnis aufzubringen, hatte tatsächlich aber das Gefühl, seine Frau sei zu nachsichtig. Er warnte sie, daß sie Jason verziehen würde, ihn zu einem Muttersöhnchen machte. Er sah, daß Jason tatsächlich Angst davor hatte, in seinem eigenen Zimmer oder auch bei Daniel zu schlafen, hatte aber den Eindruck, daß dieses ständige Nachgeben seine Furcht nur noch schlimmer machen würde. Ann versuchte hart zu sein und darauf zu bestehen, daß der Vierjährige in seinem eigenen Bett schlief, aber Nacht um Nacht war es ihr unmöglich, Jasons verzweifeltem Schluchzen zu widerstehen.

Sie wußte, daß dies nachteilig für ihre Ehe war, aber sie glaubte, daß Jason einfach Zeit brauchte, um diesen schrecklichen Alpträumen, die er ihrer Meinung nach hatte, zu entwachsen. Schließlich würden sie und Paul noch viele Jahre zusammen sein. Jason brauchte sie jetzt, vielleicht nur noch für ein paar weitere Nächte. Doch unausweichlich wurden immer mehr Nächte daraus, und mehrere Monate vergingen, in denen Jason auf der Matratze einschlief, Anns Finger umklammert hielt, die aus dem Bett baumelten. Wenn sie versuchte, ihre Hand zurückzuziehen, bevor er tief schlief, begann er kläglich zu weinen.

Für Paul nahm das Leben eine schlechte Wendung. Er war immer glücklich gewesen, lange Stunden zu arbeiten und zu fahren, hatte viel Befriedigung bei seiner Arbeit empfunden, da er in dem kleinen Familienbetrieb Karriere machte. Er wußte, daß er mit dem Geld, das er verdiente, seiner Familie ein gutes Leben bieten konnte. Es fällt schwer, seine große Körpergestalt mit seiner delikaten Arbeit in Einklang zu bringen, nämlich aus Rohgold und Silber Ketten und Ringe anzufertigen, aber er war auf seine Arbeit wirklich stolz. Anns Mann hatte ihren Ehering selbst angefertigt. Er wurde für seine Treue und seine harte Arbeit mit ständigen Beförderungen und Gehaltserhöhungen belohnt. Sie lebten gut: Ann konnte ihren Einkaufswagen im Supermarkt ohne Sorge füllen, und wenn ein neues Auto gebraucht wurde, konnte sie es sich leisten. Die Hunde und die Kinder bekamen nur das Beste. Es war kein luxuriöser Lebensstil, aber sie hatten genug.

Dann gab es Veränderungen in der Firma, für die Paul arbeitete. Mit dem älteren Paar, der sie gehörte, war er gut ausgekommen, doch als der Ehemann starb und die Frau sich zur Ruhe setzte, übernahm die nächste Generation das Geschäft. Zu dieser gehörte auch ein amerikanischer Schwiegersohn, der seine eigenen Vorstellungen davon hatte, wie die Firma zu führen sei. Paul teilte diese Vorstellungen nicht. Da Paul nie jemand gewesen war, der mit seiner Meinung hinter dem Berg hielt, sprach er offen aus, was er dachte. Zu offen. Eines Tages explodierte er, als er beauftragt wurde, etwas zu tun, das er für idiotisch und kontraproduktiv hielt. Er sagte dem neuen Chef klar, was er dachte, und wurde fristlos entlassen. Da er auf der Stelle ging, bekam er weder eine Abfindung noch Gehalt. Er hatte dort 14 Jahre lang gearbeitet und ging mit Nichts.

Ann war erstaunt, als er an diesem Morgen um elf Uhr nach Sweetbriar Cottage kam, nur wenige Stunden, nachdem er zur Arbeit gefahren war. Sie zog ihn damit auf, daß es gut sei, wenn ihr Gespiele nicht den ganzen Tag da sei. Aber sie sah an Pauls ernster Miene sofort, daß er nicht zu Scherzen aufgelegt war. Ihr erster Gedanke war, er sei krank. Aber er setzte sich und erzählte ihr ruhig, was passiert war. Er fürchtete sich vor ihrer Reaktion, erwartete, daß sie sagen würde ›Was wird aus der Hypothek?‹, ›Was wird aus den Kindern?‹, ›Wovon sollen wir jetzt leben?‹

Aber Anns erste Reaktion war große Erleichterung. Sie hatte gesehen, daß er unter immer größerem Druck stand, gesehen, wie angespannt und müde Paul war, wenn er heimkam, gemerkt, daß er immer länger brauchte, um sich zu entspannen. Sie war froh, daß endlich etwas passiert war, ihn zwang, über sein Leben nachzudenken. Sie wußte, daß Paul keiner dieser typischen Angestellten war, die von neun bis fünf Uhr arbeiteten, daß er nur dann wirklich glücklich war, wenn er seine Hunde oder das Pferd Craven striegelte oder mit den Hunden am Fluß spazierenging.

Deshalb war sie hilfreich und unbesorgt. Für sie war es ein Gewinn, daß Paul den ganzen Tag im Hause war. Die Spannungen, die sich zwischen ihnen im Lauf der Monate durch schlaflose Nächte, durch Jasons ›Alpträume‹ und seine Anhänglichkeit aufgebaut hatten, legten sich, weil diese echte Krise sie zusammenführte. Paul machte sich mehr Sorgen, zumal da ein Bewerbungsschreiben nach dem anderen zu nichts führte. Sein Alter, er war 32, sprach gegen ihn. Es schien, als wollten die Firmen nur Praktikanten einstellen. Da er es nicht gewohnt war, nichts zu tun, mußte er sich beschäftigen. Die Hunde wurden häufiger denn je ausgeführt, ihr Fell gründlicher als sonst gebürstet, und er kümmerte sich unaufhörlich um Craven.

Er war sogar zur Stelle, um die Kühe aus dem Hintergarten zu verscheuchen, wenn sie durch den Zaun kamen, und bei dieser Gelegenheit kam er mit dem Farmer ins Gespräch, einem alten Knaben, der sich zur Ruhe setzen wollte. Das Land, auf dem die Kühe weideten, war an Bauunternehmer verkauft worden (obwohl es bis heute nicht bebaut worden ist). Der alte Farmer ließ sich in den letzten Monaten seines Arbeitslebens nur zu gern von Paul bei der Versorgung seines Viehs helfen. Ohne Bezahlung. Und während Paul dies tat, entdeckte er seine wahre Berufung. Der Junge, der in einer Sozialwohnung mitten in London aufgewachsen war, der nur eine Maus in einem Käfig als Haustier gehalten hatte, erwies sich als geborener Züchter, der sich begeistert um das Vieh kümmerte. Paul liebte das. Kein noch so schlechtes Wetter konnte ihn davon abhalten. Ann witzelte, daß er kein Blut habe, weil Paul selbst bei tiefstem Frost im T-Shirt arbeitet. Er war daran gewöhnt, sehr früh aufzustehen und haßte es, im Bett zu liegen. Deshalb war es kein Problem, früh aufzustehen und beim ersten Melken zu helfen.

Er erzählte Ann, daß er zum ersten Mal seit Jahren seine Arbeit genoß. Als Gegenleistung für seine kostenlose Hilfe brachte der Farmer ihm viel über Tierhaltung bei, und Paul nahm das gierig auf. Aber es gab einen Tag in der Woche, den er wenig schön fand. Das war der Tag, an dem er den Empfang seiner Arbeitslosenhilfe quittieren mußte. Das Familieneinkommen war drastisch gesunken. Ann ging mit einem Taschenrechner durch den Supermarkt, um sicherzustellen, daß sie nur ausgab, was in ihrem Portemonnaie war. Sie kündigten ihre Kreditkarten, hatten aber auf diesen Konten noch Hunderte Pfund von Schulden, Geld, das sie in den Tagen ausgegeben hatten, als Paul regelmäßig Gehalt bekam.

Ann informierte all ihre Gläubiger, aber keiner zeigte sonderliches Mitgefühl. Sie war von sich selbst überrascht, weil sie bemerkenswert ruhig und philosophisch reagierte. »Wenn wir es nicht haben, können sie es nicht bekommen«, sagte sie zu Paul, als der sich über ihren wachsenden Schuldenberg Sorgen machte. Sie hat viel von der Zigeunermentalität ihres Vaters geerbt, betrachtet das Leben als ein Abenteuer, bei dem an jeder Ecke neue Überraschungen warten. Paul hingegen machte sich Selbstvorwürfe wegen ihrer Lage, weil er durch sein Temperament seine Arbeit verloren hatte.

Dann kam es ganz hart: Neun Monate, nachdem Paul arbeitslos geworden war, informierte der Bauträger sie, daß ihr Haus konfisziert werden würde. Obwohl sie etwas Wohngeld bekamen, gerieten sie mit der Rückzahlung der Hypothek immer weiter in Verzug. Es war ein vernichtender Schlag. Sie liebten das Cottage und hatten hart dafür gearbeitet, es zu renovieren. Paul überwand seinen Stolz und sprach mit den Vertretern des Bauträgers, aber die Männer im Nadelstreifenanzug wollten nicht zuhören.

»Verdammte Bürokraten – was wissen die denn schon vom Leben?« murmelte er, während Ann ihn aus dem Büro schob, bevor er die Beherrschung verlor.

Ann setzte sich mit der Gemeindeverwaltung in Verbindung. Die bot ihnen eine Wohnung in einem Hochhaus an. Nach einem Blick darauf, lehnte sie ab. Sie hatte Angst, daß sie ihre Söhne an die Teenagerbanden verlieren würde, die in der Gegend herumstreunten.

Sie boten Sweetbriar Cottage auf dem Immobilienmarkt an, hatten aber noch keinen Käufer gefunden, als der Tag der Beschlagnahme nahte. Die beiden Kinder waren unbekümmert. Danach gefragt, ob er gerne umziehen würde, sagte Daniel: ›Ja – kann ich mein Fahrrad mitnehmen?‹ Jason, der viereinhalb Jahre alt war, war zu klein, um zu verstehen, was vorging. Als die Aussicht, wohnungslos zu werden, immer bedrohlicher wurde, wurden sie dadurch gerettet, daß eine Familie sich in Sweetbriar Cottage verliebte und es kaufte. Für Ann war es ein bittersüßer Augenblick, als sie das Kaufangebot machten. Sie wußte, daß sie und Paul verkaufen mußten, aber sie wußte auch, daß dies das Ende ihres Traumes von einem Zuhause war.

Wegen der gestiegenen Immobilienpreise Ende der achtziger Jahre, konnten die Andrews ihre Hypothek tilgen und all ihre Schulden abbezahlen und hatten am Ende ein Guthaben von 30.000 Pfund auf der Bank. Das schien eine Menge Geld zu sein, reichte aber nicht, um ein anderes Haus zu kaufen, und da Paul arbeitslos war, bestand keine Möglichkeit, wieder eine Hypothek aufzunehmen. Obwohl ein Problem gelöst war, hatten sie keine Wohnung.

Zu diesem Zeitpunkt machte Ann einen Vorschlag, auf den Paul sofort ansprang. Da Paul soviel Freude an der Arbeit bei dem Farmer gehabt hatte, warum stiegen sie dann nicht selbst in die Landwirtschaft ein? Das würde nur in bescheidenem Rahmen möglich sein. Sie hatten nicht das Geld, um viel Land und große Viehherden zu kaufen. Aber sie hatten genug, um einen landwirtschaftlichen Kleinbetrieb zu kaufen. Sie könnten auf dem Land in einem Wohnwagen leben, und Paul könnte Kühe, Hühner, Schweine, Ziegen, Gänse, was immer er wollte, haben. Sie würden sich nicht nur etwas kaufen, wo sie leben konnten, sagte Ann, sondern sie würden sich so eine Erwerbsquelle kaufen.

Vor allem aber würden sie auf eine Art leben, die ihnen allen gefiel. Sie würden alle Hunde und Craven behalten können. Paul würde nie wieder von sieben bis sieben arbeiten müssen, und die Jungen würden an der frischen Luft und mit Tieren aufwachsen.

Ann hatte auch das Gefühl, daß Jason bei einem solchen Leben seine Angst vorm Alleinschlafen überwinden würde. Obwohl sie vor allem mit den wichtigen familiären Problemen beschäftigt war, hatte sie Jasons Ängste und Sorgen nie aus den Augen verloren. Sie hoffte, daß ein Ortswechsel alles einschneidend ändern würde. Vielleicht hatte ihre Mutter Recht gehabt, was Sweetbriar Cottage betraf. Vielleicht spukte es dort wirklich.

Wenn sie wegzogen, würde, dessen war sie sicher, Jasons schwierige ›Phase‹ ein Ende finden.

4. KAPITEL
Falkennest

Hawksnest Farm ist im Sommer ein herrliches Fleckchen Erde. Die Felder, die sich bis hin zu den dichten Wäldern ziehen, sind im Sommer mit Butterblumen und Gänseblümchen buchstäblich gesprenkelt. Die Pferde der Andrews, sechs an der Zahl, weiden in der Senke des Feldes, wogegen vier Kühe, so schön wie in einem Bilderbuch, Charolais und Jerseys, mit ihrem hellbraunen Fell, großen braunen Augen und langen Wimpern etwas näher an den Gebäuden der Farm grasen.

Prudence, ein riesiges vietnamesisches Hängebauchschwein, läuft auf dem Hof herum und entwischt oft auf den Weg. Es erschreckt vorbeikommende Spaziergänger, die oft genug die Polizei anrufen, um die Sichtung eines aggressiven Wildschweins zu melden. Aber Prudence ist absolut nicht wild. Sie ist ein sanftes Geschöpf und genießt es, wenn man ihr den Rücken kratzt. Weniger freundlich sind die Gänse, die Eindringlinge anschnattern und zischen, perfekte Wächter des gut vier Hektar großen Anwesens.

Unter den Gebäuden sind eine ausgebrannte Scheune, für die die Andrews gerade einen Ersatz errichten, und einige Stallungen und Pferche. Heute steht auch ein kleiner Wohnwagen auf dem Grundstück. Das riesige Mobilheim, in dem Paul, Ann, Daniel und Jason lange wohnten, steht nicht mehr dort.

Es ist leicht zu verstehen, warum Paul und Ann sich in dieses Stück Land verliebt haben. Weniger leicht zu verstehen vielleicht, warum es ausgerechnet dieser landwirtschaftliche Kleinbetrieb sein mußte, nachdem sie auf ihrer Suche nach einem neuen Zuhause Höfe überall in Kent, Cornwall, Devon, Dorset und vielen anderen Grafschaften besichtigt hatten. Beide geben zu, daß sie Anwesen gesehen haben, die ebenso hübsch waren, und einige, die bessere Konditionen boten. Auf Hawksnest Farm gibt es weder eine Wasserleitung noch Stromversorgung.

Doch wenige Tage bevor sie aus Sweetbriar Cottage ausziehen mußten, hatten sie nirgendwo etwas gefunden, bei dem sie instinktiv das Gefühl hatten, es sei richtig für sie – und dann schauten sie über das riesige fünfstäbige Tor auf Hawksnest Farm, das etwa eine Meile von dem winzigen, malerischen Dorf Crouch, nahe Borough Green in Kent, entfernt liegt. Ohne das Grundstück auch nur betreten zu haben, wußten sie, daß sie das Zuhause gefunden hatten, nach dem sie gesucht hatten. Sie beide hatten diese Gewißheit im selben Augenblick, als ob eine äußere Kraft ihnen das eingab.

Sie bezahlten zum Erstaunen des Immobilienmaklers die 25.000 Pfund bar, und nahmen Besitz von dem leeren Grundstück, fuhren über einen holperigen Weg, der die Felder eines anderen Farmers durchschneidet. Die Farm ist ein keilförmiges Grundstück. An einer Seite stehen Gebäude, die die Andrews errichtet haben. Davor ist ein Teich, und Felder erstrecken sich zu dichten Wäldern, die einem nicht dort wohnenden arabischen Eigentümer gehören. Dessen Verwalter tauchen ein paarmal im Jahr auf, um das Fällen der Bäume zu beaufsichtigen und sich um die Forstverwaltung zu kümmern. Irgendwo in den Wäldern findet man einen Stacheldraht, der eine Demarkationslinie bildet. Ab da gehört das Land dem Verteidigungsministerium. Es öffnet sich zum Mereworth Training Ground, der dem Ministerium zufolge als Übungsplatz für die Territorial Armee verwendet wird. Durch die Wälder führen Saumpfade, die von Reitern und gelegentlich von Mountain Bikern benutzt werden. Doch abseits der schmalen Wege ist das Unterholz dicht und undurchdringlich.

Von ihrem verbliebenen Geld kauften die Andrews ein großes Wohnmobil und Baumaterialien für eine große Scheune und die Ställe. Das Wohnmobil, von einem anderen Farmer gebraucht gekauft, maß 16 mal vier Meter, hatte zwei Schlafzimmer, eine Lounge, eine Küche und ein Bad. Es kam auf einem Tieflader an, aber da der Weg nach Hawksnest Farm sehr uneben ist, schleppte Paul es mit seinem Range Rover auf das Grundstück. Daniel und Jason waren sehr aufgeregt. Sie liebten ihr neues Zuhause, vor allem aber liebten sie es, in der Mitte von Nichts zu sein, nur von Feldern umgeben. Ein Generator erzeugte die Elektrizität, und Wasser wurde in einem riesigen Kunststofftank aus einer Tankstelle in Borough Green herbeigeschafft. Der Besitzer gab Paul die Erlaubnis, dort abends Wasser zu zapfen, wenn nicht zuviele Kunden dort sind. Das Füllen des Tanks dauert über eine Stunde, eine Arbeit, die Paul etwa alle vierzehn Tage einmal verrichten mußte. Doch selbst diese Unannehmlichkeiten waren ein Abenteuer.

Neben den Hunden, die ihre neue Umgebung liebten, waren Craven und seine Gefährtin, ein Pferd namens Shannon, die ersten Tiere auf der Farm. Darauf folgten ein Dutzend Ziegen. Paul band die Ziegen am Grenzzaun des Grundstücks an, und allmählich fraßen sie sich den Weg nach innen und stutzten so die überwachsenen Felder. Paul war von dem Geschmack der Ziegenmilch begeistert, doch Ann und die Jungen bevorzugten die Art, die sie im Supermarkt kauften. Geld war knapp. Sie lebten noch immer von der Wohlfahrt, bis das Geschäft etabliert war. Aber sie beide waren sehr glücklich, weil sie keine Hypothek hatten, keine Schulden und darauf hinarbeiteten, sich selbst zu versorgen.

Bevor sie Hawksnest Farm kauften, war dort eine Motocrossbahn gewesen, die aber seit Jahren nicht mehr benutzt worden war. Als sie dorthin zogen, waren die Brombeersträucher vier Meter hoch. Erst nachdem die Ziegen ihre Arbeit erledigt hatten, konnte Ann sehen, wie groß das Grundstück tatsächlich war,

Schweine, Gänse und Hühner folgten auf die Ziegen. Anns Hühner versorgten eine lokale Bäckerei ebenso mit Eiern wie die Familie. Paul verkaufte biodynamisches Schweinefleisch an einen Metzger in Tonbridge, und allmählich schufen sie sich eine profitable Existenz. Was ihnen an materiellem Wohlstand mangelte, fanden sie durch das Leben draußen mehr als kompensiert, und durch das Gefühl, ihr eigener Herr zu sein. Wenn Ann auf der Farm herumging, um Eier einzusammeln, dachte sie oft an ihren Vater und daran, wie er das Leben geliebt hätte, das sie führte.

Es war für die ganze Familie eine sehr glückliche Zeit, da Jason ungestört in den Etagenbetten schlafen konnte, die er mit Daniel teilte. Ann merkte, daß sie immer weniger an seine alten Probleme dachte, und wenn sie sich daran erinnerte, betrachtete sie es als eine Phase, die vorüber war. Jason kam auf die lokale Grundschule von Borough Green. Er wirkte glücklich, obwohl Ann manchmal überlegte, ob es natürlich sei, daß er so verschlossen war. Er verbrachte Stunden damit, auf den Feldern mit den Tieren zu sprechen, die seine Gesellschaft akzeptierten. Es gab Zeiten, in denen Paul nach Jason rief, damit der ihm beim Vieh half, denn der Junge besaß die Gabe, selbst das nervöseste Tier zu beruhigen.

Reiten schien Jason angeboren zu sein. Die Andrews erwarben mehrere Pferde, gewöhnlich, weil deren Besitzer sie nicht mehr haben wollten. Da genug Weideplatz zur Verfügung stand, war Paul stets bereit, noch ein weiteres aufzunehmen, und selbst die schwierigsten Ponys schienen Jasons Zauber zu erliegen. Er ritt auf ihnen ohne Sattel über die Farm und dies mit einer Anmut, die Ann zum Lächeln brachte und sie daran denken ließ, wie stolz ihr Vater auf das Baby gewesen wäre, das er kurz vor seinem Tod in seinen Armen gehalten hatte.

Es gab einen eigenartigen Zwischenfall mit Shannon (die eigentlich Shenandoah hieß, was Jason aber nicht richtig aussprechen konnte), der den Tierarzt ebenso verwirrte wie Paul und Ann. Das Pferd stand eines morgens, als Paul über das Feld zu ihm ging, stocksteif da. Als Paul bei ihm war, sah er, daß ein großer, rechtwinkliger Schnitt in der Schulter des Pferdes war. Um die Wunde war ein wenig Blut zu sehen, aber nicht viel.

Es war eindeutig ein Messerschnitt – und ein sehr sauberer Schnitt – und als der Tierarzt ein paar Stunden später kam, bestätigte er, daß es ein bewußt durchgeführter Einschnitt war und daß mehrere Gewebeschichten unter dem Fell entfernt worden waren. Es war offensichtlich nicht das Werk eines Vandalen. Am seltsamsten war, daß Shannon völlig still dastand und keine Spur von Schmerz zeigte, während der Tierarzt sie untersuchte und anschließend die Wunde vernähte. Es schien, als ob das Pferd bereits betäubt worden war.

Von dieser rätselhaften Wunde abgesehen, war Paul darüber erstaunt, daß überhaupt jemand nachts auf ihr Feld hatte gelangen können, ohne daß die Hunde anschlugen oder die Gänse Alarm geschlagen hatten. Zu dieser Zeit wußte die Familie noch nichts von der eigenartige Serie von Verstümmelungen von Tieren, die in einem gewissen Zusammenhang mit den Aktivitäten Außerirdischer zu stehen scheinen (siehe 14. Kapitel), und schließlich nahmen Ann und Paul es als gegeben hin, daß Shannons Verletzungen das Werk eines bösartigen und grausamen Vandalen sein mußten. Sie waren überrascht, wie schnell Shannons Wunde heilte und dankbar dafür, daß das Pferd scheinbar nicht litt.

Abgesehen von diesem mysteriösen Vorfall gab es nur ein kurzes unglückseliges Zwischenspiel. Das war im Sommer 1989.

Eines Morgens Ende Juli, kurz bevor die Jungen Sommerferien bekamen, setzte Ann sie an der Schule ab und fuhr dann zum Apotheker des Ortes. Später an diesem Morgen saß sie auf der Bettkante und schaute verzweifelt auf den Streifen, mit dem man eine Schwangerschaft feststellen konnte. Er hatte seine Farbe verändert und bestätigte ihre schlimmsten Befürchtungen. Sie erwartete ein Baby. Sie hatte es seit einigen Tagen irgendwie gewußt, sich aber einzureden versucht, daß sie sich das nur einbilde. Jetzt mußte sie die Tatsache akzeptieren.

An diesem Abend, nachdem die Jungen im Bett waren, verkündete sie Paul die Neuigkeiten. Er war hocherfreut. Er hatte immer viele Kinder haben wollen, und Ann wußte, daß er sich nichts sehnlicher als eine Tochter wünschte. Sie schaute ihn ungläubig an. Hatte er vergessen, wieviel Arbeit ein Baby bedeutete, das Windelwechseln, Füttern und all die Kosten? Sie war 33, und Paul beging in wenigen Wochen seinen 33. Geburtstag. Ihr jüngstes Kind, Jason, war sieben. Begriff Paul nicht, daß dies bedeutete, wieder von vorne anzufangen? Ann haßte es, ihm seine Freude zu verderben, aber sie konnte seine Begeisterung nicht teilen. Da Daniel und Jason alt genug waren, um physisch unabhängig zu sein, war sie überhaupt nicht von der Aussicht angetan, wieder ein winziges, völlig abhängiges Kind zu haben. Vor langer Zeit schon hatte sie die ganzen Babysachen weggegeben: Wiegen, Kinderwagen und Kleidung. Sie wartete darauf, daß die Familie wieder auf die Beine kam, daß die Farm lief, und obwohl sie es liebte, in dem Wohnmobil zu wohnen, war sie sich nicht sicher, ob sie es mit einem winzigen Baby teilen wollte. Zudem hatten sie gerade mit ihrer Rinderzucht begonnen, und Paul war voll damit beschäftigt, sich um die Kühe zu kümmern (die, obwohl sie das nicht wußten, in wenigen Wochen alle tot sein würden). Ein Baby würde bedeuten, daß sie Paul nicht viel helfen konnte. Und sie war auch beunruhigt. Sie war in den

Zwanzigern gewesen, als sie die beiden anderen Kinder bekommen hatte, und sie wußte, daß die Risiken bei einer Schwangerschaft ab einem Alter über 30 größer waren. Jasons Geburt war schwer gewesen, und er war ein besonderes Kind, das soviel Zeit und Hilfe gebraucht hatte ...

Sie sagte zu Paul sehr wenig über ihre Ängste, wollte sich die Zeit geben, darüber gründlich nachzudenken. Sie wußte, daß sie wahrscheinlich abtreiben lassen würde, wenn er nicht so begeistert wäre. Aber hatte sie das Recht, ihm ein weiteres Baby zu verweigern? Paul konnte sehen, daß sie erregt war, aber es fiel ihm schwer, sein Glücksgefühl zu unterdrücken. Er legte einen Arm um sie und sagte ihr, daß sie wahrscheinlich nur so deprimiert sei, weil sie sich nicht gut fühle – während ihrer beiden anderen Schwangerschaften hatte sie sich in den ersten Monaten sehr unwohl gefühlt.

Sie vereinbarten, am nächsten Tag wieder darüber zu reden. Doch ihre Positionen hatten sich nicht geändert. Für einige Wochen herrschte ein unangenehmes Schweigen zwischen ihnen. Ann traf eine Entscheidung. Obwohl sie wirklich nicht noch ein Kind wollte, würde sie es um Pauls willen durchstehen. Sie wollte ihm nicht für den Rest seines Lebens das Gefühl vermitteln, daß sie ihm eine größere Familie verweigert hatte.

Als sie ihm das sagte, war er hoch erfreut. Sie vereinbarten, den Jungen nichts zu sagen, da Schwangerschaft eine unerträglich lange Zeit für Kinder ist, die auf etwas so Aufregendes wie einen kleinen Bruder oder eine Schwester warten. Und außerdem hatte Ann ein ungutes Gefühl. Etwas war an dieser Schwangerschaft völlig anders als bei den beiden vorherigen.

Es war nur zwei Wochen später, an einem Mittwochabend im August, als Ann sich sehr müde fühlte und früh zu Bett ging. Sie dachte sich nichts dabei. Das Leben draußen auf der Farm bedeutete, daß sie abends alle müde waren, und die ersten Wochen jeder Schwangerschaft sind erschöpfend. Als sie im Bett lag, hatte sie Mühe einzuschlafen. Als sie schließlich eingeschlafen war, hatte sie beunruhigende Träume.

Am nächsten Morgen schüttelte Paul Ann wach. In seiner Stimme war Panik, und als sie die Augen öffnete, murmelte er ›Gott sei Dank‹. Ann fühlte sich müde und schwach, aber Paul half ihr mit starken Armen, sich aufzurichten. Er deutete auf das Bettzeug. Ein dunkelroter Fleck hatte das Federbett durchtränkt, und als Paul es zurückschlug, konnte Ann sehen, daß ihr Nachthemd und das Laken von Blut durchtränkt waren. Ann spürte keinen Schmerz und fühlte sich, abgesehen von der Müdigkeit, völlig wohl. Doch Paul bestand darauf, daß sie im Bett blieb. Er rief den Arzt an, der fünfzehn Minuten später eintraf und ihnen sagte, daß Ann eine Fehlgeburt gehabt habe.

Paul hatte Schuldgefühle wegen seines Verhaltens ihr gegenüber in den vergangenen Wochen und entschuldigte sich bei Ann. In den wenigen Sekunden, bevor er sie weckte, hatte er wirklich Angst um sie gehabt, und ihm war bewußt geworden, daß ihre Gesundheit ihm wichtiger sei, als sein Wunsch von einem weiteren Kind. Ann verzieh ihm sofort. Sie sprachen über das, was in der Nacht geschehen war, waren beide verwirrt darüber, daß Ann so tief geschlafen hatte. Während dessen kümmerte Paul sich um sie, wechselte das Bettzeug und zog ihr ein frisches Nachthemd an. Sie erzählte es Paul nicht, aber Ann spürte, daß ungute Erinnerungen sich in ihr regten, als ob sie etwas Wichtiges geträumt habe. Doch es gelang ihr einfach nicht, sich das wieder ins Gedächtnis zu rufen.

Paul war in den folgenden Tagen so aufmerksam, daß Ann zuweilen das Gefühl hatte, erstickt zu werden. Sie brauchte Zeit, um über ihren Verlust nachzudenken, um mit ihren Gefühlen fertig zu werden. Es gab Tage, in denen sie das Geschehene akzeptierte, und sie hatte das unheimliche Gefühl, eine Stimme in ihrem Kopf sagen zu hören, daß es ›alles nur zu ihrem Besten sei‹. Wann immer sie darüber nachdachte, wie es wäre, noch ein Baby zu haben, wußte sie, daß dies stimmte. Aber es gab andere Tage, an denen sie sich trotz ihrer vernünftigen Überlegungen weinerlich fühlte und um das Kind trauerte, das sie verloren hatte.

♦

Doch das Leben auf der Farm war mit soviel Arbeit verbunden, daß sie ihre Schwangerschaft bald vergaß oder sie zumindest aus ihrem Bewußtsein verdrängte. Paul war erfolgreich, und sie hatten soviel Geld verdient, daß er sich seinen größten Wunsch erfüllen konnte: Sie hatten Rinder gekauft. Paul hatte wochenlang an der Scheune und den Nebengebäuden gearbeitet, sie zu passenden Ställen umgebaut, und als die fertig waren, hatte er die ersten vier Kälber gekauft, die er erfolgreich großzog und auf dem Markt zum Spitzenpreis verkaufte. Er war sehr stolz, und Ann wußte, daß er endlich völlig glücklich war. Von allen Tieren mochte Paul Kühe am liebsten, und er hatte genug über ihre

Haltung gelernt, bevor sie nach Hawksnest zogen, um zu wissen, wie er sie zu behandeln hatte.

Bewaffnet mit einem glänzenden Marktbericht über seine ersten vier Kühe, ging Paul zu dem Leiter der Bank, der ihm gerne 20.000 Pfund Kredit gab, damit er einen passenden Stall bauen und seinen Viehbestand auf zwanzig Rinder aufstocken konnte. Als die Scheune fertig war, stellte er die Kühe hinein, kaufte fünf oder sechs gleichzeitig und hielt sie isoliert, um zu verhindern, daß sie irgendwelche Infektionskrankheiten auf die Farm brachten. Er überstürzte nichts, da jedes Tier zwischen 200 und 300 Pfund kostet und für einen kleinen Betrieb wie ihren eine große Investition darstellte. Sie bekamen Spritzen, die Futtereimer wurden mit Desinfektionsmitteln behandelt, und jedes Kalb wurde mehrmals täglich untersucht. Paul arbeitete wieder vom frühen Morgen bis in den späten Abend, dieses Mal aber freiwillig und nicht, weil ihm die lange Fahrt nach London bevorstand. Er stand ohne Mühe und von allein um halb sechs morgens auf und brauchte nie einen Wecker. Zuweilen mußte Ann ihn daran erinnern, von seinen geliebten Tieren zu lassen und schlafen zu gehen.

Wenige Tage, nachdem der erste Schub von Kühen auf Hawksnest Farm eingetroffen war, kam ein unerwarteter Besucher, ein Gemeindebeamter, der wissen wollte, seit wann die Familie dort lebte. Ann war von der Frage überrascht. Sie bezahlten ihre Steuern, schickten ihre Kinder auf die örtliche Schule, kannten all ihre Nachbarn – ihre Anwesenheit war kein Geheimnis. Doch der Gemeindebeamte erklärte ihnen, daß sie keine Erlaubnis hätten, auf dem Grundstück zu wohnen.

Das überraschte Ann noch mehr, und sie nahm ihre Akten und holte die Urkunde heraus, die bewies, daß ihnen das Land gehörte. Der Kommunalbeamte schüttelte den Kopf. Das Besitzverhältnis war nicht das Thema. Die Familie lebte auf einem Grund, der zuvor unbewohnt gewesen war, sagte er, aber dafür sei die Genehmigung der Gemeinde erforderlich.

Ann und Paul schauten ihn stumm an. Sie hatten naiverweise angenommen, daß sie, wenn sie das Land besaßen, damit tun könnten, was sie wollten. Keinem von ihnen war der Gedanke gekommen, daß sie eine Erlaubnis einholen müßten, bevor sie ein Wohnmobil auf das Anwesen stellten. In dieser Gegend von Kent gab es viele ähnliche landwirtschaftliche Kleinbetriebe, deren Besitzer in Wohnwagen und Wohnmobilen wohnten, und die Andrews hatten angenommen, daß sie das auch tun könnten.

Der Mann von der Gemeinde war freundlich und mitfühlend und riet ihnen, so schnell wie möglich einen Antrag zu stellen. Ohne selbst etwas zu versprechen, gab er ihnen zu verstehen, daß er überrascht wäre, wenn sie nicht die Erlaubnis bekämen, hier zu wohnen. Ann füllte die Formulare noch am selben Tage aus, überzeugt davon, daß es sich nur um eine Formalität handele, Papierkram, den sie übersehen hatte, der sich aber von selbst erledigen würde. Zum ersten Mal ließen Anns Instinkte sie im Stich: Dies war ein Problem, das nicht so leicht zu lösen sein sollte.

Die Antwort der Gemeinde darauf besagte, daß die Andrews den Beweis erbringen müßten, daß sie mit ihrem landwirtschaftlichen Kleinbetrieb ihren Lebensunterhalt bestreiten könnten. Ann glaubte, dafür sofort einen schlüssigen Beweis zu haben: Sie hatte einen Familienkredit beantragt, eine Hilfsleistung, die Familien mit niedrigen Einkommen gewährt wurde. Er war aber abgelehnt worden, weil ihr Kleinbetrieb zu profitabel war, um die Bedingungen zu erfüllen. Sie war sicher, daß sie damit und mit den Zahlen, die Paul dem Leiter der Bank vorgelegt hatte und der ihm auf dieser Basis das Darlehen gewährt hatte, die Gemeinde zufriedenstellen könnte. Während sie auf deren Antwort wartete, begann die Katastrophe.

Den Morgen des 20. September 1989, einem Donnerstag, wird Ann niemals vergessen. Sie hatte die Jungen zur Schule gebracht, die Hunde gefüttert und sie ausgeführt, und begann gerade, sich auf ihre übliche Suche nach den Eiern zu machen, die ihre freilaufenden Hühner überall auf dem Grundstück versteckten. Als sie, ihren Korb in der Hand, den Hof überquerte, kam Paul auf sie zugerannt.

»Eines der Kälber ist eingegangen!« schrie er. Er eilte an ihr vorbei in das Wohnmobil, um den Tierarzt anzurufen. Ann hatte das schreckliche Gefühl einer bösen Vorahnung. Es war eine Furcht, die sie von innen erfüllte und in keiner Relation zum Tod eines Kalbes stand. Sie hatten gewußt, daß es Risiken gab, und sie hatten für alle Eventualitäten vorgesorgt. Aber dies schien schlimmer zu sein. Zum ersten Mal, seit sie auf die Farm gezogen waren, fühlte sie Furcht.

Die Tierärztin, die aus einer lokalen Praxis in Borough Green kam, war vom Tod eines scheinbar gesunden Kalbes überrascht. Sie sorgte dafür, daß der Kadaver in das Landwirtschaftliche Veterinärforschungszentrum in Wye, nahe Ashford, Kent, gebracht wurde. Die Tierärztin sagte, sie würde am nächsten Tag wieder vorbeischauen, doch Ann erklärte ihr, daß sie tagsüber nicht da sein würden, da Anns Großmutter im Krankenhaus lag und sie sie besuchen wollten. Eine oder zwei Stunden später rief die Tierärztin aus ihrer Praxis an, um ihnen mitzuteilen, daß sie mit Kollegen gesprochen habe und daß sie nicht ins Krankenhaus gehen sollten. Es bestünde die Gefahr, daß sie die Infektion, die das Kalb getötet hatte, ebenfalls hätten. Wieder spürte Ann eine gewaltige Welle von Furcht. Sie überlegte, ob die Tierärztin ihr etwas verschwieg.

Als der Bericht über den ersten Todesfall kam, ergab sich daraus, daß das Kalb an Salmonellenvergiftung gestorben war, an einem Typ, der unter der Bezeichnung Salmonella Typhimurium 24c bekannt ist. Als der Bericht eintraf, zeigten bereits andere Kälber Anzeichen von Krankheit, und im Laufe der nächsten acht Wochen war der gesamte Bestand von 17 Tieren eingegangen. Dazu starben noch sieben Schafe.

Paul war völlig niedergeschlagen und machte sich sofort Selbstvorwürfe. Er glaubte, daß jemand mit mehr Erfahrung diese Katastrophe hätte verhindern können. Die Tierärztin aber, die selbst vor einem Rätsel stand, zog einen Gutachter des Landwirtschaftsministeriums heran, der eine detaillierte Studie über die Farm und Pauls Methoden machte. Abgesehen von ein paar unwichtigen Empfehlungen, wie die Stallungen der Rinder zu verbessern seien, attestierte der Bericht Hawksnest Farm hygienisch einwandfreie Haltung und bezeichnete Pauls Standards als untadelig.

Aber gesagt zu bekommen, daß es nicht seine Schuld sei, war ein kleiner Trost. All seine Kühe waren tot. Ihre Kadaver waren in einer Ecke des Feldes gestapelt und warteten darauf, zur Verbrennung abgeholt zu werden – für Paul eine ständige Erinnerung an das Scheitern seines Unternehmens.

Anns Kummer über den Verlust ihres Viehs wurde durch den Tod ihrer Großmutter vertieft, die sie nicht hatte besuchen dürfen. Sie hatte der Mutter ihrer Mutter immer sehr nahegestanden, und in ihren letzten Stunden hatte ihre Großmutter eine von Anns Kusinen geküßt und sie mit Ann angesprochen. Der Schmerz des Verlustes wurde durch das Schuldgefühl verstärkt, für die alte Dame nicht dagewesen zu sein.

Vor Ann versuchte Paul sich tapfer zu geben. Es war ein Kampf, ständig optimistisch zu klingen, aber er wußte, wieviel er seiner Frau verdankte. Nur wenige Frauen hätten ein behagliches Cottage gegen das Leben in einem Wohnmobil ohne ein Wort des Vorwurfs getauscht. Er wußte, daß es lange her war, seit Ann sich ein neues Kleid gekauft hatte, einen neuen Lippenstift ausprobiert hatte, sich eine Freude gemacht hatte, etwas Neues für ihr Heim zu kaufen. Alles Geld, das sie verdienten, wurde für Tierarztrechnungen, den Kauf von Tieren, Lebensmittel und die Kleidung, die die beiden heranwachsenden Jungen brauchten, ausgegeben.

Und jetzt war alles umsonst gewesen. Allein auf dem Land, stand Paul kurz vorm Verzweifeln. Dies war sein Traum, und er hatte Tag und Nacht hart dafür gearbeitet, daß er Wirklichkeit wurde. Jetzt war die Weide, auf der die Kühe gegrast hatten, leer. Die Schafe waren fort, die Ziegen waren fort. Die Schweine überlebten. Wenn Paul heute zurückblickt, weiß er, daß die Schweine ihn durchbrachten. Sie und das Geflügel waren alles, was ihm geblieben war, um den Lebensunterhalt für seine Familie zu verdienen. Ohne sie hätte es keinen Grund gegeben, weiterzumachen. Aber Tiere stellen keine Fragen, wollen keine Bankauskünfte, verlangen keine vorzeitigen Hypothekentilgungen. Sie wollen Nahrung und Schutz und Zuwendung, und das konnte Paul ihnen geben.

Während er arbeitete, schaute er nicht zu der Ecke des Feldes, in der die Kadaver seiner toten Kälber darauf warteten, abgeholt zu werden. Siebzehn Kälber. Eine Herde, die groß genug war, um davon leben zu können, und doch klein genug, um jedes einzelne Tier genau zu kennen. Er hatte sie nur ein paar Wochen gehabt, und er war professionell genug, um zu wissen, daß sie eines Tages zum Schlachter getrieben worden wären. Aber auf diese Art zu sterben – das war nicht richtig.

Paul wußte, daß es nicht seine Schuld war, aber er machte sich Sorgen über das Problem. Wie hatten Salmonellen seine Herde infizieren können, nachdem er alle neuen Kühe so sorgfältig isoliert gehalten hatte? Dem Bericht des Landwirtschaftsministeriums war nicht zu entnehmen, woher die Salmonellen gekommen sein könnten, und er hatte keine Erklärung dafür.

Paul, der Pragmatiker, wollte Antworten. Wenn das einmal passieren konnte, könnte es wieder geschehen, und er mußte wissen, wie er es verhindern konnte.

An einem kalten Nachmittag, als das Winterlicht zu schwinden begann, fütterte er die große Sau. In diesem Moment kam ein großer Transporter auf den tief gefurchten Hof gefahren. Mitte November war das Wetter kalt, doch da es seit Tagen nicht geregnet hatte, war der Boden fest. Paul trat überrascht auf den Transporter zu, der keine Aufschrift trug. Hawksnest Farm lag so weit abgelegen, daß sich niemand zu ihnen verirrte, und Paul kannte seine wenigen regelmäßigen Besucher.

Die Tür des Transporters öffnete sich an der Fahrerseite, und zu Pauls Erstaunen sprang ein großer, dünner Mann heraus, der einen makellos weißen Overall trug, der von Kopf bis Fuß reichte, und dazu eine Kapuze.

»Wir sind vom Ministerium«, erzählte er Paul, während fünf weitere ›Raummänner‹ in weißen Overalls hinten aus dem Transporter stiegen. Sie begannen, die Scheune und die Nebengebäude zu inspizieren, bewegten sich als Gruppe, sprachen aber nicht miteinander.

»Wonach suchen Sie?« fragte Paul verwirrt und hoffnungsvoll. Vielleicht würde er jetzt die Antworten bekommen, die er suchte: Diese Männer sahen wirklich aus, als wüßten sie, was sie wollten. Doch die Männer ignorierten ihn. Als er versuchte, ihnen zu folgen, hielten sie ihn mit ausgestreckten Armen davon ab.

Nur einer von ihnen sprach. Der dünne Mann mit den blaßgrauen Augen, der als erster aus dem Transporter gestiegen war. Er forderte Paul auf, sämtliche Unterlagen über die eingegangenen Rinder zu holen. Paul ging zu dem Wohnmobil, wo Ann Gemüse für das Abendessen schälte. Sie hatte den Transporter nicht kommen hören, doch als Paul ihr davon erzählte, folgte sie ihm nach draußen. Die sorgfältig geführten Listen über den Kauf der Tiere und wie sie behandelt worden waren, hatte sie dabei. Es war Ann, die die ganze Büroarbeit für die Farm erledigte, und sie war peinlich genau. Sie brauchte nicht erst zu suchen, um diese Dokumente zu finden. Sie und Paul hatten sich seit Tagen

Sorgen wegen der mysteriösen Salmonellenerkrankung gemacht, und sie hatte sorgfältig alle Einzelheiten überprüft, wo jedes Kalb gekauft worden und wie es zu dem Kleinbetrieb gebracht worden war.

Der dünne Mann sprach in ein Walkie-Talkie. Sie hörten nicht, was er sagte, aber als sie sich ihm näherten, klappte er es zu und streckte seine Hand aus, um die Papiere in Empfang zu nehmen. Er dankte Ann und sagte, daß alle Einzelheiten überprüft werden würden.

Während er sprach, rollte ein großer Lastwagen zum Tor des Hofes. Die weiß gekleideten Männer begannen, die Kadaver zu verladen. Jedes war einzeln in eine Plastikhülle eingepackt. Dann wurden sie in den Lastwagen gelegt und anschließend die Türen verschlossen. Sofort danach stiegen die Männer in den weißen Anzügen in den Transporter zurück, und die beiden Fahrzeuge holperten Stoßstange an Stoßstange aus dem Hof und über den Feldweg auf die Straße zu. Paul schaute zu, bis der winzige Konvoi verschwunden war.

»Wer waren die?« fragte Ann.

»Sie sagten, sie seien vom Ministerium«, sagte Paul. Während er das sagte, fiel ihm ein, daß die schweigsamen Männer ihm nicht gesagt hatten, von welchem Ministerium.

»Es muß das Landwirtschaftsministerium sein«, sagte er mehr zu sich als zu Ann.

Ein paar Minuten lang sprach das Paar nicht. Beide waren außerstande, das eigenartige Unbehagen zu artikulieren, das sie empfanden. Der Bann wurde dadurch gebrochen, daß Daniel und Jason über das Tor sprangen. Sie kamen von der Schule zurück. Sie waren am Ende des Feldweges abgesetzt worden und das Stück bis hierher gelaufen, aber den Transporter hatten sie nicht gesehen.

»Das ist unheimlich«, sagte Paul. »Das alles ist unheimlich.«

Er ging kopfschüttelnd zurück zu den Schweinen. Ann ging zurück in die Küche und versuchte, ihre Sorge vor den Jungen zu verbergen.

♦

Die Viehhändler auf dem Sevenoaks Market, die Paul die Kälber verkauft hatten, waren sehr besorgt, als sie hörten, was geschehen war. Paul warnte sie, daß die Männer vom ›Ministerium‹ sich mit ihnen in Verbindung setzen würden, um die Herkunft der Tiere zu überprüfen. Sie alle kümmerten sich darum, die wichtigen Unterlagen zusammenzubekommen. Monate später fragte einer von ihnen Paul, ob er noch etwas von den ›Beamten‹ gehört habe, die die Kadaver entfernt hatten. Paul war überrascht zu erfahren, daß keiner der Händler besucht worden war. Er selbst hatte nichts mehr gehört. Fünf Jahre später, als er mit ADAS zu tun hatte, einer Regierungsbehörde, die damals für die Beratung von Farmern zuständig war, erkundigte er sich nach den mysteriösen Männern in weißen Anzügen aus dem ›Ministerium‹ – nur, um zu erfahren, daß das Landwirtschaftsministerium keine fliegende Einsatzgruppe von Transportern und Männern besaß, und daß der normale Prozeß nach einer Salmonellenerkrankung war, daß die Kadaver auf der Farm verbrannt wurden, um jedes Risiko einer Ansteckung zu verhindern.

Obwohl die Andrews zu der Zeit nichts mehr über ihre Rinder hörten, bekamen sie mehr aus anderen Quellen zu hören. Zuerst von der Kommune, die entschied, nachdem festgestellt worden war, daß sie keine Rinder oder Schafe mehr hatten, daß der Kleinbetrieb definitiv nicht lebensfähig war und sie deshalb nicht auf dem Grundstück wohnen dürften.

Diese schlechten Nachrichten wurden durch die Maßnahmen verschlimmert, die die Bank ergriff. Nach dem Tod der Rinder wurde der Zinssatz für das Darlehen erhöht und zugleich eine schnellstmögliche Tilgung verlangt. Die Höhe der monatlichen Rückzahlungsraten wurde verdreifacht – von 100 Pfund auf 300 Pfund. Nun hatte Paul nicht nur seine Haupteinkommensquelle verloren, die Rinder, sondern sah sich mit erheblichen Verbindlichkeiten konfrontiert. Selbst ohne die Rinder hätte er die hundert Pfund aus den Erträgen aufbringen bringen können, die Schweine und Geflügel ihm brachten, aber 300 Pfund waren zuviel.

Am schlimmsten war, daß die Familie wieder mit der Aussicht konfrontiert war, wohnungslos zu werden. Es war, als sei ihre ganze harte Arbeit und ihre sorgfältige Planung umsonst gewesen, und Ann hatte das Gefühl, wieder vor dem Nichts zu stehen, war so verzweifelt, wie sie gewesen war, als ihnen die Zwangsräumung des Cottage drohte. Sie hatten zusehen müssen, wie ihre Ersparnisse verschwanden. Am schwersten aber war zu ertragen, daß ihre Träume sich in Nichts auflösten.

Das Leben war trostlos in den wenigen Monaten, in denen sie gegen die Entscheidung der Kommune, daß sie das Land verlassen müßten, ankämpften. Die einzige Einnahmequelle war das Kindergeld von fünfzehn

Pfund wöchentlich, dazu das, was der Verkauf von Eiern brachte. Die Schweine konnten noch nicht verkauft werden, aber sie und die Pferde und Hunde mußten gefüttert werden.

Paul löste dieses Problem. Er fand eine Bäckerei, die froh darüber war, daß er die alten Backwaren abholte. Die Schweine bekamen die Kuchen, die Hunde die Pasteten, und das Brot wurde an die Pferde und an das Geflügel verfüttert. Da so wenig Geld da war, verfielen Versicherungen, und während des rauhen Winterwetters stürzte ein großer Baum auf das Wohnmobil und zesrtörte einen Teil davon völlig. Der Familie blieben eine Küche, ein Bad und ein Wohnraum, in dem sie alle vier schlafen mußten.

Im Februar 1990 akzeptierten sie ihre Niederlage und ließen sich von der Gemeinde umquartieren. Sie zogen in ein Dreizimmerhaus, das vorher der Gemeinde gehört hatte, jetzt aber einer Gesellschaft für sozialen Wohnungsbau, und auf einem gut unterhaltenen Gemeindegrundstück in Borough Green stand. Es war knapp zehn Minuten Fahrzeit von Hawksnest Farm entfernt. Die Gemeinde gab Pauls Bedingungen nach, daß er ohne die Hunde nicht umziehen würde, und so zogen die drei pyrenäischen Berghunde, die sie zu der Zeit hatten, mit ihnen um.

Die Geschwindigkeit, mit der sie umquartiert wurden – zumal unter ihren eigenen Bedingungen – erstaunte sie, nicht zuletzt deshalb, weil sie von Familien wußten, die jahrelang auf der Warteliste gestanden hatten, bevor ihnen eine Sozialwohnung angeboten worden war. Es gab anzügliche Fragen von Nachbarn, die Freunde und Verwandte hatten, die verzweifelt nach

Wohnungen suchten. Ann fand dies besonders ironisch. Als ihnen die Zwangsräumung von Sweetbriar Cottage bevorstand, hätten sie sich gewünscht, eine bescheidene Sozialwohnung angeboten zu bekommen, doch ihnen wurde beschieden, daß sie nur ein Zweizimmerappartement in einem Hochhaus haben könnten (wenngleich von einer anderen Kommune). Als sie keine Sozialwohnung haben wollten, wurden sie dazu gezwungen, eine zu nehmen, und bekamen in diesem Fall ein gutes Haus in einer Randlage, die Platz für den Bau eines Schuppens für die Hunde bot und Paul Platz, um seine Autos zu parken.

Ebenso verwirrt waren sie über das Verhalten der Gemeinde gegenüber ihrem Wohnmobil. Als sie darin lebten, wurde ihnen gesagt, es sei schädlich für die Umwelt. Als sie aber auszogen, verkauften sie es absichtlich nicht. Und die Gemeinde bestand auch nicht darauf, daß es entfernt wurde. Es stand fünf Jahre auf der Farm, bis Paul es schließlich zerlegte. Und in all dieser Zeit gab es keine Beschwerden über ›Umweltverschmutzung‹. Als sie jedoch 1996 einen kleinen Wohnwagen kauften, um ihn als Futterlager zu benutzen und ihren Tee trinken zu können, wenn sie auf der Farm sind, tauchte am gleichen Tage ein Kommunalbeamter auf, um sich zu vergewissern, daß sie nicht die Absicht hatten, darin zu wohnen.

Es schien Paul und Ann, als gäbe es eine seltsame Entschlossenheit, sie daran zu hindern, auf Hawksnest Farm zu wohnen, dazu einen erstaunlichen Nachrichtenaustausch. Die Gemeinde war nämlich irgendwie binnen weniger Stunden darüber informiert, daß ein kleiner Wohnwagen geliefert wurde.

Für die Jungen war das Leben in einem Haus etwas Neues – insbesondere für Jason, der zu jung war, um sich an die Zeit vor dem Wohnmobil zu erinnern. Er war fasziniert von den Lichtschaltern, die sofort Licht gaben, ohne daß erst der Generator eingeschaltet werden mußte. Er war auch davon begeistert, sein eigenes Zimmer zu haben, was Ann zum Lächeln brachte, wenn sie sich daran erinnerte, wie schwer es nur wenige Jahre früher gewesen war, ihn dazu zu bewegen, in seinem eigenen zu schlafen.

Paul suchte sofort nach Arbeit und nahm jeden Job an, der ihm erlaubte, eine gewisse Zeit auf der Farm zu verbringen. Zuerst arbeitete er nachts als Putzmann, danach als selbständiger Taxifahrer, eine ideale Lösung, die ihm erlaubt, abends und nachts zu arbeiten, so daß er am Tage Zeit hat, sich um die Farm zu kümmern. Um einen großen Teil des Geldes, das sie der Bank schuldeten, zurückzuzahlen, verkauften Paul und Ann ein gutes Drittel der Farm an einen Motorradclub, der dort an drei Tagen im August eine Rallye veranstaltet. Den Rest des Jahres nutzen die Andrews dieses Land, um ihre Tiere darauf zu weiden. So haben sie unterm Strich sehr wenig verloren.

Die Versuchung, die ganze Farm zu verkaufen, war zuweilen sehr groß, doch nachdem ich einige Zeit mit Paul und Ann verbracht habe, weiß ich, wie schwer ihnen das fallen würde. Für sie beide ist Hawksnest Farm das, wo das wirkliche Leben beginnt. Sie mögen sich in ihrem Mietshaus wohler fühlen, als sie in ihrem Wohnmobil waren, aber wenn sie die Chance bekämen, würden die beiden schon morgen auf die Farm zurückziehen. Das würden auch Daniel und Jason. Vor allem

Jason vermißt den täglichen Kontakt mit den Tieren, obwohl er den größten Teil seiner Freizeit mit ihnen verbringt.

Seit dem Tag ihrer Umquartierung haben Paul und Ann heftig darum gekämpft, die Erlaubnis zu bekommen, auf ihrem eigenen Grund und Boden leben zu dürfen. Heute, nach vielen Auseinandersetzungen mit den Behörden, haben sie sich damit abgefunden, daß sie nicht die Erlaubnis bekommen, dorthin zurückzuziehen. Aber sie haben noch einen weit härteren Kampf um das Recht geführt, aus dem landwirtschaftlichen Kleinbesitz wieder eine profitable Rinderzucht zu machen. Jeder Versuch, den sie unternommen haben, wurde unerklärlicherweise vereitelt. Irgendwo hat irgend jemand entschieden, daß sie niemals wieder auf ihrem eigenen Land leben werden oder es für die Rinderzucht nutzen.

Die Andrews können sich nicht vorstellen, warum. Aber sie fragen sich, ob es etwas mit den anderen unerklärlichen Dingen zu tun hat, die dort geschehen sind. Mit Dingen, die Ann in den vergangenen Jahren chronologisch in ihrem Tagebuch festgehalten hat. Mit Dingen, die Jason selbst mir zu erklären versuchte. Mit Dingen, die sie mitbrachten, als sie nach Hawksnest Farm zogen. Es sei denn, natürlich, daß die Farm auf irgendeine mysteriöse Weise eigens als Magnet für diese bemerkenswerte Familie ausgewählt wurde.

5. *KAPITEL*

Die Beobachter im Walde

Als ich Hawksnest Farm zum ersten Mal bei gutem Wetter besuchte, führten Ann und Paul mich auf dem Anwesen herum, begrüßten die Pferde und verscheuchten die schnüffelnde Prudence. Am Rande der Farm sind die Bäume dick und ein wenig bedrohlich, selbst bei hellem Sonnenschein. Das Unterholz ist ein dichtes Gewirr von Brombeersträuchern, und man brauchte eine Machete und sehr viel Entschlossenheit, um sich einen Weg hindurchzuschlagen. Es gibt Wege und Saumpfade durch Hurst Woods, aber keine, die am Land der Andrews vorbeiführen oder in seiner Nähe sind. (Bei einer anderen Gelegenheit lief ich auf dem nächstgelegenen Weg, und wieder war das Gewirr von Dornen und Brombeeren so dicht, daß es unmöglich gewesen wäre, vom ausgetreten Pfad abzuweichen.)

Doch als wir an diesem warmen Nachmittag im Frühling 1997 am Rande der Farm entlanggingen, blieben wir alle drei plötzlich erstaunt stehen, weil wir deutlich das Klingeln eines Handys aus der Waldung neben uns hörten. Es konnte nicht mehr als dreißig Meter entfernt gewesen sein, und es hörte nach zweimaligem Läuten auf. Wir hörten keine Stimmen. Nach einer oder zwei Sekunden konnte Paul sich nicht verkneifen zu rufen: ›Es ist für Di-hich.‹ Eine Antwort erfolgte nicht, und das einzige Rascheln im Unterholz war die normale Mischung von Geräuschen, wahrscheinlich ausgelöst vom Wind und von kleinen Tieren und Vögeln.

Es war ein höchst eigenartiges Gefühl. Vielleicht lauerte in dieser undurchdringlichen Vegetation jemand und beobachtete uns. Es erschreckte mich und überraschte auch Paul und Ann – aber nicht lange. Sie sahen sich an, zuckten ihre Schultern und Ann lachte.

»Soll lieber er als ich den Nachmittag dort verbringen«, sagte sie.

Ich war erstaunt darüber, daß sie und Paul die mysteriöse Anwesenheit von jemand so ruhig akzeptierten. Aber sie hatten mir bereits erzählt, daß sie bei mehreren Gelegenheiten Gestalten an der Grenze ihres Landes gesehen hatten und seltsame Geräusche aus den Wäldern gehört hatten. Zum ersten Mal am 12. September 1995, einem Donnerstag. Die Jungen waren in der Schule, und Ann und Paul waren gemeinsam zur Farm gefahren, den Zufahrtsweg entlang durch die Felder, die ihrem Nachbarfarmer gehören. Auf dem Feld stand der Weizen hoch und wartete darauf, geschnitten zu werden, und Paul wies Ann darauf hin, wie der strömende Regen das Getreide beschädigte. Während er sprach, bemerkte er zu seiner Linken zwei Gestalten, die Mitten im Weizen standen. Zuerst war es schwer, sie auszumachen, doch als der Wagen etwa fünfzehn Meter von ihnen entfernt war, konnten er und Ann deutlich sehen, daß es zwei Männer waren, groß (mindestens einsachtzig) mit dunklen Mänteln und dunklen Hüten. Paul und Ann fuhren zur Farm und stellten den Wagen ab und machten sich an ihre tägliche Arbeit, um nach den Tieren zu sehen und sie zu füttern. Doch alle paar Minuten beobachtete Paul, der sich sehr unbehaglich fühlte, die Männer, die noch immer dort waren. Nach etwa dreißig Minuten, in denen die Fremden sich nicht bewegten, aber ihre Gesichter weiter auf die Farm gerichtet hatten, als ob sie alles beobachteten, was Paul und Ann taten, beschloß Paul, sie anzusprechen. Er ging auf sie zu, doch während er das tat, wandten sie sich langsam ab und verschwanden in The Spinney, einem dichten Waldstück. Paul ging bis an den Rand des Waldes, konnte aber keine Spur von ihnen entdecken. Ebensowenig konnte er verstehen, warum sie sich entschieden hatten, in dieses dichte Brombeergewirr zu gehen, wo der Weg so nahe war. Es war ein kalter, nasser, windiger Tag und er hatte keine Lust, ihnen weiter zu folgen.

Am folgenden Samstag waren sie wieder da, und dieses Mal war es Jason, der sie zuerst entdeckte. An den Wochenenden geht er immer mit seinen Eltern zur Farm. Als er die beiden seltsamen Gestalten sah, die in der Mitte des Getreides standen, wandte er sich an seinen Vater und meinte, daß sie besser verschwinden sollten, denn der Farmer würde wohl ein Wörtchen mit ihnen reden, weil sie seinen Weizen niedertraten. Dieses Mal machte Paul sich gleich auf den Weg zu ihnen, doch wieder drehten die Männer sich um und gingen in The Spinney.

Erst im Sommer 1996 wurde der nächste mysteriöse Eindringling entdeckt. Es war am 26. August, ein wichtiger Tag in der Saga der seltsamen Ereignisse auf

Hawksnest Farm (siehe Kapitel 8), und Ann ist sich nicht sicher, angesichts dessen, was an diesem Morgen geschah, ob sie in das, was sie gesehen hat, nicht zuviel hineinliest. Der Mann nämlich, den sie und Paul entdeckten, war für die Situation sehr konventionell gekleidet. Er trug einen Trainingsanzug und Sportschuhe, die übliche Bekleidung der wenigen Spaziergänger, die an der Farm vorbeikommen. Aber er stand an der Grenze der Farm mit dem Rücken zu dem dichten Wald, durch den er sich seinen Weg gebahnt haben mußte. Nur dreißig Meter entfernt ist der Saumpfad, auf dem man wohl eher einen Wanderer entdecken würde und von dem aus er einen ebenso guten Blick auf die Farm gehabt hätte, wenn er nur ein neugieriger Spaziergänger war. Er – oder sie, wegen der Farmgebäude konnte Ann nicht sicher sein, ob es sich nicht vielleicht um eine Frau handelte – verschwand in dem dichten Unterholz. Sieht man sich die Stelle zur gleichen Jahreszeit an, wenn die Brombeeren und Dornen ihre volle Sommerhöhe erreicht haben, ist es unmöglich zu verstehen, wie irgend jemand, abgesehen von einem winzigen Kaninchen, einfach in dieser Vegetation verschwinden kann.

Es war im Februar 1997, wenige Monate bevor ich das Telefonläuten in den Wäldern hörte, daß Ann und Paul erstmals das gleiche Geräusch hörten. Wieder schwieg das Telefon nach zweimaligem Läuten. Bei dieser Gelegenheit konnten Paul und Ann, die auf der anderen Seite standen, nicht sicher sagen, ob es nicht doch eine Antwort auf das Klingeln gegeben hatte. Sie hörten nichts, waren aber so weit weg, daß eine geflüsterte Unterhaltung durch die Geräusche des Windes in den Bäumen untergegangen wäre. Als sie in den Wohnwagen traten, der auf dem Grundstück steht, waren sie sicher, daß jemand darin gewesen war, obwohl es keine Anzeichen für einen Einbruch gab. Papiere waren bewegt worden. Sie waren nicht verstreut, sondern sauber auf eine Art gestapelt, die Ann nicht kannte. Sie wußte, daß sie sie so nicht hinterlassen hatte. Auch die Regale, in denen sie Tassen und Teller aufbewahrte, waren anders eingeräumt worden. Nichts fehlte, und alles war ordentlich zurückgestellt worden – zu ordentlich. Die Becher, die sie und Paul jeden Tag beim Kaffee benutzen, standen ganz hinten, hinter einigen Tassen und Tellern, die selten benutzt werden. Es gab einen starken, schwebenden Duft von Rasierwasser, aber es war nicht das, was Paul immer benutzte.

Zwei weitere Male in den nächsten Wochen hörten sie das Telefonklingeln in den Wäldern, und einmal stürzte Paul, der zu der Zeit am Rande des Grundstücks war, in das Unterholz und versuchte, die Quelle des Geräusches herauszufinden. Aber das Klingeln hörte auf, gefolgt von tödlicher Stille, und er mußte sich seinen Weg zur Farm durch die Büsche erkämpfen, die an seiner Kleidung zerrten und seine Hände und Arme zerkratzten.

Ende März verbrachten Paul und Ann einen ganzen Tag auf der Farm. Sie arbeiteten an den Zäunen. Sie brachen kurz vor Einbruch der Dämmerung auf, da es zu dunkel war, um weiterzuarbeiten. Sie waren mit dem Wagen auf dem Feldweg sieben oder vielleicht zehn Meter weit gefahren, als Ann einfiel, daß sie im Wohnwagen einen Brief liegengelassen hatte, den sie brauchte. Es war reine Routine. Sie wollte die Telefonnummer aus dem Briefkopf, um Tierfutter zu bestellen.

Paul machte einen Scherz über ihr Gedächtnis, stellte den Motor ab und die beiden gingen zurück. Als sie um die Ecke des Weges bogen, kurz bevor sie das Tor erreichten, stießen sie fast mit einem Mann zusammen, der bestürzt war, sie zu sehen. Er bot ein völlig unangemessenes Bild. Er trug ein weißes Hemd, eine Krawatte, eine grüne Cordhose, makellos saubere grüne Wellingtonstiefel und, am eigenartigsten, einen Kamelhaarmantel und Autohandschuhe aus braunem Leder. Selbst die wohlhabendsten Landbewohner in der Gegend, die einheitlich mit Barbours, Jeans und schmutzigen Stiefeln bekleidet sind, hätten diese Ausstattung seltsam gefunden, und überhaupt jemandem in dem düsterer werdenden Zwielicht auf dem Wege, so weit weg von der Straße an einem feuchten und kalten Märzabend zu begegnen, war unheimlich. Der Mann sagte nichts, sondern eilte über den Weg von Paul und Ann fort, wobei er mehrere Male über seine Schulter schaute, um zu sehen, ob sie ihn noch beobachteten.

Ein paar Tage bevor ich das unheimliche Geräusch des Handys in der Waldung hörte, am 8. März, war Paul auf dem Feld, um nach Craven zu sehen, dem etwas zu fehlen schien. Dabei bemerkte er, daß alle Pferde zu einer Ecke der Farm starrten, in der einiges an Geräten aufbewahrt wird. Er glaubte, hinter den Geräten etwas zu sehen, eine Form, die eine menschliche Gestalt hätte sein können. Er konnte das nicht genau erkennen, und bevor er Zeit hatte, das zu untersuchen, wurde er durch Craven abgelenkt, der sich von ihm entfernte. Als er wieder hinsah, war diese Form verschwunden. Etwa zwanzig Minuten später ging Ann über das Feld, um einen Ballen Stroh für Cravens Streu zu holen. Dabei sah sie aus den Augenwinkeln einen ›Kopf‹ hinter einem der großen Bäume hervorkommen, der sofort wieder verschwand. Er war nur einen guten Meter über dem Boden, doch der Kopf, der weiß war und so undeutliche Gesichtszüge hatte, daß Ann sie aus sieben Meter Entfernung nicht genauer ausmachen konnte, war größer als der Kopf eines Menschen. Sie rief Paul, und während sie weiter den Baum beobachtete, ging er auf ihn zu. Als er näherkam, floh eine Gestalt hinter dem Baum und stürmte geräuschvoll in das Unterholz, wo man die Vegetation noch ein paar Minuten lang rascheln hörte.

Die Gestalt war die eines erwachsenen Menschen, schien aber mit einer fließenden, unnatürlichen Bewegung davonzujagen. Paul, der wohl wußte, daß Rowdys und Gelegenheitsdiebe Kleinbetriebe ausraubten, meinte, es könnte ein Teenager gewesen sein, der nach etwas gesucht hatte, das er stehlen oder zerstören könnte. Doch der Eindringling mußte auf das Land gekommen sein, während sie dort waren, und da die beiden im Freien arbeiteten, waren sie leicht zu sehen – Rowdys und Diebe wären vorsichtiger gewesen. Und wieder erfolgte die Flucht durch dichtes Brombeergesträuch. Es ergab keinen Sinn.

Abgesehen von dem deutlichen Klingeln eines Mobiltelefons, sind andere Geräusche aus den dichten Wäldern gehört worden. An einem warmen Julimontag im Jahre 1997 hörten Paul und Ann ein Niesen. Sie glaubten, es käme aus der Waldung, doch Ann schaute auf dem Saumpfad nach, der am Tor verläuft, um festzustellen, ob sie sich vielleicht geirrt hatten, was die Quelle des Geräusches anbelangte. Ann und Paul arbeiteten zusammen, verstärkten einen Zaun, und als sie wieder an ihre Arbeit zurückkehrten, hörten sie deutlich, daß noch zweimal geniest wurde. Es kam eindeutig aus den Büschen nahe der Stelle, wo sie arbeiteten. Paul rief ›Gesundheit‹, doch der Beobachter im Wald gab keine Antwort.

♦

Doch dies alles kam viel später. Fahren wir mit ihrer Geschichte in logischer Reihenfolge fort. Die Gewöhnung an ihr neues Leben, fort von der Farm, beschäftigte die ganze Familie Andrews eine Weile. Die Jungen brauchten die Schulen nicht zu wechseln, und in gewisser Hinsicht war das Leben einfacher für sie. Sie konnten zur Schule und zurück gehen, ohne mit dem Auto gebracht oder geholt werden zu müssen. Sie hatten andere gleichaltrige Kinder um sich, mit denen sie nachmittags und an Wochenenden spielen konnten. Auch für Ann war es leichter. In der Nähe gab es Geschäfte, sie hatten mehr Platz, und Strom war nach Betätigung eines Schalters sofort da. Doch sowohl sie als auch Paul hatten ein tiefes Gefühl von Traurigkeit, die aber bald von der Entschlossenheit abgelöst wurde, die Familie eines Tages zurück auf die Farm zu bringen.

Bei all den finanziellen Sorgen, wo Paul so viele Stunden arbeitete, wie er nur konnte, um die Forderungen der Bank zu erfüllen und Ann einen Großteil der Verantwortung für die Versorgung der Tiere, die noch auf der Farm waren, übernehmen mußte, war es eine anstrengende und arbeitsreiche Zeit.

Wenige Wochen, nachdem sie von der Farm weggezogen waren, erlitten sie moralisch und finanziell einen weiteren Schlag. Als Ergänzung zu dem Geld, das er nachts verdiente, kaufte Paul Gebrauchtwagen, reparierte sie und verkaufte sie mit Gewinn. Er lagerte sie auf der Farm, in den Stallgebäuden, die seit dem Tod der Rinder leerstanden. Gegen Ende Mai begleitete Ann ihn, um eine gebrauchte Stoßstange zu kaufen, das letzte Stück, das er brauchte, um einen Ford Sierra fertig zu machen, an dem er gearbeitet hatte und für den er bereits einen Käufer hatte.

Als sie nach Hause zurückkehrten, sahen sie einen Polizisten vor der Tür. Ann geriet in solche Panik, daß sie zuerst sehr erleichtert war zu erfahren, daß der Polizist dort war, weil die Scheune niedergebrannt war – zumindest war keinem der Jungen etwas zugestoßen. Aber dann wurde langsam klar, was diese Nachricht bedeutete: Die Scheune, in der der Farmkombi stand, der Farmpickup, der Ford Sierra und ein anderes Auto, das Paul hatte herrichten wollen, waren zerstört. Der Feuerwehrbeamte, der sie später aufsuchte, erzählte ihnen, daß es eindeutig Brandstiftung gewesen sei. In die Scheune war eingebrochen worden, und jemand hatte in den Tank des Sierra ein brennendes Tuch gesteckt. Da die Familie keinen Versicherungsschutz hatte, war dies wieder ein schwerer Schlag. Wie erwartet, wurde niemand wegen dieses Vergehens festgenommen. Es könnte möglicherweise das Werk von Rowdys gewesen sein, doch für Paul und Ann schien es nur ein weiterer Teil einer wohlgeplanten Kampagne zu sein, um sie von der Farm fernzuhalten.

Nur wenige Monate später bemerkte Ann, daß Jason wieder sehr unruhige Nächte hatte. Sie weckte ihn morgens, damit er zur Schule ging, aber er sah so müde aus, wie am Abend zuvor und hatte Mühe, richtig wach zu werden. Manchmal stieg er zu ihrem Erstaunen schmutzig aus dem Bett, hatte Lehmstreifen an seinen Beinen und Armen, obwohl sie wußte, daß er gebadet hatte, bevor er zu Bett gegangen war. Als sie das Paul erzählte, suchte der wie üblich nach einer logischen Erklärung.

»Oh, ich möchte sagen. er hat nicht gebadet – hat nur Wasser laufen lassen, um dich an der Nase herumzuführen. Oder er ist so schnell hinein- und hinausgesprungen, daß er nicht richtig sauber werden konnte. Er ist schließlich ein Junge – vergiß nicht, daß Daniel das Wasser wie die Pest mied, als er kleiner war«, sagte er.

Aber Ann wußte, daß dies nicht stimmte. Sie hatte das Baden überwacht. Sie wußte, daß Jason sich, wenngleich widerwillig, völlig eingeseift hatte und sauber aus der Wanne gestiegen war. Manchmal waren auch seine Schlafanzüge lehmverschmiert, und seine Füße und Hände waren mit Kratzern bedeckt. Wieder suchte Paul nach einer Erklärung. Er meinte, daß vielleicht einer der Hunde mit Jason ins Schlafzimmer gegangen sei und ihn beim Spielen gekratzt habe. Obwohl Ann wußte, daß dies unmöglich war, pflichtete sie ihm bei – Paul hatte auch schon ohne Jasons Probleme genug Sorgen.

Wieder war es Ann, die erwachte, wenn Jason nachts weinte, Ann, die ihn in ihr Bett nahm, um ihn zu streicheln und zu trösten. Paul arbeitete nachts. Deshalb war es leichter für Ann, Jason neben sich liegen zu lassen, als für ihn auf dem Boden ein Bett zu machen, wie sie es so viele Male getan hatte. Er kam weinend zu ihr, völlig verängstigt und zugleich wütend auf seine Mutter, weil sie ihm nicht helfen konnte. Zurückblickend ist Ann voller Schuldgefühl klar, daß sie genau das tat, was ihre Mutter Vi vor so vielen Jahren getan hat. Sie nahm ihn in ihre Arme, tröstete ihn und versicherte ihm wieder und wieder, daß die schrecklichen Dinge, die ihm passiert waren, nichts weiter als ein böser Traum gewesen seien und daß am nächsten Morgen alles wieder gut sein würde.

Jason, der jetzt älter war und sich besser ausdrücken konnte, widersprach ihr und beharrte darauf, daß es kein Traum gewesen sei. Aber Ann tat das behutsam ab und erzählte ihm, daß alle Kinder Alpträume hätten. Am Ende schlief er dann ein.

Es gab auch körperliche Probleme. Er klagte häufig über Bauchschmerzen, und Ann ging mehrmals mit ihm zu ihrem Arzt, als er acht und neun Jahre alt war. Jedes Mal wurde nichts festgestellt. Im September 1993, ein paar Monate nach seinem zehnten Geburtstag, wies ihn der Hausarzt zu Untersuchungen in das Maidstone Hospital ein. Er war dort drei Tage, aber eine Ursache für seine Bauchschmerzen konnte nicht festgestellt werden.

Ben, der große alte Hund, der während Jasons bisherigem Leben in der Familie gewesen war, starb, als Jason elf war. Der Hund, für Paul gekauft, um zu züchten, war mehr ein Familienschoßtier als ein Zuchthund gewesen. Mehr als alle anderen Hunde, hatte die Familie Ben in ihr Herz geschlossen. Jason lernte laufen, indem er sich an Ben hochzog, sich an sein dichtes Fell klammerte und unsicher herumtappte, während der Hund ganz langsam und vorsichtig durch das Zimmer lief. Es war Ben, der sich selbst zu Jasons Bewacher machte, indem er auf dem Treppenabsatz vor seiner Schlafzimmertür schlief, während die anderen Hunde unten gehalten wurden. Es war Bens Hals, um den Jason seine Arme schlang, wenn er sich besonders elend fühlte, wenn die Erwachsenen seine nächtlichen Probleme als Träume und Alpträume abtaten. Ben und Jason verstanden einander instinktiv, und sein Tod traf Jason schwer.

Ann hatte versucht, ihn darauf vorzubereiten. Da sie wußte, daß der alte Hund kurz vor seinem Ende war, hatte sie Jason ermuntert, sich für die anderen Hunde zu interessieren und ihm die Wahl gelassen, welchen er haben wollte. Doch nichts konnte den unausweichlichen Verlust von Ben ausgleichen.

Als Ann dann wenig später in Jasons neue Schule gebeten wurde – er war im Alter von elf Jahren auf die Wrotham School gewechselt, eine höhere Schule – um mit seinem Lehrer über sein Verhalten zu sprechen, glaubte sie den Grund dafür zu kennen. Jason störte den Unterricht, war widerborstig, brach grundlos in Tränen aus, bekam Wutausbrüche und verfiel in völliges Schweigen, hatte Depressionen. Das Kollegium hatte Schwierigkeiten, mit ihm umzugehen, und man machte sich echte Sorgen um ihn.

Auch Ann und Paul waren besorgt. Ihr zuvor unbekümmerter Sohn verwandelte sich in ein verdrossenes, verstocktes Problemkind mit schlechtem Benehmen, und sie blieben auch daheim von seinen Stimmungsschwankungen nicht verschont. Nachdem sie dem Lehrer erzählt hatte, daß ihrer Meinung nach der Tod seines langjährigen Gefährten Ben der Grund für all dies war, sprach Ann mit Jason und erklärte ihm, daß es unfair sei, seinen Schmerz an anderen auszulassen, auch wenn er so erschüttert war.

Jason sah sie an und sagte mit leicht höhnischer Stimme: »Du verstehst einfach nicht und du willst auch gar nicht verstehen.«

Ann versicherte ihm, daß sie verstehen wolle. Aber ihr und Paul fiel es zunehmend schwerer, seine Wutausbrüche, gefolgt von tiefer Verzweiflung, bei der niemand, nicht einmal Ann, an ihn herankam, einfach hinzunehmen. Vielleicht wäre es einfacher gewesen, hätte es sich um Daniel gehandelt, der inzwischen ein Heranwachsender war. Aber Daniel hatte nie solche Stimmungsschwankungen wie Jason gehabt, nicht einmal mitten in der Pubertät.

Ann ging immer wieder zur Schule. Sie und Jasons Lehrer versuchten, den Grund für sein Verhalten herauszufinden. Zuweilen gab es für ein paar Wochen Besserung. Und dann begannen die unruhigen Nächte wieder, und damit kamen die Briefe von der Schule mit Beschwerden über launenhaftes Verhalten und Wutausbrüche. An manchen Morgen behielt Ann Jason zu Hause, wenn sie spürte, daß er wieder sehr müde war, weil sie nicht riskieren wollte, daß sein Temperament ihn wieder in Schwierigkeiten brachte. Sie sprach mit ihrem Arzt über das Problem und hörte, daß es wahrscheinlich nur eine schwierige Reifephase sei. Sie solle Geduld habe.

Aber seine körperlichen Probleme blieben auch. Im November 1994 weckte Jason Ann in der Nacht und klagte über heftige Bauchschmerzen. Er war heiß und fieberte. Ann gab ihm Dispirin für Kinder und setzte sich zu ihm ins Zimmer. Er warf sich unruhig herum und konnte nicht schlafen. Seine Temperatur fiel nicht, und er litt offensichtlich Schmerzen. So bat sie Paul, den Notarzt anzurufen. Ein Arzt kam und beschloß nach kurzer Untersuchung, Jason ins Krankenhaus einzuweisen, weil er eine Blinddarmentzündung vermutete. Paul fuhr sie hin, um nicht erst auf das Eintreffen des Krankenwagens warten zu müssen. Als sie im Krankenhaus ankamen, wartete das Team bereits mit einer Trage, um Jason als Notfall aufzunehmen.

Das Personal im Maidstone Hospital war beruhigend und aufmerksam. Nach einer sehr gründlichen Untersuchung wurde Ann und Paul mitgeteilt, daß es keine Blindarmentzündung sei, aber auch, daß die Ärzte nicht wüßten, was den Schmerz und das Fieber verursachten. Jason wurde unter Beobachtung gestellt, so daß weitere Untersuchungen durchgeführt werden konnten. Seine Eltern waren erleichtert darüber, daß keine Blinddarmoperation nötig war, machten sich aber zugleich Sorgen über die Ergebnisse der Untersuchungen. Nach drei Tagen im Krankenhaus fühlte Jason sich besser, und da keiner der Tests etwas ergeben hatte, durfte er wieder nach Hause gehen. Am letzten Tag wurde Ann eine verblüffende Frage gestellt. Woher, wollte einer der Ärzte wissen, hatte Jason eine achtzehn Zentimeter lange Narbe an seiner rechten Körperseite? Ann hatte diese Narbe noch nie zuvor gesehen und wußte nicht, woher sie kam.

Eine Woche später bekam Jason plötzlich wieder heftige Bauchschmerzen und wieder schoß seine Temperatur hoch. Er wurde wieder ins Krankenhaus eingeliefert. Von der Narbe an seiner rechten Seite war nichts mehr zu sehen, aber dafür waren mehrere rote, frisch aussehende Narben an seinem Bauch. Er wußte nicht, woher die stammten und Ann ebensowenig. Im Krankenhaus war man verwirrt, schickte ihn aber nach drei Tagen wieder nach Hause, weil die Schmerzen verschwunden waren. Drei Monate lang ging es ihm besser, dann aber, im März 1995, kamen die heftigen Schmerzen wieder. Ein weiterer Aufenthalt im Maidstone Hospital ergab wiederum nichts. Jedes Mal hatte er, vom Schmerz abgesehen, Fieber und geschwollene Drüsen an seinem Hals.

Jasons Stimmungsschwankungen und seine Wutausbrüche gingen weiter. Manchmal hielt Ann Paul das ganze Ausmaß des Problems fern, verniedlichte es, um ihn nicht zu beunruhigen. Aber es war unmöglich zu verhindern, daß Paul nichts davon erfuhr – Jason bekam seine heftigen Ausbrüche nicht nur, wenn sein Vater nicht zu Hause war. Meistens war Paul seinem Sohn gegenüber sanft und geduldig, aber er war ebenso bestürzt wie Ann über das, was geschah. Wenn sie allein waren, sprachen die besorgten Eltern darüber und versicherten sich gegenseitig, daß Jason einfach früh in die Pubertät gekommen sei, daß sich mit der Zeit alles erledigen würde und daß sie eines Tages auf diese unglückliche Zeit zurückblicken und darüber lachen würden.

Aber die Schulbehörden waren nicht in der Stimmung, darüber zu lachen, und vor Beginn der Sommerferien im Jahre 1995, vor seinem zwölften Geburtstag, wurden Ann und Paul wieder in die Schule gebeten.

Dieses Mal wurde ihnen gesagt, daß Jasons Wutausbrüche so viele andere Schüler aufgeregt hatten, daß der Unterricht einen ganzen Vormittag lang gestört gewesen war, daß er mehr als ein Mitglied des Kollegiums wüst beschimpft habe und die Schule das nicht länger hinnehmen könne. Jason, so sagte man seinen Eltern, dürfe nach den Sommerferien Wrotham School nur dann wieder besuchen – tatsächlich wurde er suspendiert – wenn die Familie Andrews sich damit einverstanden erklärte, daß der Schulpsychiater ihn behandle.

Ann war kurz geschockt, dann aber von einem Gefühl der Erleichterung erfüllt. Sie hatte einen rührenden Glauben an Ärzte und Wissenschaftler, und sie glaubte, daß endlich ernsthaft etwas getan wurde, um Jasons Probleme zu lösen. Es war offensichtlich, daß ihr Sohn große Schwierigkeiten hatte, aber jetzt würde er die Hilfe bekommen, die er brauchte. Paul war nicht so glücklich darüber – er mißtraute allem, was nach Schwäche roch und tat sich schon schwer mit normalen physischen Erkrankungen. Er wehrte sich gegen jede Andeutung, daß sein Sohn ›nicht ganz richtig sei‹, wie er es formulierte, und es kostete Anns ganze Überzeugungskraft, ihm begreiflich zu machen, daß dies nur zu Jasons Bestem sei. Außerdem, so erklärte sie, hatten sie wirklich keine andere Möglichkeit. Wenn sie sich mit der Behandlung durch einen Psychiater nicht einverstanden erklärten, würde die Schule Jason im Herbsthalbjahr nicht mehr aufnehmen. Wenn er auf einer anderen Schule untergebracht werden müßte, würde das mit Unannehmlichkeiten verbunden sein, da er mit öffentlichen Verkehrsmitteln fahren mußte und er von Daniel getrennt sein würde. Das würde für ihn noch schwieriger werden und ihm schwerlich helfen.

Der Termin für die erste Sitzung mit dem Psychiater kam. Es sollte eine Familiensitzung sein, an der auch Paul und Ann teilnahmen. Sie alle waren nervös. Da war ein Gefühl, als ob die Familie vor Gericht säße. Ann sah sich in eine Verteidigungsposition gedrängt, als ob ihre Fähigkeiten als Mutter in Frage gestellt seien. Paul empfand Trotz, da er noch immer keinen Grund für die Intervention eines Psychiaters sah. Und Jason – nun, er war wie Ann nervös, hoffte aber auch, daß etwas geschehen würde, was ihm half. Auch er glaubte, daß die Behandlung seiner ›bösen Träume‹, von denen er wußte, daß es keine Träume waren, möglich sei. Daß es eine Pille oder eine Medizin gäbe, die er schlucken könnte, gerade so, als ob er nur eine körperliche Krankheit habe.

Die Sitzung verlief gut, wie Ann fand. Die Psychiaterin leistete ausgezeichnete Arbeit und hatte den zurückhaltenden Jason bald dazu gebracht, ungezwungen über alle Aspekte seines Lebens zu plaudern. Ein weiterer Termin wurde vereinbart, an den sich noch drei oder vier weitere anschlossen. Paul und Ann wurden Fragen über die familiäre Umgebung gestellt, über Beziehungen innerhalb der Familie, über ihre Gefühle zueinander, über Daniel und wie gut er sich entwickele. Dann gab es lange Sitzungen mit Jason, bei denen Paul und Ann draußen warteten. Als sie sie fragten, wie denn alles liefe, sagte die Psychiaterin, sie glaube, daß Jason etwas zurückhielt, daß er offen über alle Bereiche seines Lebens sprach, aber sie so ein Gefühl hätte, daß es etwas gäbe, über das zu reden er noch nicht bereit sei.

Es gab einige Dinge, die er ihr erzählte, von denen seine Mutter Ann zu dieser Zeit nichts wußte. Obwohl ihm nie etwas von der Fehlgeburt erzählt worden war, die Ann gehabt hatte, als er sieben war, berichtete Jason der Psychiaterin von dem ›Baby, das es niemals gab‹ (Siehe 10. Kapitel). Er sprach auch davon, daß er ›den Sarg seiner Mutter sähe‹, und war so über Anns Gesundheitszustand besorgt, daß sie sich auf Vorschlag der Psychiaterin von ihrem Hausarzt gründlich untersuchen ließ, um ihn zu beruhigen. Fünf Tage nach dem Traum, in dem er ihren Sarg ›sah‹, starb eine sehr enge Freundin von Ann. Sie glaubt, daß es diese Beerdigung war, von der er eine Vorahnung hatte.

Zunächst schien es eine Besserung bei Jason zu geben, nachdem er die Sitzungen mit der Psychiaterin begonnen hatte. Aber Ann wußte aus Erfahrung, daß das, was immer ihren Sohn so sehr erregte, in Zyklen kam. Sie hoffte, daß die Psychiaterin helfen könne, war aber realistisch genug zu wissen, daß Jason einfach eine ruhige Phase haben könnte.

Sie hatte recht. Nach den ersten Sitzungen begannen Jasons unruhige Nächte wieder. Er wachte müde und zerschlagen auf, hatte Mühe, die Energie zu finden, um mit einem ganz normalen Tag fertig zu werden und bekam Wutanfälle. Er wollte entweder im Zimmer seiner Eltern oder bei Daniel schlafen, und war verstört und nervös, wenn die Schlafenszeit heranrückte. Ann schaute jeden Abend nach ihm, bevor sie und Paul zu Bett gingen, und trotz der Schwierigkeiten, ihn zu bewegen, zu Bett zu gehen, fand sie ihn immer tief schlafend. Doch etwas Unheimliches begann zu geschehen: Morgens fand man Jason tief schlafend an irgendeiner anderen Stelle im Hause. Manchmal lag er auf dem Boden, am Fußende seines eigenen Bettes, so wie sie ihn auf dem Boden gefunden hatte, als er noch ein Baby war. Manchmal lag er im Wohnzimmer. Einmal lag er schlafend ausgestreckt auf dem harten Küchentisch.

Paul erklärte das mit Schlafwandeln und weigerte sich, so besorgt zu sein, wie Ann es war. Doch selbst er wurde sehr beunruhigt, als er einmal früh am Morgen auf dem Weg zum Badezimmer einer Eingebung folgend in Jasons Schlafzimmer schaute. Das Bett war leer. Er schaute in Daniels Zimmer nach, doch sein älterer Sohn schlief dort allein. Erst nachdem Paul in alle Zimmer unten geschaut hatte, weckte er Ann. Ihr Herz raste, während sie schnell und leise noch einmal überall nachschaute, unter die Betten sah, das Sofa von der Wand rückte, sogar die Küchenschränke öffnete, in denen ein großer zwölfjähriger Junge sich unmöglich verstecken konnte.

Verzweifelt bat sie Paul, den Wagen zu holen und um den Wohnblock herumzufahren. Sie glaubte, er könne nicht weit sein, falls er schlafwandelte. Sie griff nach dem Telefon, um die Polizei anzurufen. Dann fiel ihr ein, daß sie noch nicht in den Schuppen im Hintergarten nachgesehen hatten, in denen Paul das Hundefutter aufbewahrte. Sie rief Paul zurück – er war schon beim Wagen, hatte aber noch nicht den Motor angelassen – und eilte nach draußen, schloß im Hinausgehen die Hintertür auf. Der Schuppen war ebenso verschlossen, und es gab kein Anzeichen dafür, daß er kürzlich geöffnet worden war. Dennoch begann Ann, an den schweren Riegeln zu ziehen. Paul kam hinzu und zog sie zurück. Die Tür öffnete sich mit einem Ruck, und als das Licht hineinfiel, konnte Ann in der Ecke, auf dem Betonboden, eine zusammengekauerte Gestalt ausmachen. Es war Jason, der tief schlief. Er wachte nicht einmal auf, als Paul ihn aufhob und ins Haus trug.

Paul und Ann standen vor einem Rätsel: Es war unmöglich, die Riegel von innen zu schließen. Paul hatte die Riegel draußen angebracht, weil er den Schuppen gelegentlich dazu benutzte, darin einen Hund unterzubringen, der krank war oder kurz vor dem Wurf war. Da die Tiere groß genug waren, um die Riegel an der Innenseite zufällig öffnen zu können, hatte er sie zusätzlich von außen gesichert. Wenn Jason schlafgewandelt war, hätte er all seine Kraft gebraucht, um die Riegel zu bewegen, aber es gab keine einleuchtende Erklärung dafür, wie er sie wieder hätte schließen können. Der Holzschuppen war stabil gebaut. Er hatte keine Fenster, und eine andere Möglichkeit hineinzukommen gab es nicht.

Nachdem sie ein paar Minuten darüber diskutiert hatten, zuckte Paul wieder die Schultern und verdrängte den Vorfall. Aber Ann konnte das nicht. Sie war verzweifelt vor Sorge, daß sie eines Morgens Jason überhaupt nicht mehr finden würden.

Die Sitzungen mit der Psychiaterin wurden fortgesetzt, und als Ann sie fragte, wie sie mit Jason zu Hause umgehen sollte, riet sie ihnen, ihn mit Geduld und Toleranz zu behandeln. Doch als Jason eines Tages aus der Schule heimkam und wieder einen Beschwerdebrief über sein Verhalten mitbrachte, in dem ihm neuerlich mit Schulverweis gedroht wurde, war Paul am Ende seiner Kraft.

Er war monatelang den Weg gegangen, den Ann und die Psychiaterin nahmen, war das Problem auf ihre Weise angegangen, mit Geduld und Toleranz. Jetzt hatte er den Punkt erreicht, wo er dieses Spiel nicht mehr spielen konnte. Er war wütend und fand, daß es an der Zeit sei, Jason zu zeigen, daß sein Verhalten unakzeptabel war. Wie konnte er geduldig und tolerant mit einem Jungen umgehen, der wieder einmal von der Schule nach Hause geschickt worden war und einen Brief mitbrachte, in dem seine Eltern zu einem Gespräch mit dem Direktor aufgefordert wurden? Wie konnte Paul geduldig und tolerant angesichts der Tatsache sein, daß Jasons Frechheit von den Lehrern nicht länger toleriert werden würde, daß seine Wutausbrüche die anderen Kinder aufregten, daß er sich weigerte, sich auf seine Arbeit zu konzentrieren?

Paul wußte, was Probleme waren. Er selbst war kein Musterschüler gewesen. Er wußte aber auch, daß er als Vater wollte, daß sein Sohn die Chancen hatte, die er niemals gehabt hatte. Und das bedeutete, die Chancen, die die Schule ihm bieten konnte. Daniel entwickelte sich gut, hatte Erfolg auf der Schule und machte das Beste aus seinen Fähigkeiten – und amüsierte sich dennoch mit seinen Freunden. Jason hingegen nicht. Ann war sichtlich beunruhigt, und dies verstärkte den Druck auf Paul noch mehr. Er fand, daß seine Frau genug gelitten hätte. Sie hatten zweimal ihr Haus verloren, und die Zukunft der Farm war unsicher. Warum mußte sie noch diese zusätzliche Sorge haben?

Es war mit Geduld und Toleranz versucht worden, aber jetzt, das sagten Pauls Instinkte ihm, war es an der Zeit für eine andere Taktik. Er dachte nicht vernünftig darüber nach. Dieser große, sanfte Mann war am Ende mit seiner Geduld für seinen unberechenbaren Sohn, und als Jason um halb vier mit diesem Brief aus der Schule kam, konnte er sich nicht länger beherrschen. Er explodierte.

Ann, die draußen im Garten war, hörte die erhobenen Stimmen und eilte ins Haus. Paul wedelte nur Zentimeter von Jasons Gesicht entfernt mit dem Brief. Der Junge war errötet, aber trotzig, schrie umgekehrt seinen Vater an, und Anns Einwände blieben ungehört.

Genau in diesem Augenblick tauchte Daniel oben an der Treppe auf und schrie hinunter »Mum, mein Goldfisch. Meine schönen Fächerschwänze. Sie sind verschwunden.«

Das laute Geschrei erstarb und alle wandten sich Daniel zu. Cochise, einer der riesigen Pyrenäen-Berghunde, trottete schwanzwendelnd die Treppe herunter. Als er näher zu Ann und Paul kam, sahen sie, daß die große, lockere Hängebacke an der einen Seite seines Gesichts zu zittern begann, als würde sie von innen gekitzelt. Dann begann sie heftig zu vibrieren.

Paul, der mit den Hunden am besten umgehen konnte, öffnete behutsam den riesigen Kiefer. Vier goldene Fächerschwänze fielen in seine Hand. Sie waren noch immer sehr lebendig. Paul rannte mit ihnen nach oben und setzte sie wieder in das Aquarium. Daniel stellte das Aquarium oben auf seinen Schrank, so hoch, daß nicht einmal ein Hund von der Größe von Cochise dorthin gelangen konnte.

Es war ein kurzes, komisches Zwischenspiel, aber Pauls Ärger legte sich dadurch. Als er wieder nach unten kam, sprach er in anderem Ton mit Jason, bat seinen Sohn, ihm zu sagen, was denn los sei.

»Es sind die Träume, Dad. Ich habe immer diese Träume, genauso wie damals, als ich klein war.«

Dieses Mal wußte Paul eine Lösung. Wenn es Träume waren, die Jason so beschäftigten, mußte er ermutigt werden, sie der Psychiaterin zu erzählen. Vielleicht war es das, was er zurückhielt, und wenn er ihr davon erzählen konnte, könnte sie vielleicht alles in Ordnung bringen.

Zur nächsten Sitzung kamen sie zu spät – einer der Hunde hatte beschlossen, einen Spaziergang zu machen, und Paul hatte Mühe, ihn einzufangen – doch als sie in ihre Praxis kamen, mußte deutlich gewesen sein, daß Paul und Ann geradezu darauf brannten, ihr etwas zu erzählen. Sie erklärten schnell, was Jason ihnen erzählt hatte. Er hatte Träume, die ihn sehr zu beunruhigen schienen, und er hatte versprochen, von ihnen zu erzählen.

Allein mit der Psychiaterin sprach Jason zum ersten Mal ausführlich darüber, was mit ihm nachts geschah.

♦

Jasons erste Erinnerungen an Entführung reichen weit in die ersten Jahre seines Lebens zurück, bis dahin, wo er noch in einer Wiege schlief. Wie alle frühen Kindheitserinnerungen, sind sie lückenhaft – wie Schnappschüsse, nicht wie ein fortlaufender Film seines Lebens.

»Die erste Erinnerung, die ich habe, sind einfach die Hände«, sagt er, als er mir dasselbe erzählt, was er der Psychiaterin anvertraut hat. »Ich weinte aus irgendeinem Grunde – ich habe keine Ahnung, warum – und ich kann deutlich lange Finger sehen, die in die Wiege griffen und mich aufhoben. Sie waren anders als Mums Hände, die Hände, die mich normalerweise hochhoben, wenn ich weinte. Diese Finger waren viel länger – mindestens doppelt so lang – wie die von Mum, und sie waren dünn und hatten große Gelenke an den Knöcheln. Ihre Farbe war dunkel. Nicht schwarz oder braun, nicht einmal grau. Eine solche Farbe habe ich noch nie gesehen, wie eine dunkle Delphinfarbe. Ich weiß nicht, was geschah, nachdem sie mich hochgenommen hatten.«

»Bei der nächsten Erinnerung, die ich habe, war ich ein bißchen älter. Ich konnte schon laufen. Ich erinnere mich wieder, daß die Hände mich hochhoben. Ich war alt genug, um etwas über Elfen und Trolle und Dämonen zu wissen – Mum las mir jeden Abend Geschichten vor. Und ich dachte, ich würde von Elfen mitgenommen werden.«

»Ein anderes Mal sah ich etwas auf dem Treppenabsatz, das ich für einen Soldaten hielt. Das Haus, in dem wir wohnten, lag in der Nähe einer alten Ruine. Als ich klein war, glaubte ich, das sei eine alte Burg. Und ich dachte, daß diese kleine Person – er war höchstens siebzig Zentimeter groß, genauso groß wie ich – der Geist eines Soldaten sei, der dort gestorben war. Ich kann mich nur daran erinnern, ihn gesehen zu haben. Ich weiß nicht, was danach geschah.«

Jason hat andere wirre Erinnerungen an diese frühen Jahre, als die Familie in Sweetbriar Cottage wohnte. In fast all seinen Erinnerungen sind diese Hände da, die nach ihm greifen. Er erinnert sich, ›kleine

Menschen‹ in seinem Zimmer gesehen zu haben, und er erinnert sich an die Angst, die er spürte, als sie auftauchten. Doch jede Erinnerung hört in dem Moment auf, wo sie ihn berührten. Er weiß nicht, was darauf folgte.

Als er älter wird, werden die Erinnerungen natürlich deutlicher und zusammenhängender. Als die Familie auf die Farm umzog, teilte er ein Etagenbett mit Daniel. Er schlief unten.

»Ich erinnere mich, daß ich eines nachts schreckliche Angst hatte, aber ich weiß nicht, warum. Aber ich rannte zu Mum und schrie ›Sie kommen, um mich zu holen.‹ Inzwischen wußte ich, was geschah – ich wußte, daß ich weggebracht wurde – aber ich wollte nie gehen. Ich konnte mich nicht erinnern, wohin ich ging oder was sie mit mir machten, aber ich weiß, daß ich es haßte. Und Mum sagte nur immer, es sei ein Traum, und sie drückte mich und tröstete mich. Es machte mich so verrückt, daß sie mir nicht glauben wollte, daß es kein Traum war. Ich überlegte, wie ich sie dazu bringen könnte, mir zu glauben, aber dann wurde mir klar, daß es nichts nützte.«

»Ich erinnere mich an dieses schreckliche Gefühl, das ich hatte, als ich wußte, daß sie – Mum, Dad, alle – mir niemals glauben würden. Ich fühlte mich so verlassen und elend.«

Jason erinnert sich, einmal voller Entsetzen in das Zimmer seiner Eltern gerannt zu sein. Die Furcht war immer dieselbe. Etwas Gewaltiges, das er nicht zum Ausdruck bringen konnte, ein erschreckendes Gefühl von Hilflosigkeit und eine fürchterliche Enttäuschung, wenn seine Ängste als Apträume abgetan wurden.

Aber in diesem Fall spürte er auch einen stechenden Schmerz an der linken Seite seines Körpers, und als Ann seine Schlafanzugjacke hochzog, sah sie einen roten Striemen, der von der Brust bis zu seiner Hüfte reichte.

»Ich war froh darüber, daß etwas da war, obwohl es schmerzte, weil ich dachte, Mum würde es ernst nehmen. Sie war sehr besorgt, aber sie brachte mich wieder zu Bett, und am Morgen war die Spur völlig verschwunden. Sie sagte, sie müsse dadurch gekommen sein, daß ich auf der Seite gelegen hatte. Aber ich wußte, daß das nicht so war, und ich war wieder wütend.«

Sein Leben lang sind Zeichen an Jasons Körper aufgetaucht – und ebenso schnell wieder verschwunden. Üblicherweise tauchen fünf rote Flecken auf, vier in einem Quadrat und eines in dessen Mitte, entweder auf seiner Schulter oder in der Kniekehle. Sie bleiben allenfalls ein paar Stunden. Mehrmals hatte Ann Termine bei dem Hausarzt gemacht, sie aber später wieder abgesagt, da sämtliche Spuren verschwunden waren. Im Laufe der Jahre versuchte sie sich damit zu beruhigen, daß sie sich einzureden versuchte, Jason habe eine sehr empfindliche Haut, in die sich leicht etwas eindrückt, etwa durch Falten in seiner Bettwäsche, und die sich ebenso rasch wieder strafft. Paul nahm diese Zeichen nie zu ernst, vor allem deshalb, weil sie gewöhnlich verschwunden waren, wenn er sie sich ansehen wollte.

Als die Familie auf das Anwesen in Borough Green zog, wurden Jasons Erinnerungen noch klarer. Er teilte kein Zimmer mehr mit Daniel.

»Diese schlimmen Nächte laufen nach einem bestimmten Muster ab, diese Nächte, wenn Dinge mit mir geschehen. Ich lege mich zum Schlafen hin, in ein niedriges Bett. (Jetzt habe ich ein hohes, ein Kajütbett, aber in den ersten Jahren hatte ich ein niedriges.) Ich habe einen sehr guten Wecker, einen modernen digitalen, und der bleibt immer um drei Uhr morgens stehen. Das ist die Zeit, wo es passiert. Ich liege wach im Bett, obwohl ich nicht weiß, was mich geweckt hat, und die Hunde knurren immer. Dann plötzlich sind sie still – sie alle, was sehr ungewöhnlich für unsere Hunde ist.«

»Ich versuche immer, wieder einzuschlafen in der Hoffnung, daß nichts passieren wird. Aber dann sehe ich etwas am Fußende des Bettes, fast aus den Augenwinkeln. Es kommt durch den Boden hoch. Es ist der Große. Da ist immer nur ein Großer. Er ist etwa einssechzig groß, nur ein bißchen kleiner als ich. Der Kopf ist groß, mit großen schwarzen Augen, die schräg stehen und bis zur Seite seines Kopfes reichen, und einer kleinen Nase und kleinem Mund. Er ist dünn, und er hat die langen grauen Finger, an die ich mich aus meinen Babytagen erinnere. Das ist alles, was ich wirklich bemerke, diese Finger. Noch mehr als das Gesicht.«

»Es ist aber nicht immer derselbe, obwohl ich wirklich nicht weiß, woher ich das weiß, weil sie alle gleich aussehen. Einer hatte einmal oben an seinem Kopf ein eigenartiges Zickzackmuster, als ob da ein Stück herausgehackt worden sei. Ich habe ihn Zickzack getauft. Er kam aber nie wieder.«

»Dann, wenn ich gesehen habe, wie der Große sich aufrichtet, bemerke ich die Kleinen. Ich sehe nie, woher sie kommen. Sie sind einfach da. Sie ähneln dem Großen. Ihre Farbe ist grau. Aber sie sind kleiner, und sie huschen herum, sind immer beschäftigt und bewegen sich. Sie stehen nie still. Meistens ist ein halbes Dutzend von ihnen da. Manchmal bringen sie andere Kreaturen mit. Ich nenne sie Koalas, weil sie so klein und pelzig wie kleine Bären sind. Sie scheinen keine bestimmte Gestalt zu haben. Ihre Konturen sind so undeutlich, und sie scheinen auch nicht viel zu tun – als ob sie Haustiere der anderen sind.«

»Meine Mum hatte eine Sammlung von Teddybären. Darunter waren auch ein paar Koalabären, und ich kann mich erinnern, daß ich die Koalas nicht anfassen wollte, als ich klein war, weil sie mich so an diese Kreaturen erinnerten.«

»Ich sehe die Kreaturen in meinem Schlafzimmer, und ich sehe, wie der Große seine langen Finger ausstreckt, genauso, wie er es tat, als ich klein war. Dann erinnere ich mich nie an das, was anschließend geschieht. Manchmal habe ich überhaupt keine Erinnerungen an diese Nacht – außer, daß ich sehr müde bin, wenn ich morgens aufwache und der Wecker eine halbe Stunde nachgeht.«

Aber manchmal wache ich irgendwo anders auf, wo es sehr kalt ist. Ich kann meinen Körper überhaupt nicht bewegen, nur meine Augen, und ich kann nicht sprechen. Ich liege auf etwas, das glatt und kalt ist. Es fühlt sich an wie Marmor, aber ich glaube nicht, daß es das ist. Es hat keine Ecken. Alles ist rund und glatt. Der Raum ist dunkel, aber da ist Licht, doch ich kann nicht sehen, woher es kommt.«

»Manchmal erinnere ich mich nur daran, dort gewesen zu sein. Aber ein anderes Mal sind sie wieder bei mir – ich kann mich erinnern gesehen zu haben, daß ein Großer etwas hielt, das etwa 25 Zentimeter lang war, wie ein Metall-Lineal. Manchmal kann ich sehen, wie der Große mich berührt, aber ich kann nie etwas fühlen, als ob mein Körper gelähmt sei. Ich habe immer schreckliche Angst.«

Jason erinnert sich deutlich an eine der Nächte, als Ann ihn am nächsten Morgen fand. Er hatte Kratzer an Armen und Beinen, Grasflecken und Lehm an seinem Schlafanzug und sehr schmutzige Füße. Obwohl diese Erinnerung mehr die Qualität eines ›normalen‹ Traumes hat, weiß Jason, daß es wirklich war.

»Es fing genauso damit an, daß die Kreaturen in mein Zimmer kamen. Dann ist da nichts, und ich erinnere mich nicht, was als nächstes geschah. Aber ich fand mich auf der Farm wieder, etwa drei Meilen von unserem Haus entfernt. Ich habe keine Ahnung, wie ich dahingekommen bin, aber ich wußte, daß ich verfolgt worden war. Ich habe nicht gesehen, was mich verfolgte, außer, daß es groß und braun war und ich irgendwie wußte, daß es ein Tier war. Ich rannte zu einem Loch in der Hecke. Ich wußte, daß es dort war. Ich kroch genau in dem Moment hinein, als die Kreatur mich eingeholt hatte. Es streckte eine Klaue nach mir aus und kratzte mich, aber ich war durch die Hecke, bevor sie mich fassen konnte.«

»Ich kann mich an das schreckliche Gefühl erinnern, nicht schneller laufen zu können, aber wußte, daß es mich einholte. Ich konnte aber auch etwas anderes fühlen, als ob die Außerirdischen bei mir wären und selbst spürten, was ich fühlte. Ich spürte zum ersten Mal, daß sie mich beschützten, sich um mich kümmerten. Als ich aufwachte, war ich zu Hause, und ich habe keine Erinnerung daran, wie ich dorthin gekommen bin. Mum sah am nächsten Tag all den Schmutz auf dem Bettzeug und fragte mich, ob ich nachts draußen gewesen sei, um nach den Hunden zu schauen. Sie war ziemlich ärgerlich. Aber dann sah sie die Kratzer an mir, von denen einige recht tief waren, und tat antiseptische Salbe darauf. Sie fragte mich dauernd, was passiert sei, aber ich konnte ihr nichts sagen, weil sie mir nicht glauben würde. Aber ich hatte ein starkes Gefühl, daß sie – die Außerirdischen – mich gerettet hatten.«

»Ich habe immer die Beherrschung verloren und Mum angeschrien ›Du mußt mir glauben‹. Ich glaube, sie und Dad haben einfach geglaubt, ich würde mich sehr schlecht benehmen. Manchmal versuchten sie, verständnisvoll zu sein, und dann wieder wurden sie sauer, vor allem wenn ich Ärger in der Schule hatte. Aber da sie mir nicht glauben wollten, konnte ich das nicht ändern.«

»In der Schule hatte ich immer Angst. Ich haßte es, am Fenster zu sitzen, weil ich sicher war, daß ›sie‹ mich dort sehen könnten und kommen würden, um mich zu holen. Einmal, als es heftig blitzte, habe ich mich in einen Schrank eingeschlossen. Ich habe keine Angst vor Donner und Blitz, aber das Blitzen erinnert mich an die Lichtstrahlen, die ich manchmal sehe, wenn ich bei ›ihnen‹ bin, und ich dachte wirklich, sie kämen wieder, um mich zu holen.«

»Ich hatte so viele Probleme in der Schule, weil ich müde war, und wenn ich müde bin, werde ich grantig. Ich sah aber auch keinen Sinn darin, nett zu jemand zu sein. Niemand glaubte mir. Sie behandelten mich, als sei ich ein Idiot, der nicht zwischen Träumen und Dingen, die wirklich passieren, unterscheiden kann. Deshalb haßte ich sie alle.«

Es war dieses schlechte Verhalten in der Schule, was ihn in die Praxis der Psychiaterin führte, wo er seine Geschichte erzählte. Sie war interessiert und forschte nach weiteren Einzelheiten. Sie schien sehr aufgeschlossen zu sein – sie tat das, was Jason sagte, nicht als Unsinn ab. Er fühlte sich ermutigt. Endlich hatte er jemand, mit dem er sprechen konnte.

Wenige Tage, nachdem er sich ihr geöffnet hatte, erlebte Jason einen weiteren erstaunlichen Durchbruch. Er sah sich mit seiner Mutter und seinem Vater die Fernsehsendung über Hypnose an, und plötzlich schienen auch sie ihn ernst zu nehmen. Seine mysteriösen nächtlichen Umzüge, seine Angst vor der Dunkelheit, die unerklärlichen Narben an seinem Körper, die auftauchten und so schnell wieder verschwanden, die Uhren im Hause, die alle gleichzeitig nachgingen – all dies ergab endlich einen Sinn. Sie sagten nicht, daß sie alles glaubten, was er ihnen über Entführung erzählte. Doch zum ersten Mal in seinem Leben speisten sie ihn nicht mit den Worten ›Traum‹ oder ›Alptraum‹ ab.

Ann und Paul standen kurz davor zu akzeptieren, daß mit ihrem Sohn in der Tat etwas äußerst Seltsames geschah.

6. KAPITEL

Endlich Hilfe

Der Tag nach der Fernsehsendung, der Sendung, durch die Jasons Erfahrungen endlich einen Namen bekamen – ›Entführung‹- war ein Freitag. Ann ließ Jason nicht zur Schule gehen, sondern behielt ihn zu Hause. Sie sah, daß er müde durch diesen emotionsgeladenen Abend war, den sie verbracht hatten, und sie wollte ihm die Dinge nicht durch einen stressigen Schultag noch schwerer machen. Er war blaß und lustlos und mußte mit viel Geduld dazu überredet werden, mit Ann zur Farm zu fahren, um ihr beim Einsammeln der Eier zu helfen.

Paul hatte in der Zwischenzeit Bücher eingekauft. Er kam an diesem Nachmittag mit vier Büchern heim, die von unterschiedlichem Nutzen waren. Die ganze Familie, Daniel eingeschlossen, verbrachte Stunden damit, sie zu durchblättern. Ann überkam durch die bloße Existenz der Bücher ein überwältigendes Gefühl von Erleichterung, Erleichterung darüber, daß ihr Problem geteilt wurde, nicht nur von dem Mann in der Fernsehsendung, sondern von vielen Hunderten anderer völlig normaler, gesunder Menschen. Paul, der noch immer skeptisch war, war bereit einzuräumen, daß andere offensichtlich ähnliche Erfahrungen wie Jason gemacht hatten. Er scheute aber noch immer das Wort ›Außerirdische‹ und hoffte, es gäbe eine einfachere, vernünftigere Erklärung. Aber er sah ein, daß sie noch nie einer Lösung von Jasons Problemen so nahe gewesen waren, und sie waren es ihrem Sohn schuldig, sich mit dieser Thematik vertraut zu machen.

Im Anhang eines der Bücher war eine kurze Liste nützlicher Telefonnummern. Paul und Ann beschlossen, eine anzurufen, die Nummer, die für Quest angegeben war, eine internationale UFO-Forschungsorganisation mit Sitz in Britannien. Es war Ann, die die Nummer wählte – Paul konnte sich nicht dazu durchringen, das zu tun, aus Angst davor ›beknackt‹ zu wirken. Auch Ann fühlte sich albern, als sie dem kultiviert sprechenden Herrn am anderen Ende der Leitung erklärte, daß sie glaube, ihr zwölfjähriger Sohn sei von Außerirdischen entführt worden. Sie erwartete ein spöttisches Lachen oder vielleicht einen zwar freundlichen, aber nachdrücklichen Vorschlag, sie solle einen Psychiater aufsuchen. Statt dessen war der Mann, mit dem sie sprach, ruhig und verständnisvoll. Er machte sich nicht lustig über sie und scherzte nicht. Er reagierte erstaunlicherweise so, als ob alles, was sie sagte, ihm völlig vertraut sei.

Er gab Ann eine andere Telefonnummer, und wieder sprach sie mit einem Mann, der sich sehr beruhigend und mitfühlend zeigte und ihr sagte, einer seiner Forscher würde sich mit ihr in Verbindung setzen. Er bat sie um ihre Telefonnummer, und Ann geriet für einen Augenblick in Panik. Sie weigerte sich, ihm die zu geben und legte den Hörer auf. Ihr wurde plötzlich bewußt, wie bizarr die Situation war. Hier war sie und vereinbarte mit UFO-Experten so selbstverständlich Termine, als würde sie mit der Hausverwaltung über die Reparatur der Wasserleitungen reden. Sie fühlte sich plötzlich verlegen und albern. Schlimmer noch war, daß man vielleicht glaubte, sie sei verrückt und wollte nur ihre Nummer haben, um die Männer in den weißen Kitteln zu ihr schicken zu können, die sie abholten.

Es war Paul, der sie dazu brachte, zurückzurufen.

»Was haben wir zu verlieren?« fragte er. »Wenn jemand anruft und du glaubst, man würde sich über uns lustig machen, sag einfach, es handle sich um ein Mißverständnis. Die Jungen hätten aus Jux angerufen. Schlimmstenfalls können wir uns eine andere Telefonnummer geben lassen. Aber wenn wir es nicht versuchen, werden wir nie erfahren, was ist. Außerdem gefällt mir der Gedanke, daß ein Forscher kommt – es scheint mir die beste Möglichkeit zu sein, der Sache auf den Grund zu gehen.«

Als sie zurückrief, verstand der Mann ihre Ängste völlig. Dieses Mal hinterließ sie ihre Telefonnummer. Und so sprach Ann später an diesem Abend telefonisch mit Tony Dodd, dem Menschen, der vielleicht mehr als jeder andere der Familie Andrews geholfen hat, mit all dem fertig zu werden.

♦

Tony Dodd ist Forschungsdirektor bei Quest International, einer Organisation, die ein Magazin herausgibt, das schlicht UFO heißt, und Konferenzen und Seminare zu dem Thema organisiert. Quest entstand, als Gra-

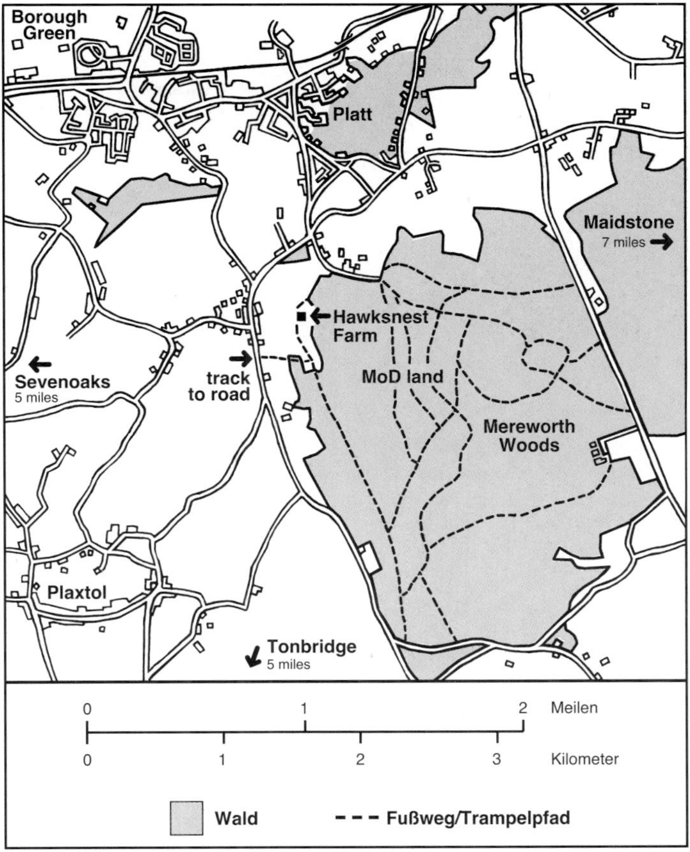

Das Meßtischblatt zeigt den Lageort der Hawksnest Farm. Dahinter erstrecken sich die dichten Wälder, die zu dem dahinterliegenden Übungsplatz des Verteidigungsministeriums führen. Der gut 800 Meter lange Weg nach Hawksnest führt von Long Mill Lane durch abgeschiedene Felder. Die Familie Andrews lebt heute in Borough Green.

Ein glücklicher Paul und eine glückliche Ann an ihrem Hochzeitstag 1977. Sie wußten nicht, welche Probleme auf sie zukommen sollten.

Tony Dodd - der international anerkannte Experte für UFOs und Außerirdische, der Mann, der Ann und Jason immer half.

Der Pferdeflüsterer. Anns Vater Stan, wie sie ihn aus ihrer Kindheit in Erinnerung hat. Wegen seiner unheimlichen Fähigkeit, wilde Pferde zu zähmen, war er bei Pferdebesitzern und Reitlehrern sehr gefragt.

Anns Eltern, Stan und Vi, fotografiert ein Jahr vor Stans Tod. Er starb, nur wenige Wochen nachdem er seinen geliebten neugeborenen Enkel Jason in den Armen gehalten hatte. Ann glaubt, er wußte, daß Jason etwas Besonderes sei.

Jason im Alter von
18 Monaten mit seinem
5jährigen Bruder Daniel.
Zu dieser Zeit wurde
Daniel von dem mysteriösen Soldatenmann besucht.

Jason, fotografiert am Tage
seines vierten Geburtstags.
Während der Feier
schockierte eine seltsame
Abfolge von Ereignissen
die Familie Andrews.

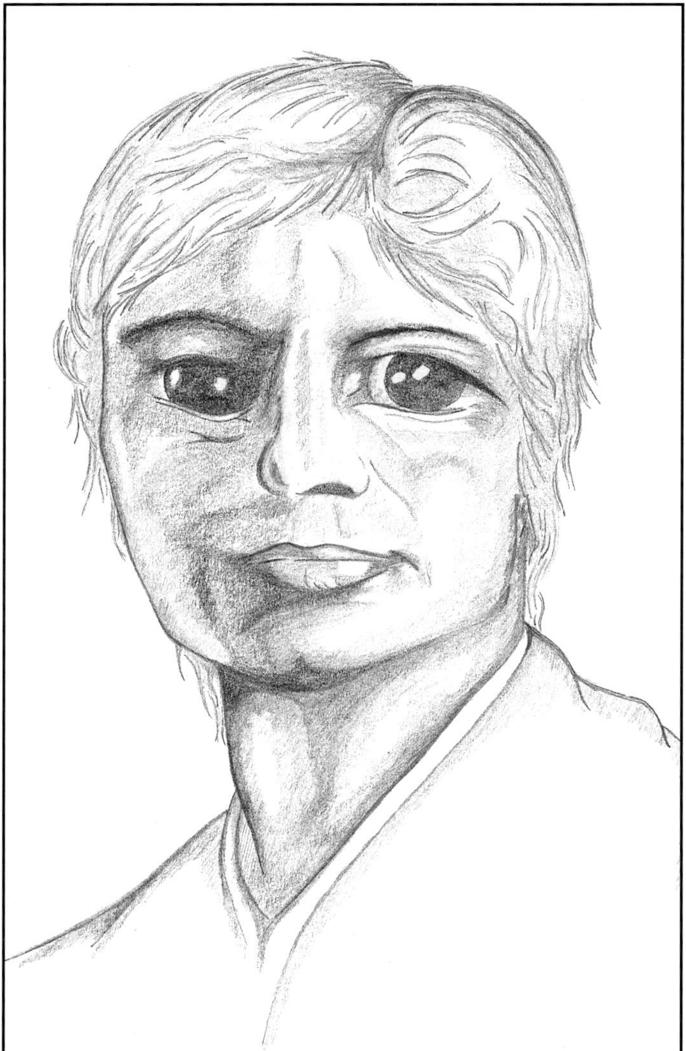

Daniels Soldatenmann, der sonderbare Besucher, der ihm erzählte, daß sein Bruder eine ursprüngliche Seele sei. Ann zeichnete diese Skizze nach Daniels detaillierter Beschreibung seines Kindheitsgefährten.

Der 12jährige Jason auf der Farm - kurz nachdem seine Eltern erfahren hatten, daß er ein Entführter war.

Jason auf Honey, dem Pferd, dessen Tod er prophezeit hatte.

ham Birdsall, ihr Gründer, sich fragte, an wen er sich mit seinen eigenen Entführungserfahrungen wenden könnte. Er fand bald heraus, daß es einen Bedarf für ein Informationsforum gab, da andere im selben Boot saßen wie er: intelligente, vernünftige Menschen, die sich in etwas hineingezogen sahen, was jenseits der Grenzen normalen Lebens stattfand.

Tony Dodd wurde 1978 in die Thematik verwickelt, als er noch aktiver Polizeibeamter war. Er stand 25 Jahre im Polizeidienst, schied mit einem beispielhaften Dienstzeugnis aus und hat das zynische, abgebrühte Verhalten, das unter Beamten weit verbreitet ist, die sich ihr Leben lang mit den Problemen der Menschheit auseinandersetzen müssen. Mit anderen Worten: Er ist kein phantasievoller, sensibler Mann, der zu Halluzinationen neigt. Er ist sachlich, nüchtern und pragmatisch. Die Kombination aus Polizeibeamtem und Yorkshireman läßt wenig Raum für maßlose Phantasien. Tony Dodd zu begegnen und seine Geschichte zu hören, die phlegmatisch und ohne missionarischen Eifer vorgetragen wird, genügt, um selbst den eingefleischtesten Ungläubigen an seiner Ungläubigkeit zweifeln zu lassen. Es ist Tony Dodd egal, ob man ihm glaubt oder nicht. Er weiß, was ihm widerfahren ist und er weiß, was Tausenden anderer widerfahren ist.

Er hat sein Leben der Erforschung dieser Thematik gewidmet und ist heute als eine der größten Autoritäten, was UFOs und Entführungen anbelangt, anerkannt. Doch dies alles begann mit einem erstaunlichen Zwischenfall, als er in den Mooren von Yorkshire nachts Streife fuhr. Ein anderer Polizeibeamter saß mit ihm im Wagen, und zufällig kam ein weiterer Polizeiwagen, in dem ein Beamter saß, aus der entgegengesetzten Richtung. Es war halb drei morgens. Als sie durch eine Straßenkurve fuhren, sahen Tony und sein Kollege, keine dreißig Meter von ihnen entfernt, ein großes, strahlendes Objekt von etwa dreißig Meter Durchmesser. Kein Geräusch kam von ihm – tatsächlich war die ganze Umgebung unheimlich still, da der Motor von Tonys Wagen ausging. Ein glühendes Licht umgab das Objekt, das sich langsam, mit einer Geschwindigkeit von höchstens zwanzig oder fünfundzwanzig Stundenkilometern von der Straße weg bewegte. Die Polizisten beobachteten es, bis sie nur noch eine Lichtkugel sehen konnten.

Tony Dodd war drei Jahre lang in der britischen Luftwaffe gewesen, bevor er in den Polizeidienst eintrat, und deshalb war er mit den Formen und Ausmaßen der seinerzeit verwendeten Fluggeräte bestens vertraut. Er wußte, daß dies kein Flugzeug war. Es klebte an den Konturen der Hügel, während es sich bewegte, befand sich jedoch höher über dem Boden, als es einem Schwebefahrzeug möglich war.

Nachdem Tony und sein Kollege den Schock der Sichtung überwunden hatten, versuchten sie über Funk Kontakt mit der Polizeizentrale aufzunehmen. Doch das einzige Geräusch, das aus dem Gerät kam, war ein lautes statisches Summen – und doch benutzte Tony das Funkgerät auf diesem Straßenabschnitt gewöhnlich ohne Probleme. Sobald das Fahrzeug weiter weg war, ging das Funkgerät wieder auf normalen Empfang, und Tony meldete die eigenartige Sichtung. Dann nahm er Verbindung mit den nächsten Flughäfen auf, um herauszufinden, ob dort etwas auf den Radarschirmen zu sehen gewesen war. Er hatte kein Glück. Das überraschte ihn nicht, weil das UFO in der ganzen Zeit, die er und sein Kollege es beobachtet hatten, unterhalb der Radarerfassungsgrenze gewesen war.

Später fand er heraus, daß der Polizist, der ihnen entgegengekommen war, es ebenfalls gesehen hatte, und seine Schilderung stimmte mit der ihren sehr überein. Verwirrt, aber doch gefesselt, war Tony entschlossen, der Sache auf den Grund zu gehen. Wie Paul Andrews Jahre später erwartete er, eine rationale Erklärung dafür zu finden. Allmählich bestimmte seine Suche nach dieser Erklärung sein Leben immer mehr, und nachdem er sich 1988 aus dem Polizeidienst zurückgezogen hatte, arbeitet er jetzt ganztags in der UFO-Forschung. Er ist verantwortlich für sämtliche Quest-Ermittlungen in Britannien. Er hat in aller Welt Vorträge gehalten, auch zweimal in Amerika.

Zuerst galt sein Interesse buchstäblich UFOs – Unidentifizierten Fliegenden Objekten. An der Existenz von UFOs gibt es keinen Zweifel. Selbst die größten Skeptiker geben zu, daß am Himmel Lichter und Objekte zu sehen sind, die nicht identifiziert werden können. Die Skeptiker mögen zwar nicht zugeben, daß diese außerirdischer Herkunft sind, aber sie gestehen ein, daß für manche von ihnen keine plausible Erklärung gegeben werden kann (viele können erklärt werden, so etwa mit Flugzeugen, Wetter, reflektierten Lichtern und dergleichen). Dieser Kern von unidentifizierten Objekten – einschließlich dem, das er selbst gesehen hatte – veranlaßte Tony Dodd, mit seiner Lebensaufgabe zu beginnen. Inzwischen ist er zu Überzeugungen gelangt, die weit darüber hinausgehen, daß die Erde von außerirdischen Raumfahrzeugen beobachtet wird.

Tony hat jetzt das Gefühl, daß seine erste Erfahrung mit einem UFO – auf die in den folgenden Jahren mehrere weitere Sichtungen in den Mooren folgten – eine von den Außerirdischen absichtlich herbeigeführte Konfrontation war. Er selbst glaubt, viele Jahre lang regelmäßig entführt worden zu sein. Anders als bei Jason waren seine Erinnerungen begraben, bis sie durch die UFO-Aktivität um ihn geweckt wurden. Heute weiß er, daß er aufwachte, seine Glieder gelähmt waren und ein gleißendes Licht das Schlafzimmer erfüllte. Er erinnert sich nicht mehr an den nächsten Morgen, doch allmählich kommen die Erinnerungen in Rückblenden zurück. Sein Kontakt mit den Außerirdischen, so glaubt er, hat einen bestimmten Zweck: Er wurde auserwählt, um Botschaften weiterzugeben, die den Weltfrieden und ein größeres Verständnis für den Kosmos fördern sollen. Diese Botschaften ›erscheinen‹ in seinem Gehirn und sind seinen eigenen, vertrauten, sachlichen Gedankenmustern so fremd, daß er sicher ist, daß sie dort von wohlwollenden Außerirdischen eingepflanzt wurden. Viele Entführte (Jason Andrews eingeschlossen) haben ähnliche ›Botschaften‹ erhalten.

Tony glaubt nicht, daß alle Außerirdischen wohlwollend sind. Ebensowenig glaubt er, daß die Erde nur von einer bestimmten Rasse Außerirdischer besucht wird, sondern vielmehr von mehreren. Er vertritt die Ansicht, daß die Regierungen der Welt an Verschleierungen beteiligt sind, daß sie weit mehr über die Aktivitäten Außerirdischer wissen, als sie vor der Öffentlichkeit zugeben.

Doch welche Überzeugung Tony Dodd auch immer haben mag – er geht seine Untersuchungen sehr exakt an. Er geht stets davon aus, daß er nicht mehr als eine rationale Erklärung finden wird. Er wohnt in der malerischen kleinen, in North Yorkshire gelegenen Stadt Grassington, einem Mittelpunkt von Dales Wanderland und unverdorbener Zufluchtsort für Touristen, die nach einem traditionellen Marktort suchen. Hierher zu fahren ist ein erhebendes Erlebnis von dem Augenblick an, wenn man die Autobahn M62 und die Industriegebiete von Bradford hinter sich gelassen hat.

In dem mit peinlicher Sorgfalt organisiertem Heiligtum von Tonys Büro piept ständig ein Anrufbeantworter, der Meldungen von eigenartigen Sichtungen aus dem ganzen Land aufzeichnet. Jede wird untersucht werden und der Anrufer wird eine Antwort erhalten.

Für die Mehrzahl – geschätzt etwa 75% – gibt es eine völlig logische Erklärung. Der größte andere Teil ist nicht detailliert genug, um irgendwelche Schlüsse ziehen zu können. Andere bewertet Tony, obwohl er es nicht beweisen kann, als ganz natürliche Phänomene. Aber es gibt eine winzige Anzahl von Fällen, vielleicht nur zwei von hundert, die ihn faszinieren und in denen soviel mögliches Beweismaterial steckt, daß sich eine Untersuchung lohnt.

Der Anruf von Ann Andrews fiel in diese Kategorie. Er befragte sie behutsam und mitfühlend, aber mit der Gründlichkeit eines Polizisten, was sie zu der Annahme bringe, daß ihr Sohn entführt worden sei. Ihre Antworten klangen glaubwürdig. Er schildert seine erste Reaktion auf das Gespräch mit ihr.

»Ich bin sehr mißtrauisch gegenüber Leuten, die behaupten, daß sie oder jemand aus ihrer Familie entführt worden ist. Ann behauptete das nicht. Sie zog das wegen Jasons Reaktion auf die Fernsehsendung als Möglichkeit in Betracht. Vor allem aber wollte sie Hilfe, und sie war bereit, jede andere mögliche Erklärung zu überdenken. Ich hatte ein starkes Gefühl, so wie gewöhnlich bei echten Fällen, daß sie ehrlich wünschte, daß das alles vorbeigehen würde. Sie wollte nicht, daß das mit ihrem Sohn geschah. Es war unmöglich, daß sie das genoß, Publicity suchte oder irgend etwas damit gewinnen wollte.«

»Sie klang, um ehrlich zu sein, verstört. Sie war vor Sorge um ihren Sohn am Ende ihrer Kräfte, und ihre einzige Sorge war, dahinter zu kommen, was ihn so aufregte. Von dem Augenblick an, als er ihnen erzählte, er sei entführt worden, versuchten sie und Paul zu verstehen, doch als sie mich anriefen, waren sie verwirrt. Das Wichtigste, was ich bei diesem ersten Kontakt tun konnte, war, ihr zu versichern, daß sie nicht alle verrückt wurden, daß es möglich sei, daß Jason entführt worden war und daß es viele andere Menschen gab, die ähnliche Erfahrungen gemacht hatten.«

Ann erinnert sich, daß Tony ihr bei diesem ersten, langen Telefongespräch sehr viele Fragen stellte, von denen viele unwichtig gewesen zu sein schienen. Tony gibt zu, daß er viele nur stellte, um Ann zu beruhigen, aber darunter waren auch zahlreiche Schlüsselfragen.

»Es gibt gewisse Dinge, derer Entführte sich bewußt sind, Auslösepunkte, die es selten gibt, wenn Menschen sich ein Entführungsszenario ausdenken. Ich will nicht verraten, was das ist, weil sie für mich eine enorme Hilfe sind, zu entscheiden, ob ich es mit einem echten Fall zu tun habe oder nicht. Ich stelle mehrere Fragen zu dem Thema, um zu sehen, ob diese entscheidenden Punkte angesprochen werden. Aber ich sorge dafür, daß sie es sind, nicht ich, die auf diese Punkte zu sprechen kommen. Mit anderen Worten, ich hüte mich davor, ihnen Antworten vorzugeben.«

»Darum stelle ich so viele Fragen, die oft nichts mit dem Erlebnis zu tun haben, um das es eigentlich geht.«

Obwohl er manche dieser Schlüsselpunkte nicht preisgibt, führt Tony die naheliegenderen auf, die immer wieder bei Entführungsfällen eine Rolle spielen:

1. Geräusche in den Ohren.
2. Nasenbluten.
3. Gesteigerte psychische Fähigkeiten – etwa Dinge vorherzusagen, bevor sie sich ereignen.
4. Seltsame, unerklärliche Zeichen, die über Nacht am Körper auftauchen und gewöhnlich schnell verschwinden.
5. Beim Erwachen feststellen, daß in der Nacht eigenartige Dinge geschehen sind, z. B. daß Nachtwäsche abgelegt oder auf links gedreht wurde; Erwachen im falschen Bett oder im falschen Zimmer. In einem Fall, mit dem Tony zu tun hatte, erwachte der Entführte mit völlig anderer Kleidung, die ihm nicht gehörte. In einem anderen Fall erwachte eine Frau mittleren Alters mehrmals unbekleidet im Garten, aber die Türen des Hauses waren verschlossen.
6. Angst vor Dunkelheit.

7. Seltsame Lichter, die um das Haus erscheinen, und andere paranormalen Aktivitäten, gewöhnlich elektrischer Art.
8. Seltsames Verhalten von Tieren, zum Beispiel Hunde, die unsichtbare Gegenstände anbellen.

Nach seiner Erfahrung schläft die Person, die im Mittelpunkt der Aktivitäten Außerirdischer steht, unruhig und wacht oft schweißgebadet auf feuchten Kissen auf. Menschen in ihrer Umgebung (im Falle verheirateter Entführter, die dasselbe Bett teilen) sinken in einen tiefen, tranceähnlichen Schlaf und können von dem Entführten nicht geweckt werden.

Obwohl Tony Dodd überzeugt von den Aktivitäten Außerirdischer ist und an Entführungen glaubt, bemüht er sich, alle Fälle auszusortieren, die er für vorsätzlichen Betrug oder Phantasien hält. Er will die Welt, die Wissenschaftler eingeschlossen, von dem ständigen Verkehr zwischen außerirdischen Zivilisationen und unserer eigenen überzeugen. Er glaubt nicht, daß es der Sache dienlich ist, wenn zur Erfindung oder Ausschmückung von Geschichten über mögliche Entführungen ermutigt wird. Er will, mit anderen Worten, das beste Beweismaterial beschaffen, das er bekommen kann, und er ist sichtlich verärgert, wenn er über ›Entführte‹ spricht, deren Geschichten erfolgreich widerlegt wurden.

»Es wirft uns alle zurück, wenn eine Person zugibt zu lügen oder als Betrüger entlarvt wird«, sagte er. »Wir haben genug echte Fälle und brauchen deshalb keine Leute, die sich aus ganz persönlichen, naheliegenden Gründen als Trittbrettfahrer versuchen.«

Darum führt er eine so gründliche Befragung durch und schickt dann Ermittler, die jene Fälle gründlicher untersuchen, die seiner Meinung nach jeder Prüfung standhalten. Jasons Fall war wegen Jasons Alter besonders wichtig für ihn.

»Wenn Kinder Geschichten erfinden, ist es normalerweise leicht, dies aufzudecken – sie sind keine erfahrenen Schwindler. Und es ist auch unwahrscheinlich, daß sie viele Bücher oder Zeitungsberichte über das Thema gelesen haben. Deshalb sind ihre Erinnerungen sauber. Erwachsene vermengen oft ahnungslos Dinge, die sie gelesen haben, mit ihren eigenen Erinnerungen, und es wird dann schwer, die echten Fakten zu erkennen. Mit Kindern habe ich dieses Problem selten.«

Ein anderer der ungewöhnlichen Aspekte, die Jasons Fall so wichtig machen, ist seine bewußte Erinnerung an vieles von dem, was ihm widerfuhr. Nach Tonys eigener persönlicher Erfahrung – und der Hunderter anderer Entführter – kommen Erinnerungen nur sporadisch an die Oberfläche, und wenn sie durch ein anderes Ereignis ausgelöst werden, tauchen sie in einer Reihe lebhafter Rückblenden auf. Die ganze Erinnerung wird oft nur unter Hypnose frei – Thema der Fernsehsendung, die Ann und Paul schließlich einen Schlüssel für die Lösung von Jasons Problemen bot.

Die Kontroverse über den Einsatz von Hypnosetherapie wird ausführlicher im nächsten Kapitel behandelt, und sie ist faszinierend als Bestandteil einer Gesamtstudie über Entführungsfälle. Doch sie betrifft Jason nicht, der nie hypnotisiert worden ist und es auch nie werden wird, solange Tony Dodd und seine Eltern dabei ein Wort mitzureden haben.

Tony Dodds Weigerung, für Jason Hypnosetherapie zu empfehlen, basiert zum Teil darauf, daß er den Fall von jedem Vorwurf freihalten will, daß der Hypnotiseur etwas eingeimpft habe, obwohl Tony an sich mehr daran liegt, den Entführungsopfern zu helfen, als sie den Kritikern auszuliefern. Aber es hat mehr mit Jasons Alter zu tun. Tony und die Organisation, die er repräsentiert, Quest, halten es für absolut unmoralisch, jemanden einer Hypnose auszusetzen, der noch nicht 18 Jahre alt ist. Sie würden sogar zögern, sie jemandem zu empfehlen, der unter 21 ist.

Ann und Paul teilen seine Meinung. Sie sehen keinen Sinn darin, weitere Erinnerungen in Jason zu wecken, da es ihm schon schwer genug fällt, mit denen fertig zu werden, die er hat. Und Ann selbst, die in das mehr klassische Klischee eines Entführten paßt, dessen Erinnerung nur langsam kommt und erst im Erwachsenenstadium, sieht für sich keinen Wert darin. Wenn ihre und Jasons Aussage für andere, die sich in der gleichen Situation befinden, von Nutzen sein soll, glaubt sie, sollte nicht erst der Verdacht entstehen, daß ihre Erinnerungen manipuliert worden seien. Auch sie spürt, daß sie mit ihren Erinnerungen (von denen wir in folgenden Kapiteln mehr hören werden) gerade noch fertig werden kann und sie auch ohne die Hilfe eines Hypnotiseurs unaufgefordert kommen. Es gibt Lücken in ihren – und Jasons – Erinnerungen, aber sie sieht keinen Vorteil darin, sie zu füllen.

Ihre Motivation ist eine andere als die von Tony Dodd. Obwohl sie wie er liebend gerne eine Erklärung für das ganze Phänomen der Entführung durch Außerirdische hätte und sie jetzt von dem Thema fasziniert ist, gilt ihre Hauptsorge nicht der Beibringung von Beweisen für Wissenschaftler. Ihre Hauptsorge ist, daß ihr heranwachsender Sohn endlich wieder ruhig nachts in seinem Bett schlafen kann. Wenn sie nicht verhindern kann, daß er weiter entführt wird, möchte sie ihm helfen können, mit dem fertig zu werden, was mit ihm geschieht und einen Rahmen schaffen, in dem er harmonisch leben kann.

Der entmutigendste und deprimierendste Augenblick, den ich bei den Recherchen für dieses Buch erlebte, war, als ich Jason fragte, was die Zukunft ihm bringen würde. Er zuckte nur mit den Schultern und sagte, er sähe nicht, daß es jemals besser werden würde und er sähe auch nicht, daß er es jemals lernen würde, das zu akzeptieren. Mich fröstelte, als er mir erzählte, daß er ernsthaft über Selbstmord nachgedacht habe, sogar soweit gegangen war, daß er ein Seil genommen hatte und versucht hatte, sich im Wald aufzuhängen. Er sprach lakonisch darüber, mit offensichtlicher Gleichgültigkeit, und schilderte das, als sei es einer dritten Person passiert. Und dann plötzlich reagierte er genau umgekehrt. Tränen traten ihm in die Augen, als er wütend auf ›sie‹ schimpfte, die uneingeladenen Fremden, die ihm so viel von seiner Jugend geraubt haben. Es war ein sehr trauriger Augenblick, diese Art von Augenblick, die viele der UFO-Skeptiker und Enthüller nur zu gern ignorieren. Sie verlangen Beweise und nutzen den Umstand, daß es keine gibt, dazu, das ganze Thema als bizarr und verschroben abzutun. Doch für Jason und viele tausend andere Menschen auf der ganzen Welt, die wie er sind, ist die Frage nach Beweisen irrelevant. Für sie ist allein die Frage wichtig, einen Weg zum Leben zu finden.

»Ich wünschte, ich könnte Jason versprechen, daß es eines Tages aufhören wird«, sagt Tony Dodd. »Aber das ist unwahrscheinlich. Da er für so viele Entführungen ausgewählt worden ist, habe ich das Gefühl, daß die Außerirdischen ihm noch viele Jahre lang folgen werden, wahrscheinlich sein ganzes Leben lang. Aber er wird sich damit abfinden. Er wird einen Weg finden, damit umzugehen.«

»Ich denke, daß er sich vielleicht als sehr wichtiger Entführter erweisen wird. Einige der Erfahrungen, die er gemacht hat (worüber noch später in diesem Buch gesprochen wird), veranlassen mich zu der Annahme, daß er als ›Lehrer‹ aufgebaut wird, als Mensch, dem die Außerirdischen Botschaften für die ganze Menschheit anvertrauen.«

Beim Versuch zu lernen, damit zu leben, haben Jason und seine Familie den ersten, großen Schritt bereits getan. Der Tag, an dem Ann anrief, um Hilfe zu erbitten, war der Tag, an dem sie zum ersten Mal mit Außenstehenden über Jasons Erfahrungen sprachen. Dadurch, daß sie darüber sprachen, begannen sie von diesem Tage an zu lernen damit umzugehen.

Es gibt, wie Experten glauben, viele tausend anderer, die ähnliche Erfahrungen wie Jason haben, aber stumm kämpfen, Angst davor haben, für labil oder wahnsinnig gehalten zu werden oder ausgelacht zu werden. Völlig allein mit dem Faktum der Entführung fertig werden zu müssen, macht sie unglücklich, und in manchen Fällen zweifeln sie selbst an ihrem Geisteszustand – in Amerika gibt es Entführungsfälle, die dadurch bekannt wurden, daß Opfer Hilfe bei Psychologen suchten, die sie für gesund und völlig normal erklärten. Diese Versicherung, daß sie nicht psychisch krank sind, hat sie ermutigt, ihre Erfahrungen als Entführte zuzugeben, auch wenn sie bewußt nur wenige vage Erinnerungen haben.

In den USA ist es einfach, Hilfe zu bekommen. Es gibt Psychiater, Psychologen, Wissenschaftler und viele andere Fachleute, die Entführung akzeptieren und die Strategien anbieten, um damit zurechtzukommen. Eine der besten dieser Strategien ist – wie bei so vielen anderen Problemen – Gruppentherapie, bei der das Opfer mit anderen zusammenkommt, die ähnliche Erfahrungen gehabt haben. Erinnerungen mit anderen zu teilen, die Einfühlungsvermögen haben, ist oft die größte Hilfe, die man bekommen kann.

Solche Gruppen gibt es in Britannien nicht. Aber Tony Dodd hat das Nächstbeste für Ann und Jason getan. Er ist immer für sie dagewesen, reagiert auf Anns Telefonanrufe so schnell wie es ihm möglich ist und bietet Erklärungen und Hilfe, wann immer er kann. Er war gegenüber Jason nicht zimperlich, gab von Anfang an zu, daß es keine ›Behandlung‹ gäbe, keinen Zaubertrank, der die Entführungen beenden könnte. Aber da er mit Jason frei und offen über seine eigenen Erfahrungen gesprochen hat, hat er dem Jungen geholfen, sich mit dem abzufinden, was geschieht. Am Telefon schilderte er Jason seine eigene Entführung und gab zu, daß er schreckliche Angst hatte.

»Es braucht dir nicht peinlich zu sein, Jason«, sagte er. »Wir alle haben Angst, nicht nur du. Ich habe die ganze Welt bereist, aber ich habe Angst davor, allein im

Dunkeln zu schlafen. Ich muß immer ein Licht eingeschaltet haben. Ich habe auch Angst davor, allein einen dunklen Raum zu betreten. Sie kommen noch immer zu mir, und obwohl ich jetzt weiß, daß sie mir nichts Böses antun wollen – und ich das akzeptiert habe – macht es mir noch immer wahnsinnige angst. Bei hellem Tageslicht ist es ganz leicht, ruhig und vernünftig zu sein, aber wenn die Nacht kommt, kommt auch die Furcht.«

»Da ich ihre Fluggeräte gesehen habe und die unglaubliche Macht, die sie besitzen, weiß ich, daß wir sie niemals aufhalten können. Wie zum Teufel soll man gegen etwas kämpfen, das einen nicht nur lähmen kann, sondern einen schweben lassen kann, einen durch die massiven Wände des Hauses treiben lassen kann? Wir können nur versuchen zu verstehen, warum das so ist.«

Es war ein Vortrag, der Jason sehr viel Trost brachte. Wenn ein erwachsener Mann zugeben konnte, daß er Angst vor nächtlichen Besuchern hatte, mußte er sich nicht dafür schämen. Er konnte seine eigene Angst als ganz natürlich akzeptieren.

So wie Tony Dodd diese Art von Beratung bot, half er der Familie Andrews auch auf andere Weise sehr. Indirekt war er dafür verantwortlich, daß sie Kontakt mit anderen Entführten bekamen, darunter mit einem Teenager, der Jason sehr helfen konnte. Es mag nicht in einer richtigen Selbsthilfegruppe gewesen sein, aber es war die gleiche, sehr effektive Therapie: Das Problem mit einer anderen Person teilen, die es selbst erlebt hat.

♦

Zu begreifen, daß Jason entführt wurde, war für Ann und Paul ein großer Schritt, und dieser brachte sie auf den richtigen Weg, um ihrem schwierigen und verstörten Sohn helfen zu können. Aber es war auch der Punkt, an dem die paranormalen Aktivitäten, von der die ganze Familie betroffen war, eskalierten. Die folgenden Monate waren für sie alle eine sehr schwere Zeit.

Doch bevor wir uns weiter mit ihrer persönlichen Geschichte befassen, ist dies vielleicht der richtige Augenblick, sie in einem Gesamtzusammenhang mit dem zu bringen, was über Entführungen durch Außerirdische bekannt ist. Das nächste Kapitel bringt eine Zusammenfassung der zahllosen seriösen Forschungen über UFOs und Entführungen durch Außerirdische.

7. KAPITEL
Worum geht es hier?

Ich stieß auf das Thema Entführung durch Außerirdische als völliger Anfänger. Wie Ann und Paul vor mir, hatte ich vorgefaßte Vorstellungen und Vorurteile, die mich veranlaßten, die Seite schnell umzudrehen, wann immer ich auf ein Zeitungs- oder Zeitschriften-Interview mit einem Entführten stieß. Ich tat solche Menschen sehr unfair als Selbstdarsteller oder Verrückte ab. Filme und Fernsehsendungen über das Thema waren interessant, aber doch reine Fiktion, wie ich glaubte.

Ich war und bin bereit zu akzeptieren, daß es mehr Dinge zwischen Himmel und Erde gibt, als wir uns träumen lassen. In allen Wissensgebieten der Menschheit gibt es grundlegende Rätsel, die es unmöglich machen, irgend etwas auszuschließen. Das unberechenbare, unkontrollierbare Reich der Quantenphysik, das eine fast spirituelle, mystische Dimension in die Arbeit nüchterner Wissenschaftler gebracht hat (diese Geschichte über den Beobachter im System, der das Ergebnis beeinflußt), gepaart mit einem Gefühl für die Gewaltigkeit des Weltraumes und die willkürlichen Umstände, die zur Entstehung von Leben auf diesem speziellen Planeten führten, bedeuten, daß alles, ja, alles möglich ist.

Aber dann der Sprung von der großartigen Theorie zu den harten Tatsachen, daß Raumschiffe um die Erde kreisen und Außerirdische herunterkommen, um ausgewählte Personen zu ihren eigenen Zwecken mitnehmen? Das alles schien zu phantastisch, zu weit herbeigeholt. Bis ich Jason und Ann kennenlernte und die anderen Fälle, viele von ihnen gut dokumentiert, über Entführung durch Außerirdische zu erforschen begann.

Es war die reine Glaubwürdigkeit von Ann und ihrer Familie, die mich überzeugte. Ich erkannte schnell, daß sie nicht log, übertrieb oder manipuliert wurde. Pauls Widerstand gegen die Vorstellung einer Entführung verstärkte diese Überzeugung und Jasons eigene Darstellung seiner Geschichte ebenso. Er rühmte sich nicht damit, und ebensowenig schien er sich auf irgendeine Weise Phantasien hinzugeben. Als Familie sind sie glaubwürdig und betroffen darüber, im Mittelpunkt von etwas zu stehen, das sie weder suchen noch genießen. Ich sollte bald feststellen, daß sie nichts Besonderes sind. Es gibt Hunderte von Entführten in aller Welt, die sich gemeldet haben, und die große Mehrheit von ihnen ist ebenso ehrlich und normal wie die Familie Andrews. Das soll nicht heißen, daß es nie Betrüger gegeben hat, aber interessanterweise waren das weit weniger, als man bei einem so umstrittenen Thema vielleicht vermuten würde.

Obwohl einige der Entführten sich nur noch mit der Welt der UFO-Forschung befassen, haben viele andere widerwillig akzeptiert, was mit ihnen geschieht und sind unverdorbene Zeugen – mit anderen Worten, ihre Aussage ist ihre eigene, nicht das Ergebnis von zu häufigem Sehen von X-Files-Sendungen oder vom Lesen von Büchern und Zeitschriften über andere Entführungsfälle. Und je mehr ich über das Thema las, umso klarer wurde, daß es die Gemeinsamkeiten, die sich in Berichten über Entführungen finden, schon längst gab, bevor Hollywoodproduzenten sich des Themas annahmen.

Wir mögen glauben, UFOs seien ein modernes Phänomen, aber sie sind seit Jahrhunderten dagewesen, wahrscheinlich seit Beginn des Lebens auf der Erde. Es gibt aus jeder bekannten Zivilisation Legenden über seltsame Himmelserscheinungen, und es gibt verblüffende Parallelen zwischen heutigen Geschichten über Entführungen und Überlieferungen – aus allen Kulturen – über Entführungen durch das ›Elfen‹-Volk. Sämtliche klassischen Entführungssymptome finden sich in diesen alten Geschichten wieder. Der französische Autor Jacques Vallee, ein Wissenschaftler und Mathematiker, war einer der ersten, der die engen Verbindungen zwischen den alten Geschichten und den modernen Ereignissen, die mit UFOs in Zusammenhang stehen, erforschte, und seit er diese Pionierarbeit geleistet hat, hat es viele faszinierende Forschungsberichte aus aller Welt gegeben, in denen sich Gemeinsamkeiten finden: fehlende Zeit, Besuche fremder Welten, kleine Kreaturen mit unerklärlichen Kräften.

Es gibt auch Legenden aus vielen verschiedenen alten Zivilisationen, in denen von göttergleichen Kreaturen mit einer sehr fortgeschrittenen Technik die Rede ist, die vom Himmel kamen, um die Menschen zu unterrichten. Die alten Ägypter glaubten, die ganze Struktur dieses Planeten sei von Himmelsgöttern erschaffen worden, die Land über das Wasser hoben, Gesetze erließen und Weisheit vermittelten, die sie den Pharaonen gaben. In Japan gibt es über dreitausend Jahre alte Statuen mit Figuren, die den heutzutage beschriebenen Außerirdischen sehr ähnlich sind. Die Babylonier und Sumerer glaubten, es gäbe einen anderen Planeten in unserem Sonnensystem, der so fern kreist, daß er nur selten beobachtet werden kann. Von ihm kamen Besucher zur Erde, um unsere Entwicklung zu lenken. In der Genesis der Bibel wird von den Nephilim gesprochen, die eine Rasse von Superhelden war, die von menschlichen Müttern geboren wurde, aber Väter hatten, die nicht von dieser Erde waren.

Es gibt Legenden der Inka, Azteken und Maya, über göttergleiche Kreaturen, die vom Himmel kamen. In Indien gibt es Geschichten über von Göttern abstammende Menschen, die mit Feuerwagen am Himmel auftauchten und vedische Schriften über Götter von anderen Planeten. Ein altes tibetanisches Buch berichtet von Überwesen, die von anderen Planeten stammen und unsere Erde besuchen, um unseren Fortschritt zu beobachten. Amerikanische Indianer glauben, daß die Erde von Wesen aus einem anderen Sternensystem seit Anbeginn der Zeiten besucht worden ist.

Und so weiter. Die Gemeinsamkeiten in all diesen Geschichten sind ungewöhnlich, besonders deshalb, weil sie aus einer Zeit datieren, in der die Verbreitung von Nachrichten so anders als heute war. Einer der Kritikpunkte an den Geschichten über Entführungen ist, daß sie sich gegenseitig hervorbringen, daß eine Geschichte im Fernsehen oder einer Zeitung mehr Menschen dazu bringt, die gleiche oder eine sehr ähnliche

Geschichte zu erzählen. Aber diese Kritik läßt sich nicht auf alte Berichte übertragen, die in einer Zeit entstanden sind, bevor es die modernen Kommunikationsmittel gab. Jedes dieser Dokumente entstand unabhängig von den anderen. Es kann keine gegenseitige Beeinflussung gegeben haben (zumindest nicht, wenn sie nicht von diesen ›Göttern‹ oder ›Außerirdischen‹ kam).

Es hat in den letzten hundert Jahren unzählige Geschichten von seltsamen Sichtungen und Begegnungen gegeben, vor allem in den letzten fünfzig Jahren. Dies mag bedeuten, daß wir eine Epidemie erleben und daß die zunehmende Anzahl von Entführungsfällen bedeutet, daß wir kurz vor einer apokalyptischen Intervention der Außerirdischen stehen. Das mag einfach bedeuten, daß es leichter wird, über seltsame Erlebnisse zu berichten, was, wie Tony Dodd sagt, in früheren Jahren dazu geführt hätte, daß man den Geisteszustand des Entführten in Frage gestellt hätte. Die letzte Hälfte des vergangenen Jahrhunderts und der größte Teil unseres Jahrhunderts waren eine Zeit der Wissenschaft und vernunftmäßiger Erklärung. Alles, was nicht erklärt werden konnte, gab es nicht.

Diese Wertvorstellungen werden aber zunehmend in Frage gestellt, und Wissenschaftler sind aufgeschlossener. Es gibt eine wachsende Zahl namhafter Akademiker, die bereit sind, sich ernsthaft mit dem Thema UFOs und Entführungen zu befassen – wiewohl es wichtig ist anzumerken, daß die Zahl der Zweifler in der wissenschaftlichen Gesellschaft noch immer erheblich größer ist. Aber es gibt immer mehr mutige Seelen, die bereit sind, sich dem Spott ihrer Standesgenossen auszusetzen, so wie es in der Geschichte jene gegeben hat, die aufstanden und erklärten, daß die Erde rund ist, die die Evolution der Arten oder die Sonne als Mittelpunkt des Sonnensystems erkannten.

Frühe UFO-Sichtungen vom Ende des letzten Jahrhunderts sind schwer zu bewerten. Einige scheinen wie Flugzeuge ausgesehen zu haben, aber obwohl Flugzeuge noch für mehrere weitere Jahre unbekannt waren, ist es möglich, daß Prototypen getestet wurden (so wie in den vergangenen Jahren die Stealth und Aurora dazu beigetragen haben, daß die Anzahl sogenannter UFO-Sichtungen erheblich stieg.) Doch nur, weil Berichte alt sind und sie nicht verifiziert werden können, sind sie nicht unbrauchbar. Und unter den zahlreichen frühen Berichten sind viele, die mit neuen Beobachtungen übereinstimmen: Strahlende Lichtkugeln, die Zeugen zu sich zu ziehen schienen, fliegende Objekte mit ungeheurer Geschwindigkeit und der Fähigkeit zu schweben und sofort die Richtung wechseln zu können, Pferde und andere Tiere, die durch seltsame Objekte in der Luft beunruhigt wurden, Sichtungen von kleinen (weniger als einszwanzig großen) Insassen dieser Gefährte.

In den letzten fünfzig Jahren aber ist das UFO-Phänomen intensiv verfolgt und dokumentiert worden. In aller Welt entstanden Gruppen von Spezialisten, die es untersuchen, und Regierungen erforschen (und vertuschen) das Ausmaß des Kontaktes zwischen anderen Lebensformen und diesem Planeten. Die Berichte, die aus dem Krieg bekannt wurden, als sowohl alliierte wie auch deutsche Flugzeuge von seltsamen Lichtern verfolgt wurden, die von einer Intelligenz gesteuert zu sein schienen, löste das erste offizielle Interesse an der Thematik aus. Piloten beider Seiten glaubten, sie hätten es mit einer neuen Superwaffe der anderen Seite zu tun. Als festgestellt wurde, daß der Feind ähnlich getäuscht wurde, war die wissenschaftliche Neugier geweckt. Tatsache ist, daß es im Lauf der Jahre eine enorme Anzahl glaubwürdiger Sichtungen gab – mindestens 3.000 – von unerklärbaren Lichtern und Objekte am Himmel, die erfahrene Piloten und Navigatoren gesehen haben und ausgebildete Beobachter, die an die bizarren Muster des Wetters gewöhnt sind. Sie haben ihren beruflichen Ruf riskiert, indem sie meldeten, was sie gesehen haben.

Der erste neue Hinweis auf eine ›Fliegende Untertasse‹ kam 1947 von einem amerikanischen Piloten, der eine Formation halbmondförmiger Objekte beschrieb, denen er im Cascade Gebirge in Washington State begegnet war. Sie flogen sehr schnell, viel schneller als jedes Flugzeug jener Zeit, und der Pilot, Kenneth Arnold, vermutete, es handele sich dabei um ein neues, absolut geheimes Militärflugzeug, das gerade entwickelt wurde. Als er berichtete, was er gesehen hatte und dabei die hübsche Formulierung ›Fliegende Untertasse‹ prägte, regte das die Phantasie der amerikanischen Nachrichtenmedien an. Der Begriff wurde bald weltweit verwendet.

Binnen weniger Wochen machte eines der größten UFO-Rätsel Schlagzeilen. Es war die Geschichte über den Absturz eines UFO in Roswell, Neu Mexiko, bei dem angeblich Trümmer und Körper von Außerirdischen – möglicherweise tot, möglicherweise einige noch lebend – geborgen worden waren. Bis heute tobt die Kontroverse über Roswell, wobei es im wesentlichen um die Rolle der amerikanischen Regierung geht, die eine Vertuschung befohlen haben soll. Nach offizieller Darstellung ist das einzige, was in Roswell abstürzte, ein Wetterballon. Hier ist weder Zeit noch Raum, auf die Einzelheiten von Roswell einzugehen (über dieses Thema gibt es zahlreiche Bücher und Filme), aber es ist unmöglich, sich dem Schluß zu entziehen, daß es sich um etwas weitaus Interessanteres als einen Wetterballon gehandelt hat, um etwas, daß das amerikanische Militär und die Regierung zu verbergen beschlossen.

Seit Roswell gibt es umfangreiche und unleugbare Beweise für Vertuschungen, nicht nur durch die amerikanische Regierung, sondern auch durch andere Regierungen weltweit. Es waren die USA, die als erste mit offiziellen Untersuchungen von UFOs begannen. Sie waren aber auch zugleich diejenigen, die als erste die Öffentlichkeit nicht offen und ehrlich über Sichtungen und Kontakte informierten. Interessanterweise ist eine amerikanische Air Force Basis in den am eindeutigsten bewiesenen Fall für die Aktiviäten Außerirdischer in Britannien verwickelt, und die Hauptzeugen waren Angehörige der amerikanischen Luftwaffe. Der Bentwaters Fall, auch bekannt als der Rendlesham Forest-Fall, ereignete sich 1980 nahe der Basis Bentwaters, die in der Nähe von Ipswich liegt. Der Vorgang dauerte zwei Tage, wobei seltsame Lichter im Wald gesehen wurden, ein kleines dreieckig geformtes Gefährt auf dem Boden beobachtet wurde und ein viel größeres, rundes Gefährt, das schwebte. Auch über diesen Fall ist sehr viel geschrieben worden, zumal in den Berichten solche erstklassigen Zeugen wie der stellvertretende Kommandeur der Basis, ein Oberstleutnant der USAF, angeführt werden. Auch dieser Fall wurde vertuscht.

Seit den 50er Jahren sind sehr viele glaubwürdige Beweise über Vertuschungen gesammelt worden, und offizielle Nachforschungen wurden verheimlicht. Eine große Anzahl von Entführten und Zeugen berichten von Sichtungen, die inzwischen ein UFO-Klischee geworden sind, von den ›Männern in Schwarz‹. Es kann keinen Zweifel daran geben, daß es finstere Besucher gibt, die nach jeder UFO-Aktivität auftauchen: seltsame Männer, die unbequeme Kleidung tragen, manchmal Kontakt mit den Zeugen aufnehmen, sie aber manchmal einfach nur beobachten. Wie so viele andere Entführte, haben die Andrews sie gesehen. Sie scheinen vor allem dann aufzutreten, wenn es einen Bericht über sichtbare UFO-Aktivität gegeben hat. Eine mögliche Erklärung ist, daß sie zu nationalen oder internationalen Körperschaften gehören, die den Kontakt zwischen Außerirdischen und der Erde kontrollieren (und viele UFO-Experten glauben jetzt, daß alle wichtigen Regierungen der Welt gemeinsam gegen etwas arbeiten, das sich als eine weit größere Bedrohung für die Erde erweisen könnte als Naturkatastrophen oder sogar Weltkriege). Eine andere Erklärung ist, daß diese seltsamen Männer tatsächlich Außerirdische sind, die die unbequeme und schlecht sitzende Verkleidung menschlicher Kleidung gewählt haben, um die Nachwirkungen ihrer eigenen Aktivitäten zu beobachten.

Es gibt frühere Berichte über Entführungen, doch derjenige, der zuerst in die Schlagzeilen kam und andere ermutigte, mit ihren Geschichten an die Öffentlichkeit zu treten, war der Fall von Barney und Betty Hill, einem amerikanischen Ehepaar, das im Herbst 1961 von einem Kurzurlaub in Kanada zurückkehrte. Sie befanden sich in der Nähe ihres Heimes in New Hampshire, als sie ein ungewöhnlich helles Licht sahen. Sie folgten ihm in ihrem Wagen, hielten dann an, und Barney stieg aus und ging darauf zu. Mit einem Fernglas konnte er kleine Gestalten sehen, die aus etwas Fensterähnlichem in dem halbmondförmigen Gefährt herausschauten. Als das Objekt auf die Erde herabzusinken begann, ging Barney Hill zu seinem Auto zurück und fuhr weiter.

Als das Paar zu Hause ankam, stellten die beiden fest, daß die Fahrt zweieinhalb Stunden länger gedauert hatte, als es eigentlich der Fall sein sollte. Sie fühlten sich beide sehr sonderbar. Betty bestand darauf, sofort zu baden und bündelte die Kleidung, die sie getragen hatte, als sei sie vergiftet. Sechsunddreißig Stunden nach dem Vorfall meldeten sie der nächsten Basis der US Air Force, was geschehen war. Erst Jahre später wurde bekannt, daß die Basis etwas ›Unbekanntes‹ zu genau derselben Zeit auf dem Radar registriert hatte, als die Hills ihre Begegnung hatten.

Barney und Betty litten unter vielen körperlichen und psychologischen Nebenwirkungen, darunter Alpträume, hoher Blutdruck und Erschöpfungszustände. Bei Barney tauchte ein Ring eigenartiger warzenähnlicher Wucherungen in der Leistengegend auf. Schließlich wurden sie mit einem renommierten Psychiater und Neurologen zusammengebracht, der sechs Monate lang Hypnosesitzungen mit ihnen durchführte. Unter Hypnose stellte sich heraus, daß beide an Bord des außerirdischen Raumschiffs gebracht worden waren und an ihnen beiden verschiedene medizinische Tests durchgeführt worden waren. Dabei war auch eine Nadel in Bettys Bauch eingeführt worden. Sie glaubte, daß dies ein ›Schwangerschaftstest‹ gewesen sei.

Die Geschichte der Hills gelangte eine Zeitlang nicht an die Öffentlichkeit. Sie wollten keine Publicity, sondern suchten Hilfe. Als ihr Bericht schließlich in die Medien gelangte, löste der Fall erhebliche Kontroversen aus. Aber darauf folgten viele andere Berichte von Entführungen. Einige waren nach dem gleichen Muster wie im Falle der Hills erfolgt, bei anderen gab es andere Elemente, aber doch gemeinsame Faktoren. Es ist klar, daß niemand ihre Aufrichtigkeit anzweifelte, nicht einmal die skeptischsten Kommentatoren. Jeder, der sie kennenlernte, war überzeugt davon, daß sie respektable, vernünftige Menschen waren, die nichts zu gewinnen hatten (die Hypnosesitzungen bezahlten sie aus ihrer eigenen Tasche).

Seit dem Fall der Hills Anfang der 60er Jahre hat es viele andere gegeben, bei denen Hypnosetherapie als Hilfsmittel eingesetzt wurde, um Erinnerungen zugänglich zu machen, die, wie manche glauben, von den Außerirdischen absichtlich ›maskiert‹ worden sind. Es gibt zahlreiche andere Fälle über fehlende Zeit und seltsame, sehr aggressive medizinische Prozeduren. Doch selbst beim seinerzeitigen Stand der Forschung mahnten Experten zur Vorsicht beim Einsatz von Hypnose.

Ihre Anwendung bei Entführungsfällen (tatsächlich in allen Fällen) ist heftig umstritten. Manche Forscher glauben, daß es der einzige Weg sei, um die wahren Erinnerungen an Ereignisse freizusetzen. Andere hingegen meinen, daß Menschen unter Hypnose phantasieren und das ›Falscherinnerungs-Syndrom‹ haben. Es hat einige tragische Beispiele für dieses Falscherinnerungs-Syndroms bei jungen Frauen gegeben, die Familienangehörige – gewöhnlich ihre Väter – des sexuellen Mißbrauchs in ihrer Jugend bezichtigt haben. Erinnerungen, die offensichtlich durch das Trauma zugeschüttet und erst durch Hypnosetherapie wieder freigesetzt wurden. Familien wurden getrennt, Eltern zeigten sich in aller Öffentlichkeit beschämt, und dann erwies sich die ganze ›Erinnerung‹ als falsch.

Skeptiker argumentieren, daß Entführte auch unter Hypnose phantasieren können. 1977 wurde in Kalifornien ein Experiment mit Rückführungshypnose durchgeführt, an dem eine Gruppe von Entführten teilnahm, aber auch eine Gruppe von Menschen, deren Wissen über UFOs und Entführung sich auf das beschränkte, was man allgemein zugänglichen Quellen wie Zeitungen oder Fernsehen entnehmen kann. Sie waren keine Entführten und ebensowenig Menschen mit Interesse an UFOlogie. Sie wurden unter Hypnose aufgefordert, sich eine Entführung durch Außerirdische vorzustellen. Etwa die Hälfte von ihnen erzählte Geschichten, die denen echter Entführter ähnlich waren, ein Ergebnis, das unausweichlich Zweifel am Nutzen von Hypnosetherapie weckte (bei den Skeptikern verstärkte es auch die Zweifel an der Wahrheitstreue der ›echten‹ Entführungsgeschichten).

Das Experiment war grundlegend fehlerhaft. 1977, zu einer Zeit, in der viel über aufsehenerregende Entführungsfälle berichtet worden war, wäre es in Kalifornien schwer gewesen, eine repräsentative Auswahl von Menschen zu finden, die nichts über die Grundkomponenten einer Entführung wußten. Tatsächlich boten die ›erfundenen‹ Entführungsgeschichten keine klassischen Entführungsszenarios. Sie enthielten einfach einige ähnliche Punkte, die betont wurden, wogegen abweichende Details ignoriert wurden. Bei dem Experiment blieben auch gewisse sehr wichtige Unterschiede zwischen den beiden Gruppen unberücksichtigt. Die Placebo-Gruppe, diejenigen also, die keine echten Entführten waren, wußten sehr wohl, daß dieses Erlebnis nur in ihrer Phantasie stattfand. Wenn sie aus der Hypnose erwachten, hatten sie nicht das Gefühl, daß tiefliegende Erinnerungen freigesetzt worden waren. Es war für sie nicht realer als es für Freiwillige, die auf eine Bühne zu einem Berufshypnotiseur gehen, real ist, für zwei Minuten Elvis Presley zu sein und den Song Blue Suede Shoes zu singen und dabei eine imaginäre Gitarre zu schlagen. Es war ein Spiel. Sie betrachteten es als Spiel, und es hatte für sie keine dauerhaften Nachwirkungen.

Die Entführten hingegen waren durchweg überwältigt von der Realität dessen, was sie in ihren Erinnerungen gefunden hatten. Sie waren durch ihre Erfahrungen zutiefst traumatisiert, und das emotionale Durcheinander ging weiter und hielt an (bei den meisten Entführten scheint dies ein permanenter Zustand zu sein).

Hypnose hat also ihre Befürworter und ihre Kritiker. Die Lösung dürfte wahrscheinlich ein Kompromiß sein, wie er sich bei der forensischen Arbeit ergeben hat. Hypnose kann dazu genutzt werden, um Informationen freizusetzen, kann aber nicht allein der einzige Beweis sein. Als hypnotische Rückführung anfangs bei Zeugen zum Einsatz kam, übertrieben amerikanische Polizeikräfte maßlos. Sie brachten Menschen in den Zeugenstand, die ihre Aussagen zu den jeweiligen Fällen unter Hypnose gemacht hatten. Bald stellte sich heraus, daß unter Hypnose gelogen werden kann, daß rein imaginäre Scenarios präsentiert werden können, und so geriet das ganze System in Mißkredit.

In aller Stille wurde aber in Britannien und mehreren Staaten der USA Hypnose als Hilfsmittel verwendet, um Beweise anderer Art zu finden. Als Beispiel dazu der Fall der jungen Zeitungsverkäuferin in Manchester, die überfallen und getötet wurde. Die Polizeidetektive fanden bald heraus, daß der Vater des Mädchens, der zu dem Zeitschriftenladen gegangen war, weil sie nicht nach Hause kam, an dem Wagen des Täters vorbeigekommen sein mußte, als der den Tatort verließ. Der Vater hatte mehrere Autos gesehen, konnte sich aber nicht deutlich an sie erinnern. Unter Hypnose konnte er den Weg, den er gegangen war, wiederholen und der Polizei jedes Auto genau beschreiben. Sie alle wurden gefunden und überprüft, und mit Hilfe anderer Beweise (blutbefleckte Kleidung usw.) fand man schließlich den Täter. Er wurde überführt. Die Nutzung von Hypnose war bei dem Prozeß kein Thema, weil sie nur als Hilfsmittel benutzt worden war, nicht als Beweis an sich.

In einem anderen berühmten Fall ging es um die Ermordung eines jungen Mannes in den West Midlands, während er in den frühen Morgenstunden Zeitungen austrug. Detektive ermittelten, daß es sich bei dem

Mörder wahrscheinlich um denselben Mann handeln müßte, der bereits 29 andere Überfälle auf Jungen in dieser Gegend verübt hatte und versucht hatte, sich an zwei andere Zeitungsjungen in den Wochen vor dem Mord heranzumachen. Die Jungen gaben Beschreibungen des Täters und seines Autos – unter Hypnose aber konnte einer von ihnen so genaue Einzelheiten über den Wagen nennen, daß die Polizei am Ende eine sehr kurze Liste ähnlich gebauter Fahrzeuge erstellen konnte. Der Mörder, ein mehrfach vorbestrafter Pädophiler, wurde gefunden und gab seine Tat zu. Wieder war die Hypnose ein Hilfsmittel, nicht ein Ende an sich.

So sollte es bei den Fällen von Entführung durch Außerirdische auch sein. Wenn sie helfen kann, Erinnerungen auszulösen, die andere freisetzen, bewußte Erinnerungen, ist sie wertvoll. Aber diese Erinnerungen können auch so wieder ins Bewußtsein gelangen, wie es bei Jason der Fall war oder, in geringerem Umfang, bei Ann Andrews.

Im Laufe der 60er und 70er Jahre wurden in der ganzen westlichen Welt immer mehr Entführungsfälle gemeldet (in unterentwickelten Ländern werden sie zweifellos noch immer der lokalen Folklore zugeordnet). Die meisten bekannten Fälle kommen aus Amerika, aber dies spiegelt wahrscheinlich nur eine Bereitschaft wider, die Fälle zu akzeptieren und darüber zu reden (und damit an die Öffentlichkeit zu gehen). Über einen Unterschied bei der Häufigkeit von Entführungen sagt das nichts aus.

Allgemein herrscht über eine Entführung die Vorstellung, es handele sich dabei um ein einmaliges Erlebnis, etwas, das plötzlich und ohne Vorwarnung geschieht und gewöhnlich an einem öffentlichen Ort zu nächtlicher Stunde – zum Beispiel, beim Befahren einer dunklen Straße. In der Entführungsliteratur finden sich in der Tat Hunderte solcher Geschichten. Aber Tony Dodd steht bei weitem nicht allein mit seiner Überzeugung, daß die meisten Entführten wie Jason regelmäßig über einen Zeitraum von vielen Jahren entführt werden. Einer der ersten Forscher, die dies erkannten und hervorhoben, war Budd Hopkins, ein amerikanischer Künstler, der für die ernsthafte Arbeit mit Entführten Pionierarbeit geleistet hat.

Er bekam erstmals 1975 mit Entführten zu tun, als das Thema noch vergleichsweise neu war. Er hatte Jahre zuvor, 1964, gemeinsam mit seiner Frau und einem Freund, ein UFO gesichtet, war ratlos und an dem Thema interessiert geblieben. Als es im Sommer 1975 eine Flut von UFO-Sichtungen nahe seinem Sommerhaus in Cape Cod gab, begann er mit seinen Nachforschungen. Rein zufällig und sicherlich nicht, weil er speziell nach einem Entführungsfall suchte, beschäftigte er sich mit der Landung eines UFOs, für die es mehrere Augenzeugen gab. Einem von diesen ›fehlte‹ ein Stück Zeit. Dieser Mann weigerte sich, sich einer Hypnosetherapie zu unterziehen, als Budd dies vorschlug. Doch Budd wurde unbeabsichtigt zu einem der bekanntesten amerikanischen UFO-Spezialisten, weil er mehr über die Möglichkeiten, die in der Hypnosetherapie steckten, herausfand und öffentlich darüber sprach. Da er einer der wenigen Experten war, die den Medien zur Verfügung standen, war sein Name oft der erste, der amerikanischen Entführten einfiel, die Hilfe brauchten und ihre Geschichten jemandem erzählen wollten, der ihnen helfen und ihnen glauben würde. Konsequenterweise nahmen viele Opfer Kontakt zu Hopkins auf, und er hat mehrere Bücher über einige der wichtigeren amerikanischen Fälle geschrieben.

Er fand, während er mit einem Psychiater zusammen arbeitete, der Hypnose einsetzt, heraus, daß bei vielen Entführten nicht nur eine, sondern eine ganze Reihe von Entführungen in ihrem Gedächtnis eingeschlossen war, die gewöhnlich in ihrer Kindheit begannen. Es gab andere gemeinsame Faktoren, von denen einer der erstaunlichsten das unerklärliche Auftauchen (und Verschwinden) von Narben am Körper ist.

Budd Hopkins ist für die ganze Geschichte der Entführungsforschung deshalb wichtig, weil das Thema UFOs allgemein in den 80er Jahren ernsthafte wissenschaftliche Forschungen auslöste, die Existenz von Außerirdischen hingegen noch immer für unmöglich gehalten wurde. Doch wenn, wie der Atomphysiker Stanton Friedman betonte, die UFOs an sich wegen ihrer Technologie faszinierend sind, müssen, falls sie ein Transportmittel sind, ihre Piloten von einem weit größeren Interesse sein.

»Von den Untertassen mal abgesehen, was ist mit ihren Insassen?« sagte er.

Nick Pope, ein britischer Forscher, der sich mit dieser Thematik während seiner Arbeit für das Verteidigungsministerium beschäftigte, für das er Untersuchungen über UFO-Sichtungen durchführte, formuliert das noch bildhafter:

»Wenn die Königin Ihr Haus besuchte, würde Sie wahrscheinlich nicht das Auto interessieren, in dem sie kommt.«

Erst Hopkins und seine methodische Annäherung an das Thema brachten Glaubwürdigkeit in die Entführungsforschung. Sein einziger, vielleicht wichtigster Anhänger heute ist Professor John Mack, der sich wie so viele andere Akadamiker widerwillig mit dem Gebiet der Entführung beschäftigte. Er war sich des Risikos bewußt, daß er seinen hervorragenden wissenschaftlich Ruf dadurch aufs Spiel setzte, daß er sich mit etwas befaßte, das allgemein auf soviel Mißachtung stößt.

John Mack ist Professor für Psychiatrie an der Harvard Medical School. Unter den vielen Büchern, die er geschrieben hat, ist eine Biografie über T. E. Lawrence, für die er den Pulitzer-Preis bekam. Er genießt bei seinen Kollegen enormen Respekt, setzte dies alles dadurch aber aufs Spiel, daß er sich für die Sache der Entführten einsetzte. Als er 1990 seine grundlegende Arbeit ›Entführung: Menschliche Begegnungen mit Außerirdischen‹ vorlegte, wurde er heftig kritisiert, und die Harvard Medical School führte eine offizielle Untersuchung seiner Arbeit durch. Trotz seiner über vierzigjährigen Erfahrung als klinischer Psychiater war sein Arbeitsplatz gefährdet. Am Ende aber wurde er rehabilitiert und behielt seinen Posten, obwohl die Untersuchungskommission einige der von ihm angewandten Methoden kritisierte.

Es ist unwahrscheinlich, daß er mit den gleichen Problemen konfrontiert worden wäre, wäre das Thema seines Buches weniger kontrovers gewesen. Professor Mack konnte die Einstellung seiner akademischen Kollegen verstehen. Als er zum ersten Mal eine Einladung zu einem Treffen mit Budd Hopkins erhielt, lehnte er ab, weil er das ganze Thema einfach für zu phantastisch hielt. Seine erste Reaktion war, Budd Hopkins müsse ›verrückt‹ sein. Aber er konnte ihn aus diesem Grund schwerlich zurückweisen. Ein Psychiater ist nun einmal dazu da, Verrückten zu helfen, und schließlich traf er sich mit dem New Yorker Künstler, der so viel tat, um den Entführungsopfern zu helfen.

Nach der ersten Begegnung war Professor Mack davon überzeugt, daß es etwas gäbe, was der Untersuchung bedürfe, und in diesem frühen Stadium war er recht zuversichtlich, daß er einen speziellen psychologischen Grund dafür finden würde, daß Menschen sich ›einbildeten‹, entführt worden zu sein. Budd Hopkins begrüßte die Arbeit eines anerkannten Fachmanns wie Professor Mack und brachte gerne Entführte mit dem Professor zusammen, der dann Hunderte von ihnen gründlich untersuchte, sowohl unter Hypnose als auch in ausführlichen Gesprächen. Die Entführten, die Mack studierte, kamen aus allen Bevölkerungsschichten, hatten unterschiedliche Ausbildung und Berufe, unterschiedliche Verhaltensweisen, religiöse Ansichten und Interessen. Ihr Alter, Geschlecht und die familiären Umstände ließen kein gemeinsames Muster erkennen. Obwohl es heute Bücher und Magazine zu diesem Thema gibt, meldeten sich viele dieser Opfer, bevor über Entführungen überhaupt diskutiert wurde. Doch es gibt Gemeinsamkeiten bei ihren Erlebnissen, und das Verbüffendste überhaupt ist vielleicht, daß sie gewöhnlich fortwährend entführt worden sind.

Professor Macks Hauptinteresse war herauszufinden, ob diese repräsentative Auswahl von Menschen unter einer erkennbaren Geisteskrankheit litt. Er (und andere) führten viele Tests durch und kamen zu dem

Schluß, daß dies, abgesehen von dem Streß und dem Trauma, der durch Entführungserfahrung ausgelöst wird, völlig normale, gesunde Menschen ohne psychiatrische Probleme sind. Nach seinem anfänglichen, sehr skeptischen Standpunkt, glaubt er jetzt, daß die Entführten die Wahrheit sagen.

Er hat fünf ›Basisdimensionen‹ festgelegt, die Bestandteil jeder Erklärung für das sein sollten, was den Entführten widerfährt, gleich ob es die Erklärung der Entführung durch Außerirdische ist oder eine andere, nüchternere. Eine Theorie, die er akzeptieren würde, müßte folgende Punkte erklären:

- Warum es einen so hohen Grad von Übereinstimmung zwischen den Berichten über Entführungen und der Glaubwürdigkeit der meisten Entführten gibt,
- bei den Entführten ist keine psychiatrische oder psychische Erkrankung feststellbar,
- die körperlichen Manifestationen, einschließlich Schnittwunden, Quetschungen, Läsionen, Narben,
- der Zusammenhang zwischen Entführungen und UFO-Aktivität, über die oft von unabhängigen Zeugen berichtet wird,
- Entführungsberichte von kleinen Kindern, deren Erinnerungen nicht durch Lesen oder Sehen von Fernsehsendungen über das Phänomen beeinträchtigt sein können.

Diese Fünf-Punkte-Liste entspricht inhaltlich Tony Dodds Überlegungen, warum Entführung durch Außerirdische nicht einfach abgetan werden kann. Die Tatsache, daß in Britannien wie in vielen anderen Ländern der Welt die Erfahrung bei Entführung der amerikanischen Erfahrung so ähnlich ist, bedeutet, daß es unwahrscheinlich ist, daß es sich bei ihr um eine selbstproduzierende Reaktion auf Veröffentlichungen handelt. Die zunehmende Skepsis der Briten, die sprachliche und kulturelle Barriere zu so vielen anderen Ländern und der Mangel an Publicity (bis vor einigen Jahren) bedeuten, daß Fälle spontan berichtet wurden und sich daraus Gemeinsamkeiten ergaben.

»Ich habe jetzt sehr viele Entführungsfälle untersucht und finde bei jedem das gleiche oder doch sehr ähnliche Szenario. Sie können nicht alle Teil irgendeiner gewaltigen Verschwörung sein, und viele der Betroffenen haben nie über andere Entführungsfälle gelesen oder davon gehört.«

»Warum haben sie unter Hypnose alle die gleiche Wahnvorstellung, wenn sie nicht echt ist? Sie haben Zeichen an ihren Körpern, sehen sich von anderen paranormalen Aktivitäten, zumeist elektrischer Art, umgeben. Jason ist nicht das einzige Kind, mit dem ich zu tun hatte. Ich habe Entführungsgeschichten von viel jüngeren Kindern gehört, die zu jung waren, um das Wort überhaupt zu kennen, selbst wenn sie eine leise Ahnung hatten, was es bedeutet. Sie können sich das nicht ausgedacht haben«, sagt Tony Dodd.

Ein Unterschied zwischen britischen und amerikanischen Entführten ist das Geschlechterprofil. In den USA ist die eine Hälfte der Opfer männlich, die andere Hälfte weiblich. In Britannien sind schätzungsweise 80% derjenigen, die erklären, entführt worden zu sein,

Frauen. Tony glaubt, daß der Grund dafür ist, daß der britische Mann besonders darauf bedacht ist, ›sich nicht zum Narren zu machen‹, von seinen Partnern nicht belächelt werden will. Amerikanische Männer sind da weiter, tendieren mehr dazu, über ihre Gefühle und Emotionen zu sprechen, sind weniger zugeknöpft. Es gibt einen Unterschied in der Anzahl der Berichte, nicht aber bei den Entführungsmustern.

Professor Mack und Budd Hopkins sind nur zwei von vielen amerikanischen Fachleuten, die jetzt mit Entführten arbeiten und ihnen glauben. Es gibt eine Reihe von Selbsthilfegruppen, in denen Entführungsopfer zusammenkommen und ihre Probleme teilen können. Als Professor Mack seine erste Selbsthilfegruppe gründete, tat er dies, um Opfer dazu zu bringen, ohne Einmischung von Außenstehenden miteinander zu reden, die, wenngleich unbeabsichtigt, Ideen und Gedanken einpflanzen könnten.

Doch die Selbsthilfegruppen haben weit mehr getan, als Forschern Zugang zu ›unvergifteten‹ Berichten zu verschaffen. Sie haben wie alle derartigen Gruppen, die sich mit anderen Problemen befassen, den Entführten Trost und Erleichterung gegeben, von denen viele lächerlich gemacht wurden oder denen man einfach nicht geglaubt hatte. Einige von ihnen fanden sich sogar (wie Jason) bei Psychiatern und Psychologen wieder, die versuchten, ihren ›Zustand‹ in eine Schublade zu packen. Andere haben ihre Erlebnisse für sich behalten, aus Angst vor den Reaktionen anderer. Die Selbsthilfegruppen haben ihnen Gelegenheit gegeben, in einer vorurteilsfreien Atmosphäre über ihre Erinnerungen und Ängste zu reden.

Solche Organisationen gibt es in Britannien nicht, aber ernsthafte UFO-Forscher stellen mit ähnlichen Ergebnissen immer häufiger Kontakt zwischen Entführten her. Es gibt sofort ein Gefühl von Erleichterung darüber, Erfahrungen mit jemandem teilen zu können, der selbst dort war und das erlebt hat. Viele Entführte sind sehr einsam. Manchmal bleiben selbst ihre Eltern skeptisch und sind schwer zu überzeugen, und diejenigen Freunde und Verwandte, die Mitgefühl haben, können überhaupt nicht richtig einschätzen, was es bedeutet, entführt worden zu sein. Jason Andrews weiß nur zu gut zu würdigen, daß er jemand hat, mit dem er sprechen kann. Sein Leben hat sich dramatisch zu seinem Vorteil verändert, nachdem ein Kollege von Tony Dodd ihn mit einem anderen Entführten zusammengebracht hat, der umgekehrt ihn an einen weiteren verwies.

In diesem Kapitel konnte auf die Entführungsforschung nur oberflächlich eingegangen werden. Es ist eine sehr kurze Zusammenfassung der Unmengen von Arbeiten, die es jetzt über dieses Thema gibt. Ich habe viele Tage damit verbracht, zu lesen, mit Experten zu sprechen und in den Wochen und Monaten nach der ersten Begegnung mit Ann und Jason Konferenzen besucht. Hätte ich irgendwelche Zweifel an ihrer Geschichte gehabt, so hätte die bloße Menge und die peinliche Genauigkeit der Einzelheiten des Materials genügt, um mich zu überzeugen.

Der Glaube an UFOs und Außerirdische nimmt gewaltig zu. Eine repräsentative Umfrage in den USA ergab 1996, daß 48 % der Bevölkerung an UFOs glauben, und fast jeder dritte glaubt, daß ein Kontakt zwischen Außerirdischen und Menschen bereits stattgefunden hat. Eine weniger wissenschaftliche Studie in Britannien ergab eine noch höhere Zahl: 73% glauben, daß Außerirdische diesen Planeten besucht haben.

Viel bedeutsamer ist, daß die Zahl der Wissenschaftler, Ärzte, Psychologen, Piloten und anderer in der Luftfahrt tätiger Personen, die jetzt zugeben, daß sie daran glauben (und Beweise dafür haben), daß Außerirdische die Erde besuchen, ständig zunimmt. Politiker haben noch nicht den Mut, zu ihren Überzeugungen zu stehen und darüber zu sprechen, obwohl es in Amerika etliche gibt, die bereit sind, dazu Stellung zu nehmen und zu reden, und es im britischen Unterhaus eine UFO-Forschungsgruppe gibt.

Es kann nur eine Frage der Zeit sein, bis das Außerirdischen-›Problem‹, das Regierungen zweifellos hinter verschlossenen Türen diskutieren, auf der Tagesordnung steht. Darum ist es so wichtig, daß Geschichten wie die von Jason Andrews zugänglich gemacht werden. Die Familie Andrews spricht nicht über hochfliegende Ideale, sondern verfolgt einen wichtigen, uneigennützigen Zweck damit, Jasons Geschichte bekannt zu machen. Sie hoffen, damit anderen Entführten in bescheidenem Maße helfen zu können. Ich glaube, daß es in weit größerem Maße dazu beitragen wird, das Entführungsphänomen zu verstehen und zu akzeptieren.

8. KAPITEL
Die Fingerfrau

Die Erleichterung darüber, offen sprechen zu können, änderte sehr viel bei Jason, und für einige Wochen nach dem ersten Kontakt mit Tony Dodd schlief er nachts besser, und in der Schule ging es recht gut. Er hatte einige weitere Sitzungen bei der Psychiaterin, doch am Ende, nachdem sie acht Monate lang mit ihm gesprochen hatte, sagte sie, sie habe das Gefühl, nicht in der Lage gewesen zu sein, ihm helfen zu können.

Nachdem sie an dem Tag, als er ihr von seinen nächtlichen Besuchern erzählt hatte, mitfühlend und aufgeschlossen gewesen war – und dies war wohlgemerkt, bevor er die Fernsehsendung gesehen oder auch nur den Begriff ›Entführung durch Außerirdische‹ gehört hatte – wurde sie bei späteren Sitzungen skeptischer. Sie erzählte ihm, daß seine Erlebnisse Träume seien. Jason hatte dies viele Male vorher schon gehört, aber jetzt hatte er endlich einen Schlüssel bekommen, eine Erklärung, und er weigerte sich, wie schon seit Jahren mit ›Träumen‹ und ›Alpträumen‹ abgespeist zu werden. Er erzählte ihr von der Fernsehsendung und von Tony Dodd. Ann brachte sie sogar dazu, Tony anzurufen, so daß er ihr Basisinformationen über die ganze Thematik geben konnte. Doch nach einem zweistündigen Telefonat blieb sie Tony gegenüber dabei, daß sie glaube, Jason träume. Sie sagte, sie glaube wenig mehr für ihn tun zu können, da ihr Drängen ihn offensichtlich vor den Kopf stieße.

Ann glaubt, daß die Psychiaterin wie so viele andere Fachleute, die mit dem Thema Entführung durch Außerirdische konfrontiert werden, anfangs interessiert und aufgeschlossen war, nach Gesprächen mit Kollegen aber festgestellt hatte, daß dies eine umstrittene und allgemein belächelte Domäne war. Sie entschied sich zum Rückzug unter dem Vorwand der Behauptung, daß Jasons nächtliche Erfahrungen einfach Träume seien.

Sie hatten ihr sogar eine der mysteriösen Narben gezeigt, die nach einer Entführung an Jasons Körper auftauchten, und sie hatte keine Erklärung dafür gehabt. Sie schrieb an den Hausarzt der Andrews und beschrieb sie als perfekten fünf Zentimeter großen, dreieckigen Flecken. Bei diesem Besuch sei Jason blaß und verängstigt gewesen.

Wie alle anderen Phänomene bei Jason, kamen die Zeichen auf seinem Körper in Schüben, manchmal binnen sehr kurzer Zeit, dann wieder entstand eine Lücke von Wochen oder sogar Monaten, bis die nächsten auftauchten. Zum Beispiel finden sich in Annes Tagebuch für den September/Oktober 1995 folgende Eintragungen:

20. September

›Jason beklagte sich heute morgen über Schmerzen an der Seite. Er hob sein Hemd und zeigte mir ein rotes, dreieckiges Zeichen, das sehr böse aussah, an seinem Brustkorb. Ich wollte den Arzt anrufen, aber Jason sagte, ich solle es lassen. Als er aus der Schule kam, war nichts mehr davon zu sehen.‹ (Dies war die Narbe, die Jason der Psychiaterin gezeigt hatte.)

23. September
›Jason humpelt leicht, zeigte mir ein Zeichen oben an seinem Bein – als ob das Fleisch herausgelöffelt worden sei. Aber es gab weder einen Schnitt noch verletzte Haut, obwohl alles dort rot war. Später, auf der Farm, wollte ich Paul das Zeichen zeigen, aber es war verschwunden.‹

1. Oktober
›Jason hat das Würfelzeichen an seinem linken Knie.‹

Das Würfelzeichen war das Quadrat aus Punkten mit dem einen Punkt in der Mitte, das Ann oft an Jasons Körper sah, gewöhnlich in der Kniekehle – diesmal aber war es vorne auf seinem Knie. Jeder Punkt hatte einen Durchmesser von etwa einem halben Zentimeter und war perfekt rund.

Im Juni dieses Jahres hatte die Hausärztin der Andrews eine frühere Reihe von Zeichen gesehen, die sie in einem Brief an die Psychiaterin beschrieb. ›Jason hat mir Zeichen an seiner linken Seite gezeigt und dazu gesagt, da hätten die ‹Kreaturen› in ihn geschnitten. Ich weiß nicht, was ich davon halten soll. Ich habe so etwas noch nie zuvor gesehen.‹

Jason wurde sehr wütend auf die Psychiaterin, als er merkte, daß sie ihm nicht die Hilfe gab, auf die er gehofft hatte, und er verschloß sich wieder und weigerte sich, mit ihr über die Entführungen zu reden. Dr. Stevenson war klar, daß Jason nicht geistig krank war. Sie schrieb im November 1995 an seine Hausärztin und stellte darin fest: ›Nach meiner Meinung ist Jason kein Psychotiker‹. Diese unzweideutige Bestätigung seines Gesundheitszustandes gab wieder, was die Psychiaterin Ann bereits erzählt hatte, nämlich daß Jason nicht halluzinierte. Sie verschrieb ein Antidepressivum, damit er schlafen konnte.

Doch sein Verhalten in der Schule wurde wieder ein Problem, und wieder wurde ihm mit Schulverweis gedroht. Im Januar 1996 kamen die Psychiaterin und Paul und Ann darin überein, daß die Sitzungen zu nichts führten. Die Psychiaterin wollte Jason an jemand anderen zur Behandlung überweisen, gab aber zu, nicht zu wissen, zu wem sie ihn schicken könne. Zu dieser Zeit erhielt er, wie wir später sehen werden, große Unterstützung von einer anderen Entführten, Maria Ward, die ihn beriet.

Jason wie seine Eltern glaubten, daß es fruchtlos sei, wenn er weiter die Psychiaterin besuchte. Sie behauptete immer, daß dies alles nur Jasons Einbildung sei, und er kam in Tränen aufgelöst von den Gesprächen mit ihr und erklärte seinen Eltern hartnäckig, daß er das nicht erfinde. Da sie jetzt zum ersten Mal eine Vorstellung von dem hatten, was geschah, hielten sie die Sitzungen für kontraproduktiv. Wenn Jason lernen sollte, mit seinen Entführungen zu leben, mußte er sie zunächst einmal akzeptieren.

Tony Dodd sagt reumütig, daß Jasons Erfahrung mit der Psychiaterin ihn eine notwendige Taktik gelehrt hätten: zu schweigen.

›Erwachsene tun das, weil sie wissen, daß sie für Spinner gehalten werden, wenn sie offen über das reden, was geschieht. Vor zwanzig oder dreißig Jahren wurden Menschen aus nichtigeren Gründen in psychiatrische Anstalten gesteckt. Zum Glück leben wir in einer aufgeklärteren Welt, aber das Thema wird noch immer nicht allgemein akzeptiert. So geben die meisten älteren Menschen gar nicht erst Anlaß zum Spott: Sie sprechen über UFOs und Entführungen nur mit denen, von denen sie wissen, daß sie verstehen. Jason hat traurigerweise die Lektion gelernt, daß es noch immer schrecklich viele Menschen gibt, die das Thema nicht ernst nehmen oder nicht ernst nehmen wollen.‹

Die Ablehnung der Psychiaterin, die Entführungserklärung zu akzeptieren, störte Ann und Paul kaum. Sie waren erleichtert, herausgefunden zu haben, was ihrem Sohn widerfuhr, und entdeckt zu haben, daß er weder ein Einzelfall war, noch daß ihm ein Leid geschehen würde.

»Das Wichtigste, was Tony mir sagte«, sagt Ann, »ist, daß es unter den vielen hundert Berichten über Entführungen in aller Welt keinen gibt, bei dem die Menschen nicht zurückkehren oder einer von ihnen dauerhaften körperlichen Schaden erlitt. Es mag für andere Eltern seltsam klingen, aber es gab sogar Nächte, in denen Paul und ich schlafen konnten, obwohl wir wußten, daß Jason nicht da war. Aber wir wußten, daß er am Morgen wieder zurück sein würde.«

Doch die offensichtliche Ablehnung der Psychiaterin regte Jason auf und ärgerte ihn. Dank Tony Dodd und anderen Entführten, mit denen er sprach, entwickelte er Selbstvertrauen, aber er verstand nicht, warum einige Erwachsene seine Erlebnisse akzeptierten, wogegen andere ihn wie einen kleinen Jungen behandelten, der sich vor seinen Alpträumen fürchtete.

»Es ist ja schön für die Ärztin, daß sie für alles nach einer rationalen Erklärung sucht«, erzählte er seinem Dad. »Aber sie kann mir nicht sagen, was für eine rationale Erklärung das ist! Das ist alles schön für sie, aber ich muß damit leben.«

Er nannte die Psychiaterin immer ›die Zwei-Finger-Dame‹, da sie jedes Mal, wenn sie von den Außerirdischen sprach, zwei Finger an jeder Hand hochhob und sie ein paarmal herablassend abwinkelte, um damit anzudeuten, daß das Wort ›Außerirdische‹ mit Anführungszeichen zu versehen sei und deshalb nicht unbedingt korrekt sein müsse. Sie tat das auf eine sehr unernste Weise, als ließe sie sich durch das bloße Sprechen darüber dazu herab, Jasons Spiel mitzuspielen. (Von Januar 1996 bis Sommer 1997 bekam Jason zu seiner großen Erleichterung keine psychiatrische Hilfe. Aber im August 1997 wurde er wieder an eine Psychiaterin überwiesen, eine andere. Er macht bei ihr Sitzungen, bei denen er das Gefühl hat, daß sie ihm helfen. Die neue Psychiaterin bezeichnete Jason in einem Brief an seine Hausärztin als ›dieser hochinteressante Fall‹ und sagte, daß sie ›versuche, ihm zu helfen, mit seiner Erfahrung der Entführung durch Außerirdische fertig zu werden‹. Ann freut sich für Jason, daß er zu jemandem gehen kann, der versucht ihm zu helfen, aber sie glaubt, daß er die beste Unterstützung von denen bekommt, die das Entführungsphänomen kennen und daran glauben.)

Sein Verhalten auf der Schule verschlechterte sich wieder. Er bekam plötzliche Wutausbrüche, knallte Türen zu, beschimpfte Lehrer und wurde wieder für kurze Zeit suspendiert. Dieses Mal war Ann wieder beunruhigt. Sie zögerte, dem Lehrerkollegium zu erzählen, was das wirkliche Problem war, aber zumindest verstand sie selbst ihren unberechenbaren Sohn. Sie sprach sehr ernsthaft mit ihm darüber, daß er seinen Ärger beherrschen müsse. Tony Dodd, der ihn berät, fragte ihn, warum er so oft an der Schule explodiere. Jasons Antwort überraschte ihn, weil sie so reif klang:

»Die reden so herablassend mit mir, als ob ich ein Idiot sei. Aber über viele Dinge weiß ich viel mehr als sie. Mir ist soviel gezeigt worden …«

Es bestätigte, was Tony bereits vermutete. Die Außerirdischen, die Jason nachts ›ausleihen‹, bauten ihn für ihre eigenen Zwecke auf. Ihm wurden Dinge gezeigt und beigebracht, die er bislang niemandem enthüllt hat. Es war möglich, daß sie tief in seinem Gedächtnis vergraben waren und nicht leicht zugänglich sind, aber Tony beharrte auf seinem Standpunkt, keine Hypnose zu verwenden. Er war sicher, daß Jason sich erinnern können würde, wenn es an der Zeit war.

♦

Für ein paar Wochen nach dem ersten Kontakt mit Tony war Jasons Verhalten das einzige Problem, das die Andrews beschäftigte. Aber nicht lange. Es war ein Geruch, der den Wiederbeginn paranormaler Aktivität ankündigte.

Es war ein ekelhaft süßer Geruch, der das ganze Haus erfüllte. Er war wie der Geruch von verbranntem Zucker, aber viel stärker und unangenehm. Ihnen allen war schlecht. Selbst die Hunde verbrachten soviel Zeit wie möglich draußen im Garten. Ann kaufte jedes Raumdeodorant, das auf dem Markt zu haben war, aber das überdeckte den Geruch nur vorübergehend.

Der Geruch war schon vorher einmal da gewesen, aber niemals so schlimm und nie im Haus. Sie hatten ihn auf der Farm bemerkt, in einer Ecke des Feldes, nahe dem Wald, bald nachdem sie die seltsamen Beobachter auf dem Nachbarfeld entdeckt hatten. Paul hatte ihn zuerst gerochen und Jason und Ann herbeigerufen, um das zu bestätigen. Später an diesem Abend hatten sie alle drei unter Magenkrämpfen und Durchfall gelitten. Dann hatte der ekelhaft süße Geruch Anns Auto erfüllt. Er war so stark gewesen, daß der Wagen einen ganzen Tag lang nicht benutzt werden konnte. Zugleich war die Autobatterie auf mysteriöse Weise plötzlich entleert.

Doch im Haus war mit dem Geruch viel schwerer fertig zu werden. Er schien überall zu sein. Das Wetter war nicht warm genug, um draußen im Garten zu sein oder die Fenster und Türen ständig geöffnet zu haben. Es war so schlimm, daß Anns Mutter Vi sich weigerte, sie zu besuchen. Am Ende saß die Familie voller Verzweiflung bekleidet mit dicken Mänteln bei offenen Fenstern im Haus. Die Hunde hatten noch nie so viele Freiwillige, die sie spazieren führten, da jeder versuchte, diesem Brechreiz auslösenden Gestank zu entgehen. Teppiche wurde gehoben, Schränke ausgeräumt. Ann suchte überall nach irgend etwas, das den Gestank verursachen könne, fand aber nichts.

Dann war der Geruch plötzlich völlig verschwunden. Doch die Erleichterung währte nicht lange, da darauf eine ganze Flut paranormaler Aktivitäten folgte.

Glühbirnen explodierten, Elektrogeräte schalteten sich ein und aus, die Stereoanlage spielte dröhnend laute Musik, obwohl der Stecker herausgezogen war. Ann begann große Vorratspackungen Glühbirnen zu kaufen, da alle Glühbirnen im Haus gleichzeitig platzten. Gemeindearbeiter überprüften die elektrischen Leitungen, konnten aber keinen Fehler feststellen. Gegenstände wurden bewegt, manchmal sogar in andere Räume.

Zuweilen begannen alle Hunde gleichzeitig zu knurren und ihr Fell sträubte sich, als ob ein Eindringling da sei. Aber Paul konnte niemand in der Nähe des Hauses entdecken. Eines Abends im September 1995 gab es einen Stromausfall, und alle Hunde schossen in das Wohnzimmer, als seien sie von etwas erschreckt worden. Die vier Sittiche, die Ann in einem Käfig in der Halle hält, begannen vor Angst zu kreischen, schlugen mit ihren Flügeln und verstreuten überall Federn.

Jason wurde wieder müde, schlecht gelaunt und verängstigt. Die nächtlichen Besuche hatten wieder begonnen, erzählte er seinen Eltern.

Es war wie immer. Der Digitalwecker, der neben seinem Bett stand, zeigte drei Uhr morgens. Er erwachte und hörte die Hunde knurren, und dann plötzlich waren sie völlig still.

Dann sah er einen der Außerirdischen, einen der Grauen, der lautlos am Fußende seines Bettes aufstieg. Es war eine fließende Bewegung, als ob er durch den Fußboden käme. Zuerst erschien der große Kopf mit den großen schwarzen Augen, die sich schräg bis zur Seite des glatten Kopfes zogen.

Nach dem ›Großen‹ bemerkte er die vielen kleineren, die geschäftig herumflitzten, und dann manchmal die ›Koalabären‹, die verschwommen und pelzig waren.

Er erinnerte sich nie an die Reise, aber er fand sich auf der glatten kalten Platte mit abgerundeten Kanten wieder und konnte außer seinen Augen nichts bewegen. Immer war nur einer der großen Außerirdischen da, und es war offensichtlich, daß dieser die kleinen befehligte. Bei mehreren Gelegenheiten schien der Große ein etwa zwanzig Zentimeter langes Gerät zu halten. Dann verlor Jason das Bewußtsein und erwachte wieder zu Hause, aber nicht unbedingt wieder in seinem Bett. Der Wecker lief, ging aber zwei Stunden nach. Alle anderen Uhren oben waren entweder stehengeblieben oder gingen zwei Stunden nach. Die Uhren unten hingegen zeigten die richtige Zeit an.

Das Bellen der Hunde weckte die Nachbarn, aber es weckte Ann, Paul und Daniel nie. In normalen Nächten hingegen wurde Paul wach und ging nach unten, wenn einer seiner kostbaren Hunde winselte. Einer der Nachbarn war so beeindruckt davon, daß die Hunde sofort schwiegen, daß er Paul bat, ihm den Trick beizubringen.

Die Lösung schien Paul einfach zu sein. Er würde die ganze Nacht wach bleiben und an Jasons Bett wachen. Es gelang ihm, und er döste ein paarmal nur kurz ein, aber nichts geschah. Jason schlief tief. Doch inzwischen konnte Jason vorhersagen, wann er wieder entführt werden würde. Er bekommt ein ›komisches kribbelndes Gefühl‹ in seinem Kopf und ›weiß einfach‹, wann seine Entführer kommen, und in diesen Nächten gab Paul sich noch mehr Mühe, wach zu bleiben, bewaffnete sich mit einer Kanne starkem Kaffee und einem guten Buch. Daran gewöhnt, lange zu arbeiten – an Wochenenden fährt er bis zum Morgengrauen Taxi – kann Paul besser als die meisten Menschen seine Augen die ganze Nacht aufhalten (Ann versuchte es, schlief aber jedesmal ein). Doch in den Nächten, für die Jason eine Entführung vorhersagte, fiel Paul unausweichlich in einen tiefen traumlosen Schlaf und erinnerte sich an nichts, wenn er erwachte. Wie bei den Hunden war es, als ob er von irgendeiner starken äußeren Kraft überkommen sei, die ihn bwußtlos machte. Einmal schüttelte Jason, der durch das eigenartige Licht aufgewacht war, das gewöhnlich einer Entführung vorausgeht, seinen Vater heftig, um ihn zu wecken, doch Paul rührte sich nicht.

In dem Umfang, wie die Aktivität wieder zunahm, steigerte sich auch Jasons Elend. Ann konnte ihn nicht dazu bringen, seine Kleidung zu wechseln – er sagte ihr, er verdiene keine saubere Kleidung. Seine Selbstachtung schwand, und wieder war Ann tief besorgt. Sie ließ ihn nicht zur Schule gehen, sondern behielt ihn zu Hause. Sie wußte nicht, ob das klug war, wollte aber nicht riskieren, daß er wieder vom Unterricht ausgeschlossen wurde, wenn seine Stimmung zu schlechtem Verhalten führte. Einmal war sie so besorgt, daß er

Selbstmord begehen könnte, daß sie ihn mit Tony Dodd telefonieren ließ. Tonys nüchterne, sachliche Art, gepaart mit seinem Verständnis für das Problem, schien bei Jason immer Wunder zu wirken.

Die bizarre elektrische Aktivität nahm weiter zu. Eines Tages, als Ann auf dem Treppenabsatz war, hörte sie ein Geräusch aus Jasons Zimmer. Sie stieß die Tür auf und sah ein batteriebetriebenes Auto, ein Spielzeug, das er sehr liebte, mit blitzenden Lichtern auf dem Teppich hin und her rasen. Irgendwie gelang es ihm auf unheimliche Weise den Fußleisten auszuweichen, als ob es von jemandem gesteuert werden würde. Ann schaute ein paar Sekunden verblüfft zu und bückte sich dann, um es auszuschalten. Doch bevor sie es berühren konnte, blieb es plötzlich stehen.

Eines Abends, als Ann und die Jungen gemeinsam fernsahen, schliefen sie alle gleichzeitig ein, obwohl es früh war und sich keiner von ihnen besonders müde gefühlt hatte. Als sie erwachten, empfing der Fernseher einen französischen Sender. Sie konnten den Ton hören, doch das Bild war nur ein Schatten. Daniel merkte als erster, daß einer der Hunde, Milly, fehlte. Sie hatte ausgestreckt neben ihm auf dem Sofa gelegen, bevor sie alle eingeschlafen waren. Die anderen drei Hunde wirkten aufgeregt und nervös.

Die einzige mögliche Erklärung, die Ann einfiel, war, daß Milly draußen war und daß sie alle sich geirrt hatten, als sie glaubten, sie läge auf dem Sofa. Die Hunde sind von ähnlicher Größe und Farbe, und beim bloßen Hinschauen kann sie jemand, der sie nicht kennt, miteinander verwechseln. Aber Daniel war sich ganz sicher und beleidigt, daß seine Mutter auch nur andeutete, er wisse nicht, welcher Hund welcher sei. Dennoch ging Ann mit einer Taschenlampe nach draußen und rief nach Milly, aber ohne Erfolg. Sie wollte schon Paul anrufen, weil sie besorgt war, da sie ja weiß, wie sehr er an den Hunden hängt. Aber als sie zurück ins Haus ging, warf sie einen Blick in das Wohnzimmer, und da lag Milly ausgestreckt auf dem Sofa und schlief. Daniel und Jason schworen, daß sie nicht unbemerkt hätte wieder hereinkommen können, aber eine andere Erklärung gab es nicht. Milly schlief sehr tief und rührte sich für den Rest des Abends und der Nacht nicht mehr. Am folgenden Morgen war sie wie benebelt, als ob sie betäubt worden sei.

In der Nacht des 3. Oktober, einem Dienstag, tobte ein heftiges Unwetter über Kent. Die Jungen waren im Bett, und Ann und Paul wollten nach oben gehen, als ein gewaltiger Donnerschlag über die Dächer rollte. Die Hunde knurrten und wurden nervös. Sie mögen keinen Donner. Paul beruhigte sie und Ann zog den Stecker des Fernsehers heraus, als Jason am Treppenfuß erschien. Er ging in das Wohnzimmer und setzte sich auf das Sofa, aber mit stocksteifem Rücken, als ob er auf einem hochlehnigen Stuhl säße. Ann sprach ihn an, aber er reagierte nicht. Er sah sie nicht an, sondern starrte stur geradeaus. Dann begann er zu murmeln, und die Worte wurden lauter und deutlicher, während das Unwetter heftiger und wilder wurde. Jason stieß wieder Zahlen aus, gewaltige Sequenzen von Formeln. Es war eine erschreckende Wiederholung des Zwischenfalls während der Feier seines vierten Geburtstages. Paul, der nach den Hunden geschaut hatte, kam zurück, und auch er versuchte, mit Jason zu sprechen.

Doch Jason fuhr einfach emotionslos damit fort, Zahlen auszuspucken. Er erwähnte mathematische Begriffe, die jemand seines Alters nicht kennen konnte: Fraktale, Theoreme, algebraische Formeln. Er sprach in kompletten Zahlen, erwähnte Millarden und Millionen und verkündete irgendwann, daß er mit sechs Dezimalstellen rechne. Aber er klang nicht so, als rechne er. Es war mehr, als lese er diese unglaublichen Zahlen von einer Tafel in seinem Kopf ab.

Schockiert, aber weniger aufgeregt als sie es acht Jahre zuvor gewesen waren, sahen Paul und Ann sich an. Sie waren sich unsicher, was sie tun sollten. Paul verließ das Zimmer, um einen Kassettenrecorder zu holen, und Ann setzte sich neben Jason, ohne ihn aber zu berühren, weil er mit seiner Stimme und seiner Haltung so fern wirkte, daß sie sich unwohl fühlte. Bevor Paul zurückkehren konnte, verebbte der Donner. Das einzige, was noch zu hören war, war das seltsame, ferne Grollen. Während es langsam schwand, wurde auch Jasons Stimme leiser, bis er am Ende nur noch vor sich hin murmelte. Aber er saß noch immer kerzengerade da und starrte stur geradeaus. Dann wurde er still und sein Körper erschlaffte. Er lehnte sich auf dem Sofa zurück und rieb sich die Augen, als sei er gerade aufgewacht.

»Es ist okay, Jason, du bist unten und das Unwetter ist jetzt vorbei«, sagte Ann und schlang einen Arm um ihn. Jason sah sich im Zimmer um, starrte dann seine Mutter an.

»Ich hatte keine Angst vor dem Unwetter«, sagte er hastig mit dem ganzen Mut eines Zwölfjährigen. Ann merkte, daß er nicht wußte, was geschehen war, keine

Erinnerung daran hatte, daß er diese Zahlen auf so bizarre Art von sich gegeben hatte.

»Natürlich hattest du keine Angst«, sagte sie. »Du bist runtergekommen, um die Hunde zu beruhigen. Dann bist du eingeschlafen.«

»Nacht, Mum. Nacht, Dad«, sagte er und ging wieder nach oben. Bevor Ann etwas sagen konnte, zuckte Paul mit den Schultern.

»Wir können uns die Köpfe zerbrechen und versuchen, das zu begreifen – oder wir können ins Bett gehen und etwas schlafen. Ich bin für letzteres«, sagte er. Ann nickte zustimmend.

Jasons Depressionen verstärkten sich an den folgenden Tagen, und auf Tony Dodds Vorschlag beschloß Ann, mit ihm eine Woche Urlaub zu machen. Es bedeutete zwar, daß er eine Woche lang nicht die Schule besuchte, aber er versäumte ohnehin soviel Unterricht, daß das kaum eine Rolle spielte. Und wenn er dadurch eine Ruhepause von den Entführungen fand, die mit noch größerer Häufigkeit stattzufinden schienen, konnte das nur gut sein. Sie und Paul diskutierten darüber, und obwohl das Geld knapp war, waren sie überzeugt, daß es das Geld wert war, wenn Jason dadurch ein wenig Frieden fand. Außerdem wollten sie keine exotische Auslandsreise machen. Es war nur eine Woche in einem Wohnwagen in All Hallows, Kent, und im November würde das gewiß nicht teuer sein. Paul würde nicht mitfahren können, da er nie mit seiner Familie weg kann – es gibt immer Tiere auf der Farm, die versorgt werden müssen.

Ann buchte in aller Heimlichkeit, als Jason nicht dabei war, die Reise für sich, Daniel, Jason und zwei

Schulfreunde der beiden. Die anderen Jungen mußten schwören, das geheimzuhalten. Die Reise sollte eine Überraschung für Jason sein. Es gelang Ann sogar eine Tasche mit Kleidung von ihm zu packen, ohne daß er es merkte. Als seine Freunde dann eines morgens mit Koffern in der Hand vor der Tür standen, wußte ein überraschter Jason nicht, was er davon halten sollte – bis er seinen eigenen Koffer im Korridor entdeckte. Binnen weniger Minuten hatte Ann vier aufgeregte Jungen in den Wagen verfrachtet und verabschiedete sich von Paul.

»Ich denke, ich habe die bessere Alternative gewählt«, sagte er. »Mit den Tieren kommt man leichter zurecht als mit dieser Bande.«

Aber Ann war unverzagt. Diese Reise war zu Jasons Bestem, und wenn das bedeutete, daß sie mit vier wilden Jungen fertig werden mußte, würde sie eben das Beste daraus machen. Sie sagte ihrem Mann, daß sie in einer Woche heimkommen würde, um sich dann auszuruhen. Wenige Stunden später holten sie den Schlüssel für ihren Wohnwagen ab, und Ann mußte den Feldwebel spielen, um sie zum Auspacken und Betten machen zu bewegen, bevor sie sich daran machten, das Ferienlager zu erkunden.

Die Tage verliefen gut, waren ausgefüllt mit Rollschuhlaufen, Schwimmen und Erkundung der Umgebung. Jason war glücklich, wenn auch ein wenig reizbar, und das war eine große Erleichterung für Ann, die ihren Sohn seit Monaten hatte kaum lächeln sehen. Doch in der Mittwochnacht änderte sich alles. Ann wurde durch Jasons Schreien geweckt. Durch die dünnen Trennwände zwischen den Räumen des Wohnmobils war das Geräusch durchdringend und ohrenbetäubend. Sie eilte zu dem Raum, den er mit Mark, seinem besten Freund, teilte. Jason stand neben dem Bett, während Mark weiterschlief, ohne etwas zu bemerken. Ann dachte ›Nicht wieder, nicht wieder‹, als sie ihre Arme nach ihrem Sohn ausstreckte. Doch Jason, der bemerkte, daß sie da war, hörte auf zu schreien und hob ruhig eine Hand.

»Faß mich nicht an. Du darfst mich nicht anfassen«. sagte er.

Verdutzt fragte Ann »Warum?«

Jason wiederholte es einfach. »Du darfst mich nicht anfassen.«

Dies war eine neue Wendung. In der Vergangenheit konnte Ann, auch wenn sie sonst nichts tun konnte, ihren Sohn zumindest immer umarmen und trösten. Aber jetzt nicht. Sie wandte sich mit Tränen in den Augen ab, um den Raum zu verlassen. Jason sprach leise.

»Mum, sie lassen mich fühlen und sehen, was sie fühlen und sehen. Mir wird nichts passieren.«

Ann lächelte ihn unter Tränen liebevoll an und ging in ihr Bett zurück. Sie fühlte sich sehr allein. Obwohl sie die Hauptlast von Jasons Problemen getragen hatte, sie Paul immer ferngehalten hatte, wenn sie das Gefühl hatte, daß das richtiger war, hatte sie immer den Trost gehabt, daß er neben ihr im Bett lag. Wenn sie über ihre Sorgen sprachen, war Pauls Sachlichkeit immer ein Bollwerk gegen ihre schlimmsten Ängste gewesen. Jetzt war sie auf sich allein gestellt und auf eine Art, die sie nie zuvor erlebt hatte, kam sie nicht an Jason heran.

Sie lag wach in der Dunkelheit, und nach einiger Zeit kam Jason aus dem Schlafraum, den er mit Mark teilte, zu ihr und fragte, ob er bei ihr schlafen könnte. Er stieg in das Doppelbett. Doch bevor er sich hinlegte, sagte er ihr wieder, daß sie ihn nicht umarmen oder halten dürfe. Er sagte das mit einer abwesenden Stimme. Irgendwie war es zwar Jasons Stimme, aber sie klang irgendwie beunruhigend anders. Es war eine beherrschte, erwachsenere Stimme. Erschöpft schlief sie ein. Als sie erwachte und die wintrige Dämmerung durch die dünnen Vorhänge drang, lag Jason noch im Bett. Aber Ann erinnerte sich vage daran, daß sie zuvor in der Dunkelheit aufgewacht war und er nicht dort gewesen war. Sie hatte in den anderen Räumen nachgeschaut und ihn in keinem der Betten gefunden. Doch es war keine klare Erinnerung. Sie war sich nicht sicher, ob sie es geträumt hatte oder nicht.

Als Jason erwachte, verhielt er sich, als sei nichts geschehen. Gewöhnlich hätte Ann nach einer solchen Nacht erwartet, daß er müde, deprimiert und schwierig war. Doch vielleicht war es die Anwesenheit der anderen Jungen und die Erregung darüber, woanders zu sein, die ihn aufmunterte, denn er frühstückte reichlich und war wie die drei anderen damit beschäftigt, Toastbrocken in der kleinen Küche herumzuwerfen. Obwohl Ann mit ihnen schimpfte, war sie insgeheim glücklich. Jasons Verhalten war so normal. Sie erwähnte die Ereignisse der Nacht nicht, auch nicht Paul gegenüber, den sie später anrief. Vielleicht, so hoffte sie innig, war es eine einmalige Sache, und Jason würde für den Rest des Urlaubs in Frieden gelassen werden.

An diesem Abend ging sie spät zu Bett, wartete darauf, daß die vier Jungen tief schliefen, bevor sie den Fernseher ausschaltete und selbst schlafenging. Es war weit nach Mitternacht, und so schlief sie sofort ein. Um drei Uhr früh wurde sie durch ein Geräusch geweckt. Tagsüber hockten Möwen und Krähen auf dem Dach des Mobilheimes, die solchen Lärm machten, daß die Jungen beschlossen, Fußball zu spielen. Dies war das gleiche Geräusch, aber draußen war es stockdunkel, und Vögel waren jetzt nicht unterwegs.

Sie lag reglos vor Furcht und stumm da, während die Intensität des Lärms zunahm. Dann wurde ihre Aufmerksamkeit auf etwas anderes gelenkt. Aus dem Wohnraum des Caravan kamen Geräusche, scharrende Geräusche, nicht so laut wie die auf dem Dach, sondern so, als ob Gegenstände verschoben werden würden.

Ihre Furcht verschwand. Sie war augenblicklich davon überzeugt, daß die Jungen auf waren und spielten. Sie richtete sich im Bett auf und rief ihnen zu, mit dem Lärm aufzuhören.

Sofort herrschte Stille. In dem Augenblick, als sie sprach, endete jedes Geräusch, und wieder stieg Furcht in ihr auf. Darauf lauschte sie für ein paar Augenblicke in die Stille und beschloß wider bessere Einsicht aufzustehen, um nach den Jungen zu sehen. Sie alle schliefen tief, auch Jason.

Sie begab sich nervös in den Wohnraum. Dinge waren bewegt worden. Sie setzte sich auf die Couch und starrte aus dem Fenster durch die Dunkelheit zu den in der Ferne zwinkernden Lichtern der Flußmündung. Irgendwie fand sie die fernen Lichter tröstend. Plötzlich spürte sie, daß ein Schauder sie überkam. Dort, auf der Fensterscheibe, war ein Abbild von etwas, das ein Gesicht zu sein schien. Die Gasheizung, die auf niedrig eingestellt war, damit es nicht zu kalt wurde, erzeugte viel Beschlag. Doch das Bild war völlig deutlich. Die Züge waren klar umrissen. Es war ein Gesicht – aber kein menschliches Gesicht.

Während ihre Furcht sich legte, nahm Ann einen Stift und ein Blatt Papier und zeichnete das Bild so genau sie konnte nach. Auf der Schule war sie in Kunst gut gewesen, und das Ergebnis zeigte große Ähnlichkeit. Sie legte die Zeichnung beiseite und schaltete den Fernseher ein, sah sich eine Sendung nach der anderen an, um wachzubleiben, damit ›sie‹ nicht wiederkommen würden. Als die Morgendämmerung anbrach und Ann sich im kalten Tageslicht sicherer fühlte, ging sie wieder ins Bett und schlief.

Es war der Lärm der Jungen, die sich selbst ihr Frühstück machten, der sie weckte. Als sie in den Wohnraum kam, zeigten Daniel, Mark und James sofort auf das ›komische Gesicht‹ auf dem Glas. Jason, der wußte, was es war, fand das nicht lustig und sagte nichts. Ann lachte mit den anderen, weil sie fand, daß dies so am besten sei. Doch als das Frühstück vorbei war und die Jungen zum Spielen nach draußen stürmten, blieb Jason einen Augenblick.

»Ich hatte nicht gedacht«, sagte er leise, »daß sie mich hier finden würden, nicht hier im Urlaub.«

Er war sehr aufgeregt, aber Ann versuchte, ihn aufzumuntern.

»Es ist reiner Zufall. Die Form am Fenster war nur ein Muster, das ihnen ähnelt. Das ist alles. Außerdem bist du doch nicht wach geworden, oder? Nun geh und amüsiere dich.«

Jason zögerte. Seine Furcht und sein Ärger kämpften mit dem Drang, zu den anderen zu gehen und Spaß zu haben. Nach ein paar Sekunden lächelte er Ann an und rannte hinaus zu seinen Freunden.

Die letzten beiden Tage des Urlaubs verliefen ereignislos, und das einzige Problem, vor das Ann sich gestellt sah, war, die vier davon zu überzeugen, daß sie wirklich heimfahren müßten. Die anderen Jungen wurden abgesetzt. In ihrem eigenen Haus angekommen erzählten Daniel und Jason Paul aufgeregt von ihren Abenteuern. Ann hörte zu. Jason erwähnte seine Begegung mit den Außerirdischen nicht. Als die Jungen hinausgegangen waren, um die Hunde zu begrüßen, umarmten Paul und Ann sich. Während ihrer ganzen Ehe hatten sie noch nie eine Nacht voneinander getrennt verbracht, und es war keine Erfahrung, die ihnen gefiel.

Während Ann die Wäsche sortierte, ging Paul zum Schuppen hinaus und kam mit einer alten Walnußholzuhr zurück, die seit Jahren im Besitz von Anns Familie war. Sie war schwer und häßlich, etwa von der Größe eines tragbaren Fernsehers. Ann konnte sich vage daran erinnern, daß sie gelaufen war, als sie noch ein Kind war. Aber seit dreißig Jahren war sie defekt. Die Jungen hatten mit ihr spielen dürfen, als sie klein waren, und hatten viele Teile entfernt. Als Paul sie hereintrug, schlug sie die halbe Stunde, und Ann konnte sie ticken hören.

Ann vermutete, daß er die Zeit ihrer Abwesenheit genutzt hatte, sie zu reparieren, aber Paul versicherte ihr, er habe überhaupt nichts daran gemacht. Er sagte, er habe sie in dem Schrank schlagen hören, in dem das alte Spielzeug der Jungen aufbewahrt wurde. Er hatte sie herausgenommen, und seitdem war sie genau gegangen. Er erzählte, daß er sie nicht einmal aufgezogen habe und keine Ahnung habe, wo der Schlüssel für sie sei.

Ann war ebenso verblüfft wie er. Keiner der beiden fragte weiter, warum die Uhr plötzlich repariert war. Jeder hatte eine Ahnung, was geschehen war, aber keiner wollte weiter über das Thema sprechen. Paul brachte die Uhr zurück in den Schuppen, wo sie, wie er sagte, nützlich sein würde, während Ann weiter die Weißwäsche und die Buntwäsche für die Waschmaschine auseinandersortierte.

Bis heute beginnt die alte Uhr gelegentlich zu ticken und zu schlagen, obwohl sie nicht sehr lange läuft.

9. KAPITEL
Ich sah dich dort

Wie sein Großvater hat Jason eine natürliche Affinität zu Pferden. Sie kommen zu ihm, als sei er ein alter Freund. Er und Daniel saßen von dem Tag an auf Pferden, als die Familie die Farm kaufte, und Daniel ist ein ausgezeichneter Reiter. Aber Jason konnte es instinktiv. Als Ann klein war, mußte ihr Vater sie daran erinnern, nicht dem Pferd die Schuld zu geben, wenn sie herunterfiel. Jason wußte das, ohne daß es ihm gesagt wurde, und er fiel selten herunter. Eine Weile bekam er Reitunterricht in einem der nahegelegenen Ställe, und der Besitzer sagte zu Ann, er habe nur wenige Male in seinem Leben einen so natürlich begabten Reiter gesehen.

Als er klein war, hatte Ann sein Eifer, sich auf ein Pferd zu setzen, Sorgen gemacht. Einmal schauten sie nach einem nicht zugerittenen Pferd namens Gipsy, einer großen, schwarzweißen Stute, die sie übernommen hatten, weil sonst niemand mit ihr umgehen konnte. Jason war erst sieben. Während Ann und Paul ihren Arbeiten auf der Farm nachgingen, gelang es Jason, das Pferd zu beruhigen und auf seinen Rücken zu steigen. Das war etwas, das noch niemand getan hatte. Das Pferd galoppierte eine Weile um das Feld herum, während

Ann beklommen zusah. Sie wußte, daß Jason abgeworfen werden und ernsthaft verletzt werden könnte, wenn sie versuchte einzugreifen. Schließlich wurde das Pferd müde und ging schließlich in Schritt über, während der kleine Junge sich noch immer an seiner Mähne festhielt. Jason glitt unverletzt und fröhlich zu Boden, tätschelte Gipsy und ging zu seiner Mutter hinüber, als sei nichts Ungewöhnliches geschehen. Ann seufzte erleichtert und hielt ihm einen Vortrag, so etwas Törichtes nie wieder zu tun. Jason schaute verdutzt drein.

»Warum sollte ein Pferd mir wehtun wollen?« war alles, was er fragte.

Doch es war unvermeidlich, daß er im Lauf der Jahre von Pferden fiel, und dabei brach er sich einmal sein Bein und verrenkte sich ein anderes Mal die Schulter. Er akzeptiert gelegentliche Verletzungen, weil das zum Umgang mit Pferden gehört. Ann kann sich nicht erinnern, ihn je über Schmerzen klagen gehört zu haben oder daß er Angst davor gehabt hätte, wieder auf ein Pferd zu steigen, sobald der Gips ab war.

Eines Tages aber hatte Jason Angst.

Er war bei den Ställen und ritt Patch, sein Lieblingspferd. Sie galoppierten, und Jason genoß das Gefühl, das starke Pferd unter sich zu haben und die warme Luft in seinem Gesicht zu spüren. Dann bemerkte er etwas anderes. SIE waren da. Die Außerirdischen waren unsichtbar bei ihm, erlebten den Ritt mit, fühlten, was er fühlte. Seit diesem Augenblick in dem Urlaub, als er seine Mutter angeschrien hatte, sie solle ihn nicht anfassen, wußte Jason, daß sie seine Gefühle von Zeit zu Zeit teilen. Er erklärt das.

»Es ist, als ob sie wissen wollten, was Gefühle sind, wie es ist, einer von uns zu sein. Ich weiß, daß sie mir nichts tun wollen. Sie wollen nur alles teilen.«

An diesem Sonntagmorgen als er ritt, konnte er spüren, daß sie bei ihm waren, daß sie seine Freude darüber teilten, daß der Wind sein Haar zauste, und das Gefühl von Schnelligkeit und Kraft, das ihn immer erfüllte, wenn er auf Patch saß. Jason hatte nichts gegen ihre Anwesenheit. In den vorangegangenen Wochen hatte er sich daran gewöhnt, daß sie da waren.

Aber in diesem Fall endete der Ritt böse. Ein anderes Pferd lief hinter Patch her, so daß er sich erschreckte und Pferd und Jason stürzten. Es gelang Jason, sich wegzurollen, so daß Patch nicht auf ihn fiel, aber er wäre fast in einen Zaun gestürzt. Er erwartete, sofort heftigen Schmerz zu spüren. Auch wenn nichts gebrochen war, war er sicher, Quetschungen und Schrammen zu haben. Aber zu seinem Erstaunen spürte er weder in diesem Moment noch später kaum Schmerz, obwohl sein Arm gequetscht war und an seiner Schulter noch Wochen später deutlich ein Hufabdruck des anderen Pferdes zu sehen war. Es war, als ob seine ungebetenen Gäste allen Schmerz absorbiert hätten.

»Es gefiel ihnen nicht«, kichert Jason, als er sich an den Zwischenfall erinnert. Obwohl er seine nächtlichen Besucher nicht mehr so heftig haßt wie zu der Zeit, als er jünger war, genießt er die Erinnerung daran, daß sie beim Sturz von dem Pferd Schmerzen hatten. Er steht vor einem Rätsel, warum das andere Pferd sich so verhielt, glaubt aber, es hatte einen sechsten Sinn, der ihm von seinen Mitreitern erzählte und es veranlaßte, Patch nachzureiten und ihn anzufallen.

Obwohl dies keineswegs Jasons schlimmster Sturz war, machte ihm etwas bei diesem Erlebnis Angst, und seitdem ist er nicht mehr geritten. Der Stallbesitzer hatte Ann zu überreden versucht, ihn wieder dorthin zu bringen, ihm angeboten, ihn kostenlos zu unterrichten, aber Jason weigert sich. Er ist noch ein paarmal auf ein Pferd gestiegen, hat aber keine Freude am Reiten mehr. Er wirft den Außerirdischen vor, ihm dieses Vergnügen genommen zu haben.

»Es ist, als ob sie mich das nicht mehr genießen lassen wollten, weil sie keine Freude daran haben und sich nicht wieder verletzen wollen«, sagte er.

Ann hörte zuerst von dem Sturz von Patch, als sie Jason am Ende des Unterrichtes im Stall abholte. Sie fragte, ob er verletzt sei und war sprachlos, als er erwiderte, er sei es nicht, aber ›sie‹.

»Sie mögen den Schmerz nicht, wenn sie auf den Boden schlagen, sie wollen überhaupt keinen Schmerz«, erzählte er ihr. Ann brauchte nicht erst zu fragen, wer ›sie‹ seien. Sie hielt den Wagen an, sobald sie einen Parkplatz an dem schmalen Weg gefunden hatte, saß zehn Minuten da und fragte Jason nach dem Hergang des ganzen Zwischenfalls. Es war eines der ersten Male, daß sie ihn bei hellem Tageslicht offen über seine Besucher sprechen hörte. Aber das war es nicht, was sie am meisten schockierte. Ihr Mut sank, als ihr bewußt wurde, was er sagte. ›Sie‹ waren ständig bei ihm, nicht nur, wenn sie ihn nachts aus seinem Bett raubten.

Sie hatte die Erinnerung daran nicht abschütteln können, wie er sie während des Urlaubs im Wohnwagen angeschrien hatte, sie solle sich fern von ihm halten, und ihr nicht erlaubt hatte, ihn zu umarmen und zu trösten. Es war vielleicht der niederschmetterndste Augenblick in dieser ganzen beklagenswerten Erfahrung mit Jasons Entführungen gewesen. Jetzt aber sah sie sich in weit größerem Maße mit dem gleichen Gefühl konfrontiert. Jason erzählte ihr an einem ganz normalen sonnigen Sonntagvormittag, daß sie bei ihm seien, während andere Leute dabei waren.

Sie fragte zögernd, sich fast vor einer Antwort fürchtend, wie oft er merke, daß sie bei ihm seien.

Er erzählte ihr, daß er zum ersten Mal gemerkt hatte, daß sie da waren, als er eine lange Fahrradtour mit Daniel und zweien seiner älteren Freunde gemacht hatte. Sie hatten eine Rundfahrt von über vierzig Kilometern gemacht, aber die Freude an dem Tag wurde Jason verdorben, weil die Außerirdischen bei ihm waren. Er hatte dabei wie ein Verrückter in die Pedale getreten, in der vergeblichen Hoffnung, sie hinter sich lassen zu können. Aber jetzt, erzählte er seiner Mutter, hatte er gelernt, daß es leichter war, sie zu akzeptieren.

»Ich muß ihnen erlauben, meine Gefühle zu erleben – sie können das nicht, wenn ich das nicht zulasse«, sagte er.

Ann konnte kaum begreifen, was er sagte. Sie waren nicht nur bei ihm, sondern er kooperierte mit ihnen, ›erlaubte‹ ihnen, seine Erfahrungen zu teilen. Als Ann ihren gutausehenden Jungen ansah, während er ihr dies alles erzählte, hatte Ann das schreckliche Gefühl, daß sich eine Kluft zwischen ihnen öffnete. Sie fand keinen Zugang mehr zu ihm. ›Sie‹ traten zwischen sie und Jason.

Wieder daheim, erzählte sie Paul davon nichts. Obwohl er mitfühlend und hilfreich war, wußte sie, daß

Paul sich immer viel glücklicher fühlte, wenn Jason keine Probleme hatte. Er konnte sich in dem falschen Gefühl von Sicherheit wiegen, genoß das Gefühl, daß es vielleicht nur eine vorübergehende Episode in ihrem Leben gewesen war und nun hinter ihnen lag. Er fühlte sich angesichts dessen, was seinem Sohn widerfuhr, unfähig, und seine eigene Hilflosigkeit machte ihn wütend. Paul ist ein Tatmensch, jemand der anpackt. Er scherzte mit Ann darüber, was er mit einem Außerirdischen tun würde, wenn er einen in Jasons Zimmer fand, und sie lachte mit ihm. Aber sie wußte, daß sein Humor ein tiefes Unbehagen kaschierte. Es lag in Pauls Naturell, seine Familie zu beschützen und für sie zu sorgen, und doch konnte er Jason nicht davor beschützen, entführt zu werden.

Am nächsten Tag, als Paul auf der Farm war und die Jungen in der Schule, rief sie Tony Dodd an. Es war schwierig, ihn zu erreichen. Montags sind immer die Tage, an denen Tony am meisten mit UFO-Berichten beschäftigt ist, da Leute wegen der seltsamen Sichtungen anrufen, die sie am Wochenende gehabt haben. Aber Ann blieb hartnäckig, und zur Mittagszeit sprach sie mit dem Mann, den sie als ihren ›Rettungsanker‹ bezeichnet. Sie war so besorgt wegen der neuen Entwicklung, daß Tony ein paar Minuten brauchte, bis er ganz verstand, was sie ihm erzählte. Am Ende fiel er ihr ins Wort, sagte ihr, sie solle sich beruhigen, tief durchatmen und dann noch einmal ganz von vorne anfangen.

»Es ist nicht so schlimm«, sagte er entschlossen. Für Ann indes war es das. In den Stunden, die vergangen waren, seit Jason ihr erzählt hatte, was geschehen war, bis sie endlich Tony erreichen konnte, war ihre Phantasie mit ihr durchgegangen. Sie hatte Szenen von einem alten Horrorfilm vor Augen gehabt, den sie als Kind gesehen hatte: Invasion der Körperfresser. Sie stellte sich vor, wie ihr Sohn sich in einen von Außerirdischen kontrollierten Roboter verwandelte.

»Sie müssen etwas tun«, flehte sie Tony an. »Er läßt sie irgendwie seinen Körper teilen, seinen Verstand. Sie erleben Dinge mit ihm – und er erlaubt ihnen das.«

Tony erklärte ruhig, daß dies nicht ungewöhnlich sei. Er hatte schon früher gehört, daß so etwas geschah. Er scheut sich, das Wort ›Außerirdische‹ zu gebrauchen, nennt sie statt dessen EBEs oder Extra-Terrestrische Biologische Entitäten. Die EBEs, erzählte er Ann, seien offensichtlich unfähig, Gefühle jedweder Art zu empfinden, aber an der menschlichen Erfahrung interessiert. Sie brauchen einen menschlichen Wirt, der ihnen ›erlaubt‹, Emotionen zu teilen. Er erinnerte sie daran, daß Jason die Kontrolle habe, daß er ihr erzählt habe, daß ›sie‹ nur fühlen könnten, was er sie fühlen ließe, und daß er deshalb nicht in Gefahr sei. Noch einmal betonte er nachdrücklich, daß er in all diesen Jahren, in denen er mit Entführten zu tun hatte, noch keinmal gehört hatte, daß einer endgültig verschwunden war oder auf die Art zu den Außerirdischen ›übergelaufen‹ sei, wie Ann es sich vorstellte. Tatsächlich, erzählte er ihr, sei dies ein positives Zeichen. Vielleicht fand Jason sich mit seinen Entführungen ab, hörte zu und lernte aus der Erfahrung, statt dagegen anzukämpfen.

Ann war beruhigt, aber dennoch blieb ein nagender Zweifel. Obwohl sie Jason wieder glücklich sehen wollte, wollte sie tief in ihrem Inneren nicht, daß er sich mit dem abfand, was geschah. Sie fürchtete, er könne sogar beginnen, es zu genießen.

Aber darüber hätte sie sich keine Sorgen zu machen brauchen. Jason war weit davon entfernt, sich dabei wohlzufühlen. Weniger Tage später hatte er wieder große Angst davor, nachts allein zu sein, und oft fanden seine Eltern ihn in seine Decke eingewickelt am Fußende ihres Bettes schlafend. Er sagte, er könne ›fühlen‹, daß sie wiederkämen. Paul tat das ab und erklärte Jason, daß dies alles nur Einbildung sei.

Aber in dieser Nacht wurden beide durch einen sehr blassen und erschreckend ruhigen Jason geweckt, der ihnen sagte:

»Wenn ihr aus dem Fenster schaut, könnt ihr sie sehen.«

Ann und Paul bekamen sofort Angst. Sie erwarteten, daß sie endlich die Entitäten sehen würden, die ihrem jüngsten Sohn so lange angst gemacht hatten. Sie beide richteten sich in ihrem Bett auf und schauten nach rechts aus ihrem Schlafzimmerfenster, konnten zuerst aber nichts sehen. Paul war erleichtert.

Aber dann entdeckte Ann ein helles Licht, das zuerst nicht größer als ein Stern war, sich deutlich bewegte und immer größer und strahlender wurde und näherkam. Das Letzte, woran die beiden sich erinnerten, war, daß ihr Schlafzimmer von einem weißen Licht durchflutet wurde und der ›Stern‹, der jetzt so groß wie ein Fußball war, in ihrem Fenster war.

Sie erwachten gleichzeitig gegen sieben Uhr am nächsten Morgen. Die Sonne schien, die Vögel sangen. Die Hunde verlangten bellend nach Aufmerksamkeit.

Es war ein so normaler Tagesbeginn, daß es einige Augenblicke dauerte, bis die Erinnerung an die Nacht wieder in Anns Bewußtsein drang.

Dann galt ihr erster Gedanke Jason.

Sie und Paul eilten über den Treppenabsatz zu seinem Schlafzimmer, aber dort war er nicht. Ann rannte, seinen Namen rufend, die Treppe hinunter. Auf dem Sofa fand sie ihre beiden Söhne, die verdutzt zu ihr aufschauten.

»Hast du schlecht geträumt, Mum?« fragte Daniel. »Du siehst nämlich schrecklich aus.«

Ann musterte sich kurz im Spiegel. Er hatte recht. Sie sah aus, als ob sie einen Geist gesehen hätte.

Sie sagte Jason, daß sie mit ihm sprechen wolle, und er folgte ihr nach oben ins Schlafzimmer, wo Paul wartete.

»Ihr seid eingeschlafen«, sagte Jason empört, ohne Ann richtig anzusehen. »Aber ich mußte wieder mit ihnen gehen. Doch diesmal war es anders.«

»Sie zeigten mir, wie unsere Regierung und andere Regierungen sie behandeln. Ich sah, wie Leute in ihre Augen schnitten, nur um zu sehen, woraus sie gemacht sind. Ich sah, wie sie lebend in Glasbehältern aufbewahrt wurden und Teile von ihnen in versiegelte Behälter gesteckt wurden. Ich sah, wie Soldaten auf sie schossen.«

Er erzählte in allen Einzelheiten das, was er in der vergangenen Nacht erlebt hatte, erzählte, daß die Außerirdischen nicht verstehen könnten, warum sie wie Versuchskaninchen behandelt wurden. Er erzählte seinen Eltern, daß er sehr wütend gewesen war, als er sah, was mit ihnen geschah und wie sehr er sich wünschte, das beenden und die Verantwortlichen bestrafen zu können.

Er schilderte, daß er mit Hunderten anderer Menschen in einen riesigen Raum gebracht worden sei. Dort schauten alle auf einen gigantischen Bildschirm. Darauf war ein Bild der Erde zu sehen.

Paul hörte aufmerksam zu, aber Ann saß steif da und hatte einen eigenartigen Gesichtsausdruck. Als Jason begann, das riesige Bild des Planeten zu beschreiben, wandte sie sich zu ihm und drückte heftig seinen Arm. Sie brauchte nicht mehr zu hören. Sie wußte genau, was er sagen würde.

»Er explodierte plötzlich …«, flüsterte Ann. »Er explodierte, nicht wahr? Und dann war da ein schreckliches, leises, pfeifendes Geräusch, ein verzweifeltes Geräusch, wie ein ganz eigenartiger Wind …«

Sie starrte Jason an, während sie sprach.

»Das war doch passiert. Nicht wahr?«

Jason nickte und lächelte erleichtert.

»Ich wußte, daß du da warst«, sagte er leise. »Ich sah dich dort.«

In Anns Gesicht war kein Lächeln, als sie sich aus ihrer Erstarrung löste und wieder zu sich kam. Ein Ausdruck entsetzten Begreifens breitete sich über ihr Gesicht, und ihr Mund fiel herunter. Auch sie wußte zum ersten Mal, daß sie dort gewesen war, in diesem Raum mit all diesen anderen Menschen und auf den riesigen Bildschirm geschaut hatte. Die volle Bedeutung dessen dämmerte ihr: Jason war nicht das einzige Mitglied der Familie, das auf nächtliche Reisen ging und seltsamen, nicht menschlichen Kreaturen begegnete. Tiefe und wirre Erinnerungen regten sich.

Paul starrte sie mit einem schockierten Blick an, der an Abscheu grenzte. Er hatte sich damit abgefunden, daß sein Sohn ernste Probleme hatte. Er wehrte sich weiter gegen die Erklärung, daß es Außerirdische seien, konnte aber sehen, daß Jason wirklich verstört war und alle Hilfe und Unterstützung brauchte, die sie ihm geben konnten.

Aber seine Frau auch?

Er sprach nicht mit ihr, als er sich anzog und das Haus verließ, um zur Farm zu fahren.

♦

In Abständen von nur wenigen Tagen hatte Ann zwei große Schocks erlitten. Sie war noch immer völlig durcheinander durch die Entdeckung, daß Jason seine Gefühle mit den Außerirdischen teilte, als sie mit einer Erkenntnis von weit größerer Tragweite konfrontiert wurde: Sie selbst war eine Entführte. Für einen kurzen Augenblick überlegte sie, ob sie einfach telepathischen Kontakt mit Jason hätte, ob sie so sehr über ihn nachdachte und sich Sorgen um ihn machte, daß sie sich irgendwie auf seine Gedanken und Erinnerungen einstimmen konnte. Aber sie wußte bald, daß dies nicht wahr war. Auch sie konnte sich daran erinnern, in diesem gefüllten Raum gewesen zu sein und Jason dort gesehen zu haben.

Als Paul ging, umarmte Jason sie. Ein Rollentausch. Er tröstete sie stumm auf die Art, wie sie ihn in seiner Kindheit beruhigt und getröstet hatte. Sie schüttelte den Kopf, als sie sich ein paar Augenblicke später von ihm löste. Sie wollte nicht darüber reden. Jason verstand und ging. Sie zog sich an und begann mit den üblichen Routinen des Tages, fütterte die Hunde und machte Frühstück für die Jungen. Sie verrichtete ihre Aufgaben mechanisch, war mit ihren Gedanken ganz woanders. Langsam, Stück um Stück, begannen sich Ereignisse aus ihrer Vergangenheit zu fügen. Ihre hartnäckige Kindheitserinnerung an die seltsamen Kreaturen in ihrem Zimmer, von denen sie immer gewußt hatte, daß sie kein Traum gewesen waren, ergaben plötzlich einen Sinn. Und sie begriff, daß sie seitdem entführt worden sein mußte. Sie hatte sich vorher einfach nur niemals daran erinnert. Da Ann über andere Entführte gelesen hatte und endlos mit Tony Dodd über seine eigenen Erfahrungen und die anderer, die er kannte, gesprochen hatte, wurde ihr bewußt, daß Jason ein Sonderfall war, weil er sich voll an das erinnerte, was ihm widerfuhr.

Die meisten Entführten erinnern sich nicht, jedenfalls gewiß nicht in allen Einzelheiten. Einige haben wirre Erinnerungsfragmente, die sie wie Ann als ›Träume‹ verstehen. Bei vielen werden Erinnerungen durch bestimmte Ereignisse geweckt, oft Jahre nach der Entführung. Professor John Mack führt in seinem Buch ›Entführung‹ zwei typische Fälle an. Ein Mann Mitte vierzig machte einen Spaziergang, als er sich ohne ersichtlichen Grund an einen Sommerurlaub erinnerte, als er noch Teenager war. Im Laufe der folgenden Wochen kristallisierte sich in einer Abfolge von Rückblenden ein Bild der Entführung heraus, die ihm damals, vor über fünfundzwanzig Jahren widerfahren war. Ein anderer Mann, Ende dreißig, erinnerte sich an eine UFO-Sichtung, als er gerade neun Jahre alt war. Er war auf einer Familienfeier gewesen und hatte mit einer seiner Schwestern gesprochen, die zur Zeit dieser Sichtung und der nachfolgenden Entführung bei ihm gewesen war.

Die beiden Männer fanden einen Großteil ihrer Erinnerungen ohne Hypnose wieder, doch der ganze Umfang dessen, was geschehen war, wurde erst nach Anwendung von Hypnosetherapie enthüllt. Bei diesen Fällen und bei den vielen tausend anderen, bei denen Erinnerungen maskiert werden, glauben die meisten Experten, daß die Außerirdischen absichtlich Schritte unternommen haben, um die Erinnerungen an das Geschehene zu verwirren, zu verzögern und zu vernebeln.

So, wie sie offensichtlich in der Lage sind, einen tiefen, fast lähmungsähnlichen Schlaf bei den Familien (und den Haustieren) der Entführten herbeizuführen, sind sie imstande, Erinnerungen auszulöschen. Einer von John Macks Entführten erinnerte sich unter Hypnose daran, daß ihm telepathisch gesagt worden war, er würde sich erinnern, ›wenn es nötig sei‹.

Es scheint, als würden viele verborgene Erinnerungen an Entführung dann ausgelöst werden, wenn es eine Krise im Leben des Entführten gibt. In Anns Fall war dies vielleicht die verstärkte Sorge darüber, daß Jason seine Gefühle mit den Außerirdischen teilte. Ihre Ängste, daß sie ihn ganz verloren haben könnte (und obwohl Tony Dodd erklärt hatte, daß dies nicht geschehen würde, hatte sie noch immer eine tiefsitzende, irrationale Angst davor, daß es geschehen würde), bedeutete, daß sie vielleicht den Punkt erreicht hatte, ›an dem es nötig war‹. Ihr mußte anhand ihrer eigenen Erfahrungen gezeigt werden, daß es möglich ist, ein Langzeit-Entführter zu sein und zu überleben und ein relativ normales und ausgeglichenes Leben zu führen.

Es funktionierte. Erst als Ann ihre eigenen Erfahrungen Stück um Stück zusammensetzte und auch erkannte, daß ihr eigener Vater wahrscheinlich ebenfalls ein Entführter gewesen war, konnte sie mit dem ins reine kommen, was mit Jason geschah. Und obwohl sie sich noch immer an vieles nicht erinnern kann, ist da ein Gefühl von Erleichterung und ›Heimkehr‹, weil sie endlich eine Erklärung für so viele verwirrende Dinge in ihrem Leben gefunden hat.

Professor Mack fand heraus, daß ›Entführte oft sagen, daß es große Bereiche in ihrem Leben gibt, die außerhalb ihrer bewußten Erinnerung liegen und sie doch täglich stark beeinflussen‹. Ann paßt in diese Kategorie. Ihre Affinität zu Tieren, ihre ausgeprägte Sensibilität (sie erkennt auf verblüffende Weise die Leiden anderer Menschen), ihre Sorgen um den Schaden, den die menschliche Rasse ihrer eigenen Umgebung beifügt, sind alle in ihrem täglichen Leben gegenwärtig. Doch bevor sie von den Entführungen wußte, war ihr nicht bekannt, daß dies Teil eines Musters war, eines, das seinen Ursprung in ihren Entführungserfahrungen hatte. Als sie jedoch erkannte, daß sie selbst eine Entführte war, gab es plötzlich ein tiefes Gefühl von Vollständigkeit und Verständnis – obwohl es einige Zeit dauerte, bevor sie sich soweit von dem Schock erholt hatte, daß sie es zu schätzen wußte.

Eine andere Erklärung, die ein anderer Entführter dafür bekam, warum Außerirdische die Erinnerungen ihrer Entführten blockieren, läßt auf einen unheilverkündenden, aber einleuchtenden Grund schließen. Der amerikanische Polizist Herb Schirmer, der ein UFO während eines Nachteinsatzes sah, als er im Dezember 1967 festzustellen versuchte, was eine Rinderherde auf einem Feld beunruhigt hatte, wußte nicht, daß er entführt worden war. Erst als Hypnose angewandt wurde, um herauszufinden, was während der Erinnerungslücke geschehen war, erinnerte er sich, an Bord des UFO gebracht worden zu sein. Dort hatte man ihm gesagt, daß sein Gedächtnis blockiert werden würde, weil die Außerirdischen wußten, daß Militärkräfte auf Erden ihnen feindlich gesonnen seien. Deshalb wählten sie ihre Entführten zufällig aus und verhinderten, daß sie sich an Einzelheiten der Begegnungen erinnerten.

Entführung scheint tatsächlich zufällig zu sein. Die Außerirdischen versuchen nicht, systematisch zu entführen, zum Beispiel die besten Wissenschaftler der Erde. Doch da ihre intellektuellen Fähigkeiten denen der Menschen offensichtlich weit überlegen sind, können sie kaum ein besonderes Interesse daran haben, die technologischen oder wissenschaftlichen Pioniere der Erde zu bewerten.

Fragt man, was sie suchen, so liegt die Antwort darauf wahrscheinlich in Jasons Erfahrung, des ›Teilens‹ von Gefühlen mit ihnen. Einer von Professor Macks Entführten erklärte unter Hypnose, daß die Außerirdischen, denen er begegnete, humanoid waren, aber daß ihre Entwicklung als Rasse dem ›Weg fast rationaler Intellektualisierung gefolgt sei‹ und sie ›viel von ihren Gefühlen verloren haben und diese zurückhaben wollten‹. Er sagte, daß die Außerirdischen bereit seien, ihre intellektuellen Kräfte mit uns zu teilen, wenn sie an der emotionalen Entwicklung der menschlichen Rasse teilhaben könnten. Das entspricht Jasons Erfahrungen sehr. Zuweilen scheint er eine mathematische und numerische Fähigkeit zu besitzen, die allem weit voraus ist, was man von einem Jungen seines Alters, der keine besondere Begabung für Math6

ematik hat, erwarten würde. Ein anderes Mal spürte er, daß die Außerirdischen seine Emotionen und Gefühle teilen, selbst körperliche Gefühle wie Schmerz.

Tony Dodd findet nichts überraschend daran, daß Jason seine Gefühle mit den Außerirdischen ›teilt‹. Nach seiner Erfahrung kommt das bei Entführungen relativ häufig vor.

»Wir wissen nicht genau, warum das geschieht, aber es scheint, daß es ihnen an Emotionen mangelt und sie von unseren fasziniert sind. Unser Intellekt scheint sie nicht besonders zu interessieren – wäre das so, sollte man erwarten, daß sie die fähigsten Köpfe der menschlichen Rasse entführen. Das liegt wahrscheinlich daran, daß ihre intellektuelle Entwicklung unserer soweit voraus ist, daß selbst unsere klügsten Köpfe im Vergleich mit ihnen unbedeutende Geisteskräfte besitzen. Aber was Emotionen und Gefühle anbelangt, scheinen wir etwas zu besitzen, was sie nicht haben und entweder verstehen oder selber fühlen wollen.

Warum manche Entführte mehr Erinnerungen als andere haben, ohne daß Hypnosetherapie eingesetzt wird, ist etwas, das Experten bisher nicht erklären konnten. Jason ist zwar außergewöhnlich, aber nicht einzigartig. Es gibt andere, die eine komplette Erinnerung an ihre nächtlichen Reisen haben. Es gibt andere, die wie er, wissen, wann die Außerirdischen zu ihnen kommen werden. Es könnte einfach an dem jeweiligen Gedächtnis liegen. Vielleicht sind Jason und ein paar andere von Natur aus gegen alle Techniken resistent, die Außerirdische verwenden, um Erinnerungen zu blockieren (so wie es einige wenige Menschen gibt, die sich einer Hypnose widersetzen können.) Vielleicht werden, wie Tony Dodd vermutet, Erinnerungen dann blockiert, wenn es besser für den Entführten ist, sie zu vergessen. Wenn sie weiter ein ›normales‹ Leben führen müssen, wie es bei ihm der Fall war, als er noch Polizist war oder wie es Ann als Ehefrau und Mutter tat, ist es leichter für sie, wenn sie nichts von ihren Entführungen wissen. Aber das erklärt noch nicht, warum Jason eine Ausnahme bildet. Auch er hätte auf der Schule und in anderer Hinsicht davon profitiert, wenn seine Erinnerungen an die Entführungen blockiert gewesen wären.

♦

Das Entführungserlebnis, das Jason und Ann teilten, als sie sahen, wie der Planet Erde explodierte, ist von so großer Bedeutung und zugleich so typisch, daß es eine Betrachtung in allen Einzelheiten wert ist. Ich habe inzwischen viele hundert Entführungsgeschichten von zuverlässigen Zeugen gelesen und gehört, und es ist offensichtlich, daß diese Erlebnisse von zwei entscheidenden Themen geprägt werden. Das eine ist medizinisch. Entführte werden medizinisch untersucht, Proben werden entnommen, Implantate eingesetzt (siehe

11. Kapitel), und sie werden auch ungefragt für Brutzwecke benutzt (siehe 10. Kapitel).

Die andere Gemeinsamkeit ist, daß die Außerirdischen der menschlichen Rasse eine apokalyptische Botschaft zukommen lassen. Wir werden gewarnt, daß wir unsere Welt mißbrauchen und daß der Planet, wenn wir damit weitermachen, dies nicht mehr ertragen und uns nicht mehr ertragen kann. Es ist nicht immer klar, ob dies eine Prophezeihung ist (den Entführten wird gesagt, daß dies eine sichere Zukunft ist, auf die wir zusteuern) oder eine Vorsichtsmaßnahme, womit ihnen gesagt wird, daß es dazu kommen könnte, wenn wir uns weiter so verhalten, wie wir es tun. Sicher entscheiden die meisten Entführten sich für diese zweite Interpretation. Sie glauben vielleicht deshalb, weil es ihnen gesagt worden ist, daß sie Vermittler einer wichtigen Botschaft an die Menschheit sind, um sie damit auf den richtigen Weg zu bringen.

Dafür gibt es viele Beispiele. 1980 wurde Aino Ivanoff in Finnland aus ihrem Auto entführt und medizinisch von den Außerirdischen untersucht, die ihr sagten, daß Krieg der Untergang unseres Planeten sein würde. John Hodges, ein Kalifornier, wurde zweimal aus einer Wohnung in Los Angeles entführt und vor den Gefahren eines Atomkrieges gewarnt. Dem britischen Entführten Keith Daniel wurde von den Außerirdischen, die ihn 1981 vom Ufer des River Dee entführten, mitgeteilt, daß die Erde auf einen Holocaust zusteuere.

Einer der frühesten ausführlichen Berichte über eine Entführung stammt aus dem Jahre 1949. Das Opfer war Daniel Fry, ein Techniker, der in der Raketenleitstelle der amerikanischen Regierung in White Sands, New

Mexiko, arbeitete, wo militärische Tests durchgeführt werden. Fry sah ein riesiges UFO landen und wurde an Bord genommen. Die Außerirdischen waren freundlich, sagten ihm aber, er müsse die Nachricht über die Gefahren eines Atomkrieges, die dem Planeten bevorstehe, verbreiten. Ihm wurde die naheliegende Frage gestellt: Wenn die Außerirdischen den Lauf der Menschheitsgeschichte verändern wollen, warum greifen sie dann nicht in aller Öffentlichkeit ein? Frys Antwort war, daß wir über unser Schicksal selbst entscheiden müssen und sie nicht eingreifen können. Nick Pope, der Beamte des Verteidigungsministeriums, der sich jetzt mit der Erforschung von UFOs und Außerirdischen befaßt, zieht einen Vergleich zu einem Kind und einem Vogelei. Wenn das Kind dem Küken ›hilft‹, die Eierschale zu zerbrechen, wird das Küken nicht gedeihen. Ähnlich können die Außerirdischen uns nur warnen, nicht aber direkt ›helfen‹.

Professor Mack stellt fest: ›Die Übertragung der Information von den außerirdischen Wesen zu den Betroffenen scheint ein fundamentaler Aspekt des Entführungsphänomens zu sein … Die Information, die Entführte erhalten, betrifft in erster Linie das Schicksal der Erde als Folge menschlicher Zerstörungswut.‹ Mehreren der Entführten, die er ausführlich befragte und deren Hypnosetherapie er überwachte, wurden Bilder von der Erde nach der verheerenden, von Menschen herbeigeführten Katastrophe, wahrscheinlich einem Atomkrieg, gezeigt. Zwei seiner Versuchspersonen sahen, wie große, schwarze Wolken die Lebenssysteme der Welt erstickten. Andere sahen eine Szene, die der sehr ähnlich war, die Jason und Ann auf dem großen Bildschirm gezeigt worden war: Der Planet platzte buchstäblich auf oder explodierte.

Die einfache Erklärung, daß wir gewarnt werden und unsere Verhältnisse und unser Verhalten entsprechend ändern sollten, berücksichtigt nicht, was sie davon haben. Warum wollen Außerirdische, daß wir uns ändern? Es gibt zahlreiche Theorien. Wenn die Erde sich selbst zerstört, werden sich die Auswirkungen im ganzen Unsiversum bei anderen Galaxien, bei anderen Planeten bemerkbar machen. Sie brauchen uns. Diese Theorie knüpft an das Zuchtprogramm, das in Kapitel 10 untersucht wird. Der renommierte Wissenschaftsautor Carl Sagan meint, daß wir für sie eine pubertäre Welt sind und wir unterrichtet, ja, sogar erzogen werden müssen, um unseren Platz in einer größeren kosmischen Ordnung einnehmen zu können.

Diese Vorstellung von wohlwollenden außerirdischen Kulturen, die uns helfen wollen, ist eine der vorherrschendsten bei den intellektuellen Giganten der UFOlogie. Dr. James Deardoff, ein Physiker und Meteorologe, Forscher an der Oregon State University, argumentiert einleuchtend, daß es wohlwollende außerirdische Zivilisationen gibt, die uns vor aggressiveren aus eigennützigen Gründen beschützen. Vielleicht, weil wir uns auf ähnliche Weise wie sie entwickeln (was erklären würde, warum es bei vielen Sichtungen von Außerirdischen manche gibt, bei denen sie wie Menschen aussehen).

Er argumentiert überzeugend, daß es zu einer Massenhysterie kommen würde, wenn sie in aller Öffentlichkeit landeten, und selbst wenn sie die Nuklearkatastrophe verhindern können, würden sie alle möglichen anderen Konflikte auslösen, nicht zuletzt Krieg gegen sich selbst. Auch ihr allmähliches Auftauchen über mehrere Monate würde Schockwellen auslösen. Deardoff ist der Überzeugung, daß der Kontakt mit uns sehr langsam erfolgen muß, über eine Periode von Hunderten oder Tausenden von Jahren (für uns als Individuen eine lange Zeit, aber nur ein Ticken der Uhr für das Universum). Kontaktaufnahme mit Regierungen würde Panik auslösen. Deshalb muß die Information über Außerirdische langsam, ganz allmählich zu der Bevölkerung mittels auserwählter Individuen durchsickern. Selbst der Widerwille zu glauben, der Spott, die Vorwürfe von Betrug, die auf solche Information erfolgen, ist ein Teil der eingebauten Kontrollen und Gleichgewichte, die dafür sorgen, daß die Akzeptanz der Außerirdischen ein sehr langer, langsam voranschreitender Prozeß ist.

All dieses mag sehr verschwommen klingen und die Rolle von Jason und Ann Andrews auf zwei winzige Ziegelsteine in einer massiven Brücke reduzieren, die gebaut werden muß, bevor unsere menschliche Rasse unsere außerirdischen Besucher akzeptieren und offen mit ihnen kommunizieren kann. Aber sie akzeptieren diese Rolle. Keiner der beiden sieht sich als Sendboten außerirdischer Kulturen. Wenn sie ein größeres Motiv haben, dann dies, die Außerirdischen besser zu verstehen. In kleinerem, erdgebundenerem Maße wollen sie einfach anderen Familien helfen, die mit ähnlichen Problemen ringen wie denen, mit denen sie konfrontiert wurden.

♦

Ein anderer wichtiger Aspekt der Tatsache, daß Ann und Jason in der selben Nacht an den selben Ort entführt wurden, ist, daß er ein Schlaglicht auf die generationsübergreifende Natur der Entführung wirft. Die meisten Entführten haben keine Kenntnis davon oder keine Beweise dafür, daß andere Angehörige ihrer Familie ebenfalls entführt worden sind. Aber eine beträchtliche Menge stammt aus Familien, von denen zumindest ein anderer Angehöriger ein Entführter gewesen zu sein scheint. Ann wird nie Gewißheit haben, ob dies bei ihrem Vater der Fall war, aber je mehr sie über ihn nachdenkt und je mehr sie mit Vi, ihrer Mutter, über sein Leben spricht, desto überzeugter wird sie.

Bei den Fällen, die Professor Mack eingehend untersuchte, stieß er auf viele, bei denen auch Brüder, Schwestern, Eltern und Kinder entführt worden waren. Er stellte fest, daß es eine ganz normale Situation ist, daß ein Kind bei seiner Entführung ein Elternteil sieht oder ein Elternteil sein Kind (so wie Jason seine Mutter sah). Manchmal ist das Kind wütend auf den Elternteil oder auf einen älteren Bruder oder die Schwester, weil sie ihn nicht beschützen. Häufiger aber ist, daß Eltern oder ältere Geschwister wütend und frustriert darüber sind, weil sie das jüngere Familienmitglied nicht beschützen können, besonders dann, wenn das Kind, wie in mehreren Fällen berichtet, ein Baby oder Kleinkind war.

Einer der berühmtesten Fälle, bei den mehrere Angehörige derselben Familie entführt worden sind, ist der einer Amerikanerin namens Debbie Tomey. Sie nahm Verbindung mit Budd Hopkins auf. 1983 veröffentlichte er ein Buch über ihre Erfahrungen, wobei er das Pseudonym Kathie Davis verwendete, um ihre Identität zu wahren. Sie hat sich anschließend zu all dem offen bekannt und erlaubt, daß ihr richtiger Name genannt werden darf. Ihre Geschichte hat mehrere interessante Aspekte, aber einer der auffälligsten ist, daß ihr bewußt war, daß ihre eigenen Kinder auch Entführte sind. Wie so viele andere ist sie seit ihrer Kindheit wiederholt entführt worden, und dieses Muster scheint seit mindestens einer weiteren Generation in ihrer Familie zu sein. Der britische Entführte Keith Daniel ist ebenfalls jemand, in dessen Familiengeschichte sich immer wieder mögliche UFO-Begegnungen finden.

Unklar ist, warum bestimmte Familien ausgesucht werden. Vielleicht ist es reiner Zufall, doch vielleicht besteht seitens der Außerirdischen, die einen Entführten gefunden haben, ein Interesse, die Blutlinie weiter zu verfolgen, womöglich zu medizinischen Forschungszwecken.

Ann Andrews weiß von einem anderen Kind (neben Jason) in ihrer Großfamilie, von dem sie glaubt, daß es Entführungserfahrungen hat. Sie hat mir die Einzelheiten mitgeteilt, doch die sollen nicht in dieses Buch einfließen. Ann glaubt nicht, daß irgend jemand dazu gezwungen werden sollte, an die Öffentlichkeit zu treten, obwohl sie meint, daß immer mehr Menschen öffentlich über ihre Entführungen sprechen sollten. Abgesehen davon ist die Entführte ein Kind, und es ist allein ihre Entscheidung und die ihrer Eltern, wie sie mit ihren Erlebnissen fertig werden wird. Ann kann nicht eingreifen. Sie kann ihr nur mitfühlend zuhören, wenn das Kind sprechen will.

»Das einzige, was ich tun kann, ist für sie da sein. ich fühle mich schrecklich, wenn ich an all die Jahre denke, in den Jason darum kämpfen mußte, uns dazu zu bringen, ihm zu glauben, zu akzeptieren, was er uns zu sagen versuchte. Ich will nicht, daß jemand, der mir nahesteht, dieses Gefühl von Verlassensein und all die Enttäuschungen durchmachen muß, die er erlitten haben muß.«

»Wenn sie reden will, werde ich da sein. Vielleicht werden ihre Eltern es dann akzeptiert haben, aber wenn nicht, wird sie wenigstens jemanden haben, an den sie sich wenden kann.«

10. KAPITEL
Ein Baby, das es nie gab

Um Paul zu beschwichtigen, sagte Ann nichts mehr über ihre eigenen Entführungserinnerungen. Eine Weile tat sie so, wenn er auf das Thema zu sprechen kam, eine Vorahnung von Jasons Beschreibung, wie die Welt explodieren würde, gehabt zu haben. Aber während er ihr zuhörte, sah sie an seinem Blick, daß er nicht davon überzeugt war.

Es war eine schwere Zeit für Paul. Er hatte gekämpft, um Jasons Probleme zu akzeptieren und begonnen, damit zurecht zu kommen. Er hatte die Bücher gelesen, die er am ersten Tag gekauft hatte, nachdem er begriffen hatte, daß es sich um Entführung handelte, und dazu andere, die Ann gefunden und ihm empfohlen hatte. Er war nicht so leicht zu überzeugen wie sie, doch die Menge der Beweise hatte gesiegt. Er konnte auch sehen, wieviel glücklicher Jason war, seit das Problem diagnositiziert worden war.

Jetzt aber sah er sich mit der Tatsache konfrontiert, daß auch Ann entführt worden war. Es war ein eigenartiges Gefühl, fast so etwa wie Verrat. Seine Frau, mit der er seit 18 Jahren verheiratet war, führte ein heimliches Leben, von dem er ausgeschlossen war. Es war unwichtig, daß sie selbst nichts davon gewußt hatte.

Sein Groll darüber war nicht rational. Er wußte, daß er ihr helfen und sie unterstützen sollte, aber es gab da einen Teil in ihm, der wütend war und sich dagegen sträubte.

Schlimmer noch, er machte Ann zum Vorwurf, daß sie Entführung in seine Familie gebracht hatte, und er haßte sich für dieses Gefühl. Ehemänner und Ehefrauen von Partnern, bei denen genetische Anlagen festgestellt werden, die Behinderungen bei ihren Kindern bewirken, erleben oft eine ähnliche Reaktion. Sie wissen, daß ihr Partner nichts dafür kann, das nicht gewollt hat, sich deshalb schrecklich fühlt. Aber trotz besserer Einsicht, zu trösten und zu helfen, bleibt ein kleiner Teil, der dem anderen die Schuld gibt. Er konnte alle Probleme auf Ann abladen und machte ihr Vorwürfe, obwohl er das nicht wollte.

Ein paar Tage lang herrschte totales Schweigen zwischen ihnen. Ann, die von Natur aus anderen gegenüber sehr sensibel ist und besonders auf Paul eingestimmt ist, blieb ruhig. Der Instinkt sagte ihr, daß Paul Raum und Zeit brauchte, um sich an diese neue große Veränderung in seiner Familie zu gewöhnen. Bei anderen Gelegenheiten, wenn es Spannungen zwischen ihnen gegeben hatte, waren die zumeist schnell gelöst, mit einem Lachen oder einem Scherz. Keiner von ihnen schmollte oder hegte Groll, und ihr gemeinsamer Sinn für Humor hatte ihnen oft über schwere Zeiten hinweggeholfen. Aber dies, das wußte Ann, war etwas Größeres, und nicht der Augenblick für Scherze.

Wie immer lag für Paul die Lösung des Problems in harter Arbeit. Auf der Farm, wo er Mist schaufelte und an der frischen Luft Zäune setzte, fand er seine Kraft wieder. Natürlich war es nicht Anns Schuld. Das wußte er. Und ihm war auch bewußt, und dabei erfüllte ihn ein enormes Schuldgefühl, daß, egal wie durcheinander er war, sie etwas viel Gewaltigeres mitmachte. Wenn er ihr schon ihr Doppelleben übelnahm, was mußte sie dann erst fühlen? Wenn er ihr wegen Jasons Problemen Vorwürfe machte, wieviel schlimmer mußte es für sie sein, diese Vorwürfe zu tragen? Er legte seine Arme auf das Tor und dachte über all das nach, als Craven, Anns Pferd, über das Feld getrabt kam und mit ihm schmuste. Normalerweise war Craven Paul gegenüber gleichgültig und machte nur viel Aufhebens um Ann oder Jason. Es ist, also ob das Pferd ihm etwas zu sagen versuchte, dachte Paul.

»Okay, alter Junge«, sagte er. »Du hast recht. Sie hat sich nicht verändert. Sie ist noch immer die Ann, die ich geheiratet habe. Sie hat vor mir keine Geheimnisse gehabt – sie sind ihr vorenthalten worden.«

Er fuhr früh heim und hielt unterwegs an, um einen Strauß Blumen zu kaufen. Ann war mit den Hunden unterwegs. Sie kam zurück, sah sein Gesicht und wußte, daß alles gut werden würde. Paul umarmte und küßte sie, führte sie dann ins Wohnzimmer und bat sie, sich zu setzen.

»Ich möchte, daß du mir alles erzählst, alles, woran du dich erinnern kannst«, sagte er.

♦

Wenn es für Paul schon ein paar schlimme Tage gewesen waren, so waren sie für Ann noch viel schlimmer. Zuerst hatte sie sich angestrengt, sich selbst davon zu überzeugen, daß sie sich nur eingebildet hatte, im selben Raum wie Jason gewesen zu sein und beobachtet zu haben, wie die Erde sich selbst zerstörte. Aber sie konnte sich nichts vormachen. Sie fühlte sich erschreckt, von Panik erfüllt, und sie verstand, was Jason so oft in seinem Leben durchgemacht haben mußte. Sie sagte sich all die beruhigenden Dinge, die sie ihm gesagt hatte, doch irgendwie fiel es ihr schwer, Trost darin zu finden. Sie ging in ihrem Kopf alles noch einmal durch, was Tony Dodd ihr gesagt hatte, und sie rief ihn an, sobald sie eine Gelegenheit fand, wenn Paul und die Jungen nicht da waren.

Er wiederholte, was sie bereits wußte: Die meisten Fälle von Entführung ziehen sich über Generationen hin, und sie verlor nicht ihren Verstand. Ihr öffneten sich nur ihre eigenen begrabenen Erinnerungen. Vielleicht wurde ihr ›erlaubt‹, sie wieder zu erleben, oder vielleicht hatte sie einen Punkt erreicht, an dem sie ausgelöst wurden. Tony wußte es nicht. Aber er tendierte dazu zu glauben, daß die Außerirdischen, welche die Erinnerungen so erfolgreich blockiert hatten, direkt dafür verantwortlich waren, daß sie zugänglich wurden. Ein möglicher Grund war, wie er meinte, daß Jason ihre volle Unterstützung und ihr ganzes Verständnis brauchte, wirklich Empathie und nicht nur Mitgefühl, und daß ihr ihre eigenen Erfahrungen wiedergegeben wurden, um mit seinen umgehen zu können.

Im Laufe der folgenden Wochen und Monate wurden ihre Erinnerungen allmählich klarer. Kleine Begebenheiten, die sie irgendwo tief in ihrem Verstand gespeichert hatte, gewannen plötzlich an neuer Wichtigkeit, wurden zu großen Ereignissen, für die es eine viel tiefergreifende Erklärung gab, als sie sich je vorgestellt hatte.

Beherrschend bei all diesen Erinnerungen ist eine, die immer deutlich war. Es ist die Zeit, als sie bei ihrer Mutter schlief, während ihr Vater arbeitete, sich eine große, verhüllte Gestalt neben ihrem Bett aufrichtete und die Kapuze zurückschlug, um sie mit großen, mandelförmigen schwarzen Augen anzustarren. Es ist eine Erinnerung, die nie verblaßte, aber die immer von Angst begleitet war, selbst bevor eine Erklärung da war. Ann wurde damit fertig, indem sie sie schaudernd verdrängte und sich mit etwas anderem beschäftigte. Sie hatte nie geglaubt, daß es ein Traum gewesen sei, aber die anderen Möglichkeiten – daß sie verrückt wurde und Halluzinationen hatte oder daß sie wirklich einer anderen Lebensform begegnet war, die auf der Erde unbekannt war – waren zu schrecklich gewesen, um sie auch nur in Erwägung zu ziehen. Sie hatte sie nie ergründen wollen. Sie wollte das vergessen. Aber das war ihr nie ganz gelungen. Sie schaffte das monatelang, selbst über Jahre, ohne daß es wieder geschah, aber unsausweichlich würde es schließlich wieder da sein.

Jetzt kamen andere Erinnerungen dazu, und dieses Erlebnis wurde komplexer. Nachdem der große Außerirdische die Kapuze seines Mantels zurückgeschlagen hatte, erinnert sich Ann jetzt daran, daß viele andere, kleinere da waren, die um ihn herumsausten. Durch bloße Berührung machen sie ihren Körper schwerelos und sie treibt durch das Zimmer und schwebt durch das geschlossene Fenster hinaus. Sie beschreibt das, als ob ihr ganzer Körper sich in Flüssigkeit verwandelt habe – eine dicke, zähe Flüssigkeit wie Sirup – und durch das Fenster wie durch ein Sieb gedrückt worden sei. Damit ist kein Schmerz oder ein anderes Gefühl verbunden, aber ein Ahnen, als würde die Zeit angehalten werden, als ob alles in Zeitlupe abliefe. Als ihr ganzer ›Körper‹ auf der anderen Seite der Scheibe ist, ist sie wieder ganz, und das Gefühl von Flüssigsein ist verschwunden. Sie kann den Wind in ihrem Gesicht spüren, und sie kann um sich schauen. Da sie Höhenangst hat, klammert sie sich instinktiv an einen der kleinen Außerirdischen, die sie führen. Er öffnet behutsam ihre Finger. Weitere Kleine führen sie noch immer, aber Ann hat sich an mehr nicht erinnern können. Sie weiß nicht, wohin sie gebracht wird oder was geschieht. Sie spürt, daß da mehr ist, an das sie sich erinnern sollte. Sie kann es wie aus großer Entfernung und sehr verschwommen sehen.

Sie erinnert sich auch an einen Zwischenfall aus ihrer Kindheit, den ihre Mutter, Vi, bestätigt hat. Ann ist auf einer Geburtstagsparty, die eine ihrer kleinen Freundinnen gegeben hat – zu der Zeit ist sie acht Jahre alt. Höhepunkt des Nachmittags ist ein Zeichentrickfilm, eine tolle Sache in dieser Zeit, wo es noch kein Video gab. Die kleinen Mädchen sehen sich einen Popeye-Film an, in dem der Superseemann von einer Kapuze tragenden alten Hexe gefangengenommen und in einem dunklen Keller oder einer Höhle eingesperrt wird. Plötzlich erhellt ein gleißendes Licht seine Umgebung. In diesem Moment begann Ann unkontrolliert zu schreien und konnte nicht mehr beruhigt werden. Man holte ihre Mutter, und Ann beruhigte sich erst, als sie zu Hause war.

Eine andere kurze Erinnerung, die Ann inzwischen genauer bewußt ist, reicht ebenfalls in ihre Kindheit zurück. Sie erinnert sich, bei einem ihrer regelmäßigen Wochenendausflüge mit ihrem Vater im Park zu sein. Es war ein freundlicher Tag, bei dem das Sonnenlicht durch die Bäume fiel, und sie erinnert sich, sich glücklich und sicher gefühlt zu haben. Sie hielt die Hand ihres Vaters, und sie beide schwangen ihre Arme. Als sie stehenblieben, stießen sie auf drei Gestalten, die auf sie zu warten schienen. Sie waren groß, hatten blondes Haar und blaue Augen, aber dunkle, gebräunte Haut. Ann erinnert sich, daß sie selbst als achtjähriges Kind fand, daß sie sich glücklich schätzen könnten, irgendwo Urlaub gemacht haben zu können, wo es heiß war. Bis dahin reicht ihre ursprüngliche Erinnerung, doch wann immer ihr dies durch den Kopf ging, war sie von Panik und Furcht erfüllt.

Doch seit ihr Entführungserlebnis sich öffnet, hat sie oft davon geträumt, und jedes Mal fügte sich etwas zu dem Bild, von dem sie glaubt, daß es jetzt vollständig ist.

Der ›Führer‹ der Gruppe, der dichtes, welliges Haar hat, lächelt. Anns Vater scheint überrascht zu sein, sie zu sehen, ist aber nicht schockiert. Er legt seinen Arm, um Anns Schulter und zieht sie näher an sich. Gesagt wird nichts. Tatsächlich veranlaßt das tiefe Schweigen die kleine Ann zu kichern, weil es sie an einen Cowboyfilm erinnert, an die stumme Kraftprobe vor der Schießerei. Niemand, nicht einmal ihr Vater, nimmt Notiz von ihrem Lachen, und langsam beginnt sie sich zu fürchten. Sie sieht sich um, und der Park scheint dunkler zu werden, und sie sieht immer weniger, weil plötzlich tiefe Schatten da sind. Plötzlich weiß sie, daß sie nicht mehr im Park sind, aber sie weiß nicht, wo sie sind. Sie kann nicht mehr den Wind in ihrem Gesicht spüren, auch nicht mehr die Wärme der Sonne, und sie kann auch nicht mehr das frisch gemähte Gras riechen.

Die drei stehen noch immer vor ihr und ihrem Vater. Sie tragen jetzt lange weiße Gewänder – als sie sie zuerst sah, waren sie ganz normal angezogen. Die Gewänder erinnern sie an Bilder von Jesus, die sie in der Sonntagsschule bekommen hat. Der Führer nähert sich ihnen, hat seine Hand zu ihrem Vater ausgestreckt. Ann versucht, sich hinter den Beinen ihres Vaters zu verstecken, aber der Führer sieht sie und blickt lächelnd auf sie herab. Jetzt streckt er seine Hand aus, und Ann fühlt sich gezwungen, ihm in die Augen zu schauen. Sie will hinsehen, aber gleichzeitig fühlt sie einen Drang wegzusehen. Aber wie sehr sie sich auch bemüht, sie kann ihren Kopf nicht abwenden. Es ist, als ob sein Blick mit ihrem verhaftet sei, und sie kann die Verbindung nicht unterbrechen.

Ohne zu bemerken, wie es geschah, stellt sie auf einmal fest, daß er ihre Hand hält, und sie laufen langsam miteinander weiter, schauen sich dabei noch immer in die Augen. Das Wesen lächelt. Sein Gesicht ist menschlich, und es hat einen normalen Mund und Lippen. Aber seine Augen sind für menschliche Augen zu groß und zu dunkel. Ann fragt sich, wo ihr Vater ist und warum er diesen seltsamen Mann nicht darin hindert, sie wegzubringen. Das Wesen blinzelt nie. Sein hypnotischer Blick bleibt fest.

An die Reise kann Ann sich nicht erinnern, aber sie wird in einen großen Raum gebracht, der wie eine Kirche ist oder wie ein Veranstaltungssaal, in dem viele andere Kinder laut spielen. Die Geräusche sind beruhigend normal. Das Wesen läßt Anns Hand los und löst zugleich den Blick von ihr. Sie entdeckt einen Jungen, der ungefähr in ihrem Alter ist – schätzungsweise acht oder neun – und Ann fühlt sich glücklich, weil sie ihn kennt. Sie weiß nicht, woher sie ihn kennt. Er ist weder ein Verwandter noch ein Schulkamerad. Aber an ihm ist etwas Beruhigendes, Vertrautes, und er revanchiert sich für dieses Gefühl, indem er lächelt und zu Ann hinüberkommt. Ann spürt instinktiv, daß der Junge nicht sprechen kann. Er nimmt ihre Hand, und sie kann seine Erleichterung fühlen. Es ist, als habe er auf ihre Ankunft gewartet. Sie hocken sich zusammen auf den Boden, um mit Spielzeug zu spielen.

An dieser Stelle erwacht Ann, aber sie ist von einem Gefühl von Wärme erfüllt und glücklich. Die Furcht und die Panik sind völlig verschwunden. Die Erinnerung an den Jungen gibt ihr irgendwie ein Gefühl von Zufriedenheit und Sicherheit, als ob er jemand wäre, der ihr sehr nahe ist. Aber außer dieser Erinnerung weiß sie nichts über ihn. Weil diese Erinnerung glücklich ist, ist Ann sicher, daß sie nun vollständig ist. Trotz der Tatsache, daß Teile davon noch immer unerklärt sind, weiß sie, daß sie nicht mehr erfahren wird. An den Tagen, wenn sie erwacht und davon geträumt hat, wie sie mit dem stummen Jungen spielte, ist sie immer glücklich und optimistisch, egal, was in ihrem Leben geschieht.

So, wie der Junge ihr unerklärlicherweise vertraut erscheint, spürt Ann auch, daß sie das große Wesen sehr gut kennt. Sie glaubt, daß sie ihm viele Male begegnet ist und daß er derselbe Außerirdische ist, der Jason geführt hat und der Daniels ›Soldatenmann‹ war. Sie ›weiß‹ auch, daß er ihrem Vater vertraut war und daß ihr Vater keine Angst vor ihm hatte. Obwohl sie sich nie ganz damit zurechtgefunden hat, eine Entführte zu sein, spürt sie, daß das Interesse dieses Wesens an ihr und Jason grundsätzlich wohlwollend ist, daß er in gewisser Weise ihr Beschützer ist. Aber sie hat ambivalente Gefühle ihm gegenüber. Obwohl sie sicher ist, daß er ihr kein Leid zufügen wird, weiß sie zugleich, daß sie und Jason für ihn nur zwei Objekte von wissenschaftlichem Interesse sind. Er mag zu ihnen freundlich sein, ist es aber auf die gleiche Art, wie ein Wissenschaftler zu einem Tier ›freundlich‹ ist, mit dem er experimentieren will.

Abgesehen von diesen Erinnerungen konnte Ann Paul von kurzen Rückblenden erzählen, die nur einen Augenblick dauerten, so schnell durch ihren Verstand schossen, daß sie weder eine Gestalt noch eine Form damit verbinden kann. Vielleicht ist es das Bild eines Raumes, nüchtern und klinisch wie ein Operationsraum. Vielleicht ist es, daß sie sich inmitten einer Menge befindet und versucht, unauffällig zu sein. Vielleicht ist es nur das Gefühl, für ein paar Sekunden in große, dunkle, hypnotisierende Augen zu schauen. Sie weiß, daß diese Erinnerungen vielleicht eines Tages mehr Gestalt annehmen und vollständig werden, aber im Augenblick sind es nur flüchtige Bilder, ausgelöst durch alltägliche Ereignisse, die so schnell gehen, wie sie gekommen sind.

♦

Es gab eine weit verheerendere Erinnerung, die Ann überkam. Sie war so deutlich, daß sie schwitzend und weinend aufwachte, und Paul brauchte einige Zeit, um sie soweit zu beruhigen, daß sie ihm erzählen konnte, was geschehen war. Es war der Traum von ihrer ›Fehlgeburt‹, von dieser Nacht, als sie in so tiefer Bewußtlosigkeit lag, daß sie nicht merkte, daß sie ihr Baby verlor. Die Erinnerung daran findet sie sehr beunruhigend. Als der Traum sich ihr erschloß, war ihr nicht bewußt, daß es um den Verlust ihres Babys ging, obwohl sie das starke Gefühl hatte, daß er sehr wichtig war.

Sie sah ›sie‹, die Kleinen, aber wie in einem Nebel. Sie konnte den Größeren ausmachen, der das Kommando zu haben schien, und sie konnte viele Schlurfgeräusche hören. Aber das Bild war undeutlich, so, als betrachte man ein verzerrtes Fernsehbild. Und schließlich verschwand es völlig, und sie schlief fest ein.

Plötzlich spürte sie etwas. Sie war sofort hellwach und voller Furcht. In dem Raum war ein blendendes Licht, so grell, daß sie nichts sehen konnte, aber sie wußte, daß ›sie‹ ringsum waren. Sie war gelähmt, konnte sich nicht bewegen, doch ihre Sinne waren alarmiert. Etwa Kaltes berührte ihre Beine, die gespreizt waren, wie sie merkte. Dann spürte sie einen Schmerz in ihrem Unterkörper und ihrem Bauch, und sie wußte was geschah. Sie verlor ihr Baby. Sie wollte nicht schwanger sein, aber daß es so endete, ohne daß sie eine Wahl hatte und unter solchen Schmerzen, trieb ihr Tränen in die Augen. Die Tränen rollten über ihre Wangen, und sie konnte ihre Hand nicht heben, um sie wegzuwischen. Sie weinte stumm und lange, bis die Sorge um ihr Baby der Überzeugung wich, daß sie sterben würde. Sie schloß ihre Augen fest, damit sie das grelle Licht nicht sah, versuchte sich einzureden, daß dies alles ein schrecklicher Alptraum sei. Aber der Schmerz war echt und unleugbar, und sie konnte das Geräusch von Bewegung um sich hören.

Als sie die Augen wieder öffnete, war das Licht durch die Form eines Kopfes blockiert. Für einen Moment konnte sie das Gesicht nicht erkennen, da das gleißende Licht einen Halo um den Kopf bildete. Doch nachdem ihre Augen sich darauf eingestellt hatten, konnte sie sehen, daß es ein Mann mit einem Schopf hellblonden Haares und durchdringenden blauen Augen war. Es war ein gut aussehendes, sanftes Gesicht, und sie fühlte sich augenblicklich beruhigt. Er lächelte sie an und legte eine Hand auf ihre Stirn. Sofort verschwand der Schmerz, der bereits etwas nachgelassen hatte, völlig, und damit all ihre Furcht. Er streichelte ihr Haar, und obwohl er nicht sprach, ›hörte‹ sie ihn sagen ›Es ist am besten so‹. Sie spürte, daß sie einer Meinung mit ihm war, und ein Gefühl von Frieden überkam sie. Wider ihren Willen schlossen sich ihre Augen und sie schlief tief ein.

Als Ann aus dem Traum erwachte, fühlte sie sich wütend und betrogen, weil ihr die Entscheidung über die Zukunft ihres Babys abgenommen worden war. Als ihr dieses Bild wieder durch den Kopf ging, fühlte sie sich erniedrigt und entmenschlicht, vor allem, als sie über die Implikationen nachdachte. Sie erzählte das Paul. Seine Augen füllten sich mit Tränen bei der Erinnerung an den Schmerz über den Verlust des Babys und seiner Angst um die Gesundheit Anns, aber die Sorge um seine Frau wich einer Welle von Zorn darüber, daß die Außerirdischen sich wieder einmal in das Leben seiner Familie eingemischt hatten.

Ann wußte, weil sie darüber gelesen hatte, ein wenig über das ›Zuchtprogramm‹, an dem viele der extraterrestrischen Besucher der Erde beteiligt zu sein scheinen. Doch dies war das erste Mal, daß sie selbst oder jemand, der ihr nahestand, daran beteiligt war. Gelegentlich hatte sie darüber nachgedacht, ob Jason vielleicht dafür herangebildet wurde, hatte den Gedanken aber ebenso schnell wieder verworfen wie er kam. Aber sie war nie auf die Idee gekommen, daß sie benutzt werden würde, weil sie annahm, daß sie zu alt war, um ›gutes Zuchtvieh‹ zu sein (obwohl sie zur Zeit der Fehlgeburt erst 33 Jahre alt war). Logischerweise ist ihr jetzt aber klar, daß den Außeridischen ihr Alter egal war, ebenso ihr Gesundheitsrisiko oder die Langzeitwirkungen, die das Großziehen eines weiteren Kindes mit sich gebracht hätten. Sie hatten ohnehin nie die Absicht gehabt, sie ihr Kind bis zur Geburt behalten zu lassen, und egal wie sanft der ›Mann‹ war, der es entfernte, wußte sie, daß sie für ihn nicht mehr als eine Leihmutter gewesen war.

Es gab soviele Dinge, die zu bedenken waren. War das Baby wirklich von Paul gewesen? Sie hatte davon gehört, daß menschlich-außerirdische Hybriden gezeugt worden waren. Sie hatte auch davon gehört, daß menschliche Föten genommen und unter Laborbedingungen ›großgezogen‹ wurden. Sie stellte sich vor, daß genau dies jetzt mit ihrem Baby geschah. Tief innerlich war sie sicher, daß es Pauls Baby war. Die Möglichkeit, daß sie mit außerirdischem Fortpflanzungsmaterial geschwängert worden war, war zu abscheulich, um weiter darüber nachzudenken. Und außerdem hatte sie keine Erinnerungen daran, daß dies geschehen war. Der logische Teil ihres Verstandes wußte, daß keine Erinnerungen daran zu haben nicht bedeutete, daß es nicht geschehen war. Schließlich tauchten die Erinnerungen an ihre Kindheit gerade erst wieder an die Oberfläche. Aber sie klammerte sich daran wie an ein Rettungsfloß, und sie war mit der ganzen Erfahrung nur dadurch fertig geworden, daß sie sie tief in ihrem Verstand vergrub.

Darüber zu reden fällt schwer, selbst heute noch. Paul weiß, daß es ein Tabuthema ist. Nach ihrer ersten Diskussion hat er das Thema nie wieder direkt angesprochen. Es kostete Ann sehr viel Kraft, ihren Widerwillen zu überwinden, um mit mir darüber zu sprechen, und selbst dabei konnte sie kaum ins Detail gehen. In jeder anderen Hinsicht war Ann offen und bei der Forschung zu helfen bereit, wollte immer mehr über die Probleme ihrer Familie herausfinden. Aber dieses Erlebnis hat sie zu sehr verletzt, um weiter danach zu forschen. Nur einmal drückte sie ihre größte Furcht aus:

»Wo ist mein Baby jetzt?« fragte sie. »Wozu wollten sie es? Was haben sie mit ihm getan?« Sie weiß nicht, warum sie weiß, daß ihr Baby wieder ein Junge war, aber sie sagt, sie sei sich dessen völlig sicher, als ob man es ihr erzählt habe.

♦

Anns Erlebnis war ungeheuer persönlich, und deshalb ist es schwer, es auf das zu reduzieren, was es als Teil eines größeren, weltweiten Bildes ist: Ein weiterer

Scherben von Beweis für die Theorie, daß Menschen zu Zuchtzwecken entführt werden. Es gibt nun Unmengen von Berichten aus erster Hand über ›Fehlgeburten‹ wie die von Ann und von gynäkologischen ›Operationen‹ ähnlich der, von der Maria Wards Ärzte glauben, das sie an ihr durchgeführt worden sei. Zu wissen, daß sie nicht die einzige Frau ist, der dies widerfahren ist, tröstet Ann ein wenig, aber nicht so, daß sie es akzeptieren kann. Wie viele andere ist sie wütend darüber, ungefragt in etwas verwickelt worden zu sein, und sie schildert, daß sie sich wie eine Ratte in einem Laboratorium fühlt, an der Experimente durchgeführt werden.

Das ›Zuchtexperiment‹ ist wahrscheinlich das gemeinsamste Element bei allen detailliert geschilderten Entführungserlebnissen. Sowohl männliche wie weibliche Entführte glauben, daß sie in gewisser Hinsicht in ein gewaltiges Reproduktionsprogramm verstrickt sind, das die Außerirdischen durchführen. Es ist auch der Aspekt bei Entführung durch Außerrirdische, der die Skeptiker am meisten zu Spott veranlaßt – und doch ist er in vielerlei Hinsicht der am besten dokumentierte und plausibelste. Anns Krankengeschichte bestätigt, daß sie eine Fehlgeburt hatte. Das an sich ist kein Beweis dafür, daß etwas Paranormales geschah, aber gewiß dafür Beweis, daß sie sich das ganze Erlebnis nicht eingebildet hat.

Einer der bedeutendsten Faktoren in den Berichten über Zuchtexperimente ist, wie sie zuerst bekannt wurden. Die Geschichten darüber, was geschah, vor allem mit weiblichen Entführten, aber auch mit Männern, wurden von dem Tage an erzählt, als Berichte über Entführungen bekannt wurden. Doch da sie von so enormer Tragweite waren, wurden diese Aspekte erst Ende der 80er Jahre berichtet – womit jede Möglichkeit ausgeschlossen ist, daß frühere Fälle sich gegenseitig beeinflußt haben.

Wie die britische Forscherin Jenny Randles gesagt hat: »Bis 1987 war dieses Phänomen selbst UFO-Forschern wie mir unbekannt. Wir hatten eine recht unvergiftete Periode für die Fallsammlung. Jeder Hinweis auf solche Dinge in den Berichten ist sehr wichtig, und es ist erstaunlich zu sehen, in welchem Umfang das beim Studium des Beweismaterials zutage tritt. Oft war über diese Fälle außerhalb der Kreise von Ufologen nichts bekannt, und bis 1987 gab es tatsächlich keine Veröffentlichung darüber.«

Die Beweise, die sie meint, schließt den Fall von Herb Schirmer ein, Polizist in Nebraska, der 1967 berichtete, entführt worden zu sein und dem die Außerirdischen erzählten, daß sie auf der Erde ein Menschenanalysezuchtprogramm durchführten. Dann der Fall der New Yorker Krankenschwester Shane Kurz, die 1973 hypnotisch zurückgeführt wurde und sich an Entführungen über einen Zeitraum von fünf Jahren erinnerte, in der gynäkologische Eingriffe erfolgt waren. Ihr erzählten die Außerirdischen, daß sie ihr Ovum benutzten, um so ein Baby für genetische Experimente zu bekommen. Dann der Fall des jungen Paares aus Essex, das entführt worden war und von genetischen Experimenten erzählte. Der einer italienischen Frau, die in Britannien lebt und sich komplett an eine Entführung erinnerte, bei der ihr verschiedene Proben entnommen wurden und sie von einem großen Außerirdischen auf eine emotionslose und mechanische Weise ›vergewaltigt‹ worden war.

Männer sind bei diesen Reproduktionsexperimenten keine Ausnahme – obwohl Carl Higdon, ein Ölbohrer aus Wyoming, USA, ausgeschlossen wurde – aus gutem Grunde. Higdon hatte 1974 ein Entführungserlebnis, nach dem er das starke Gefühl hatte, von dem Zuchtprogramm, über das ihm erzählt worden war, ausgeschlossen worden zu sein. Das war nicht überraschend, da er eine Vasektomie gehabt hatte. Während der Entführung bemerkte er nicht nur Außerirdische, sondern auch Menschen, die unter seinen Entführern waren und mit ihnen arbeiteten. Er hatte den Eindruck, daß es Menschen waren, die von den Außerirdischen gezüchtet waren. Dies (das Bewußtsein, daß menschliche Wesen mit den Außerirdischen koexistieren) ist ein anderer Aspekt bei Entführungen, der einfach wegen der Häufigkeit, mit der darüber berichtet wird, viel an Bedeutung gewonnen hat.

Die hier zitierten Beispiele sind nur eine kleine Probe. Es gibt viele andere aus aller Welt. Wie Tony Dodd sagt:

»Sie können das doch nicht alle erfinden, oder? Sie sprechen verschiedene Sprachen, kommen aus verschiedenen Teilen der Welt, sind völlig verschiedener kultureller Herkunft, darunter sind ungebildete Bauern, die keinen Zugang zu Fernsehgeräten haben, und doch kommen sie alle mit so ähnlichen Berichten.«

Tony glaubt, daß Anns Fehlgeburtserlebnis von ungeheurer Wichtigkeit ist. Nicht nur wegen der offensichtlichen Auswirkung auf sie, sondern weil sie sicher war, daß die Person, die den Fötus entfernte, menschlichen Ursprungs war, allenfalls nur zum Teil außerirdisch. Und doch war es ein menschliches Wesen, das mit ihr telepathisch kommunizieren konnte und ihr allen Schmerz nehmen konnte, indem es einfach ihre Stirn streichelte.

Der Hauptgrund dafür, daß es Ende der 80er Jahre UFO-Forschern und Entführten möglich wurde, öffentlich über die Zuchtexperimente bei ihren Erlebnissen zu sprechen, war, daß der amerikanische Forscher Budd Hopkins die gut dokumentierte Geschichte von ›Kathie Davis‹ in einem Buch mit dem Titel ›Eindringlinge – Die unglaublichen Visitationen in Copley Wood‹ veröffentlichte. Zur Zeit der Veröffentlichung verwendete die darin verwickelte Frau das Pseudonym Kathie Davis. Danach aber erlaubte sie, daß ihr richtiger Name, Debbie Tomey, genannt wurde.

Ihre unglaubliche Geschichte ist die von Mehrfachentführungen, die im Alter von sechs Jahren begannen. Mit 18 war sie einer (möglichen) künstlichen Befruchtung ausgesetzt, auf die ein paar Monate später die Entfernung des Fötus erfolgte. Einige Jahre später, während einer anderen Entführung, wurde ihr ein kleines Mädchen gezeigt, das halb menschlich, halb außerirdisch war, aber sehr hübsch und puppenartig. Ihr wurde ›erzählt‹, es sei ihr Mädchen. Später wurde ihr erzählt, dieses Kind sei eines von neun Babys, die aus ihrem Gewebe gezüchtet worden seien.

Bevor Hopkins diesen Bericht veröffentlichte, sprach er mit mehreren anderen Frauen, die von ähnlichen Erlebnissen erzählten. Zu der Zeit (er führte diese Untersuchung Anfang der 80er Jahre durch) gab es die

Techniken, die heute in unseren Krankenhäusern zur Zeugung von ›Retortenbabys‹ allgemein üblich sind, und die breite Öffentlichkeit wußte wenig darüber. Doch die Prozeduren, die bei der Entfernung des Ovum oder der kleinen Föten im Frühstadium nach Berichten der Frauen erfolgten, sind medizinisch glaubwürdig.

Hopkins schrieb: ›Uns bleiben zwei mögliche Erklärungen. Die erste ist, daß es sich um ein neues und deshalb unbekanntes psychologisches Phänomen handelt, bei dem Frauen Halluzinationen von fast identischen Szenen mit fast identischen halbmenschlichen Babys haben … Die andere ist einfach … Die Frauen erinnern sich tatsächlich an das, was sie sahen. Ihre Erlebnisse sind real. Beide dieser Erklärungen brechen, das läßt sich mit Sicherheit sagen, mit konventionellem Wissen.‹

Die peinlich genaue Forschung von Jenny Randles unterstützt ihn. Bevor Hopkins Buch über Debbie Tomey veröffentlicht wurde, hatte sie persönlich eingehend sechs britische weibliche Entführte interviewt. Drei von ihnen erzählten von unerwarteten Schwangerschaften unmittelbar nach den Entführungen, drei Monate später gefolgt von nächtlichen ›Fehlgeburten‹. Randles schließt daraus, daß dies entweder ein ›phantastischer Zufall‹ ist oder daß ›diese Frauen Ereignisse beschrieben haben, die ihnen tatsächlich widerfahren sind‹.

Viele der Frauen, die die Erfahrung der Fötusentfernung gemacht haben, sehen ihre eigenen ungeborenen Babys und oft viele andere, die in Gläsern oder Behältern, von Flüssigkeit umgeben, aufbewahrt sind. Sie können auch größere ›Babys‹ sehen, die in Inkubatoren großgezogen werden. In fast allen Fällen, die Professor Mack eingehend untersuchte, gibt es Beweise für Reproduktionsprozesse. Spermaproben werden Männern entnommen, und bei Frauen werden aggressive gynäkologische Prozeduren durchgeführt. Eine schilderte, etwa 40 kleine Behälter gesehen zu haben. In jedem davon befand sich ein Fötus, der in Flüssigkeit getaucht war. Eine andere sah endlose Reihen von Inkubatoren, in den sich Babys oder Föten befanden, und sie wußte instinktiv, daß eines davon ihres war.

Professor Mack schrieb: ›Manche der Entführten können auch ältere hybride Kinder, Heranwachsende und Erwachsene sehen, die ihre eigenen sind, wie ihnen die Außerirdischen sagen oder sie instinktiv wissen. Manchmal versuchen die Außerirdischen die menschlichen Mütter dazu zu bewegen, diese Kreaturen zu halten und zu stillen ... oder sie ermutigen menschliche Kinder mit den Hybriden zu spielen.‹ (Wie Daniel und Jason es taten, Kapitel 3.)

Die naheliegendste Frage, die sich aus diesen übereinstimmenden Beweisen für ein Zuchtprogramm ergibt, ist: Warum? Warum sollte eine außerirdische Rasse, die der unseren technologisch so überlegen ist, sich mit uns kreuzen wollen? Welchem möglichen wissenschaftlichen Zweck kann es dienen?

Mehrere Entführte glauben, daß die Außerirdischen ihnen die Antwort darauf gegeben haben. Ihnen ist auf dem telepathischen Wege ›gesagt‹ worden, der für eine solche Kommunikation typisch ist, daß die außerirdische Rasse unfähig ist, sich fortzupflanzen oder diese Fähigkeit verloren hat.

Eine andere elegante Theorie, die jüngst etliche Anhänger unter Forschern gefunden hat, ist die Möglichkeit, daß die Besucher überhaupt nicht aus dem Weltraum kommen, sondern Zeitreisende aus der Zukunft sind. Sie sind, mit anderen Worten, die menschliche Rasse nach einem weiteren Millennium oder zwei der Evolution. Wir haben bereits viele Beweise dafür, daß die Fruchtbarkeit der menschlichen Rasse abnimmt, besonders die Fruchtbarkeit der Männer, womöglich als Folge der Umweltverschmutzung. Obwohl wir bei unserem übervölkerten Planeten und der Bevölkerungsexplosion noch einen langen Weg zu gehen haben, bevor dies ein globales Problem wird, wird eine Zeit kommen, in der unsere Rasse endgültig aussterben wird. Viele Wissenschaftler glauben, daß wir dies durch Perfektionierung der bereits entwickelten Techniken der künstlichen Befruchtung überleben werden, bei denen Spendersamen und Ei-Implantation stattfinden. Vielleicht ist es das, was unsere Nachfahren tun, aber da sie völlig steril geworden sind, sind sie gezwungen, in ihre eigene Vergangenheit zurückzureisen, um genetisches Material zu sammeln.

Diese Theorie schließt auch die Beständigkeit ein, mit der Entführte darüber berichten, daß sie ›Warnungen‹ vor Umweltverschmutzung, Nuklearkatastrophen und der entsetzlichen Zukunft unseres Planeten bekommen haben. ›Sie‹ sind besorgt um uns, nicht weil sie eine fremde Spezies sind, die unseren Planeten kolonialisieren wollen, sondern weil sie unsere Zukunft sind und ihre Probleme das Ergebnis unserer Plünderung der Erde sind.

Es gibt andere Theorien darüber, warum die Außerirdischen ein Zuchtprogramm durchführen. Nick Pope, der Beamte aus dem Verteidigungsministerium, der das Buch ›Ungebetene Gäste‹ über das Thema Entführung geschrieben hat, stellt fest, daß jede Kreuzung, die gegen den Willen der Entführten erfolgt – oder zumindest ohne ihre Zustimmung – ›wahrscheinlich nicht zu unserem Wohle erfolgt‹. Er konzentriert sich auf die zahlreichen Beweise dafür, daß die Außerirdischen von unseren Emotionen fasziniert sind: daß sie selbst unfähig sind, Gefühle und emotionale Reaktionen zu verstehen und daß sie aus irgendeinem Grund diese studieren und vielleicht erleben wollen. Jason ist sich darüber im klaren. Er weiß, daß die Außerirdischen seine Gefühle ›teilen‹, etwa die Erregung und die Furcht, auf ungesatteltem Pferd zu reiten. Sie scheinen auch an Schmerz interessiert zu sein, aber da sie unfähig sind, den zu empfinden, könnte dies auch etwas sein, was sie untersuchen wollen. Aber beobachten sie uns einfach desinteressiert, als ein wissenschaftliches Projekt? Oder wollen sie die Gefühle, die wir haben, zu ihren Zwecken übernehmen, vielleicht um ihnen zu helfen, eine Kraft wiederzugewinnen, die sie einmal hatten?

Nick Pope schreibt: ›Haben sie all die unverfälschten, primitiven Emotionen verloren, die wir im Überfluß haben? Trotz all unserer Fehler besitzen wir eine Mischung aus Neugier und Entschlossenheit, die uns in wenigen tausend Jahren aus der Steinzeit ins Raumfahrtzeitalter geführt hat. Ist es das, was sie von uns wollen?‹

Er stellt auch die Hypothese auf, daß Hybridisierung nötig sein könnte, bevor die Invasion der Außerirdischen erfolgt, da sie vielleicht nicht lange in unserer Erdatmosphäre leben können und sie eine Rasse erschaffen müssen, die hier überleben kann. Eine ähnliche Theorie, wiewohl in spirituelleren Begriffen abgefaßt, vertritt Professor Mack. Einem der von ihm Untersuchten, ein Akupunkturtherapeut namens Peter, scheint Einblick in eine Zukunft gegeben worden zu sein, die auf eine gewaltige Apokalypse folgt, in der außerirdische, menschliche und hybride Rassen sich vermischen und ein neuer ›Stamm‹ geschaffen wird, zu dem Außerirdische und die Menschheit biologische und spirituelle Beiträge leisten.

Professor Mack schreibt: ›Daraus ist zu schließen, daß die Beziehung zwischen Außerirdischen und Menschen etwas weit Komplexeres ist als ein Programm zur Erzeugung von Hybriden. Es scheint ein zögernder, schwieriger Versuch seitens einer Intelligenz, von der wir sehr wenig wissen, zu sein, eine Fusion zweier Spezies zu schaffen, die das brauchen und sich nach dem sehnen, was jeder dem anderen zu bieten hat ... Um die Sache noch komplexer zu machen, gibt es in Peters Berichten und denen anderer Entführter Beweise dafür, daß wir und die außerirdischen Wesen den selben Ursprung haben oder davon abgespalten sind.‹

♦

Was bedeutet all dieses Theoretisieren für Ann, die nicht nur damit fertig werden muß, ein Baby verloren zu haben (und auch wenn sie das Kind nicht wollte, darf das hormonale Chaos, das durch eine neue Schwangerschaft und danach eine Fehlgeburt ausgelöst wurde, nicht unterschätzt werden), sondern sich jetzt auch mit der langsam dämmernden Erkenntnis konfrontiert sieht, daß der Fötus aus ihr entfernt wurde und irgendwie existiert? Mehr noch, wenn ihre Entführungserlebnisse dem Muster so vieler anderer folgen, steht ihr eine Begegnung mit ihrem eigenen Kind noch bevor, in einer außerirdischen Umgebung, und sie soll ein Band zu ihm knüpfen.

Sie ist noch nicht bereit, sich einer solchen Erfahrung zu stellen. Den Zeugnissen anderer Entführter ist zu entnehmen, daß ihr noch ein wenig Zeit gelassen werden wird – daß eine künftige Begegnung mit ihrem ›Baby‹ erst frühestens in zwei oder drei Jahren stattfinden wird, deshalb vielleicht, weil die Entführer genug über menschliche Emotionen wissen, um zu verstehen, daß sie Zeit braucht, nicht nur, um über den körperlichen Schock hinwegzukommen, sondern über den viel tiefer sitzenden Schock der Erkenntnis, daß sie Teil des Zuchtprogramms einer anderen Rasse ist.

Im Augenblick wird sie dadurch damit fertig, daß sie nicht an die ›Fehlgeburt‹ denkt und auch nicht an die Entführung in dieser Nacht. Wenn sie zurückdenkt, kann sie sich deutlich an den Schmerz erinnern, erinnert sich aber ebenso deutlich an die betäubende Wirkung, als sie in die Augen des ›Mannes‹ blickte, der die Operation an ihr durchführte. Sie erinnert sich an die Freundlichkeit und Sanftheit, die er ausstrahlte, und von dieser Erinnerung läßt sie sich trösten. Sie denkt nicht über das alltägliche Leben eines Kindes nach, sondern fühlt sich einfach dadurch getröstet, daß die Umgebung, in der es ›geboren‹ wurde, friedlich war.

Was Paul betrifft: Er ist viel besser als Ann dazu fähig, Dinge zu verdrängen und einfach mit dem alltäglichen Trott weiterzumachen. Sollte er je über das Baby nachdenken – ob es sein Kind oder ein Hybride war oder was aus ihm geworden ist – so spricht er darüber nie. Für Paul war der Schock, Ann so bluten zu sehen, genug, daß er einfach dankbar dafür ist, daß sie wieder wohlauf, stark und gesund ist.

Weder Daniel noch Jason erfuhren etwas von der Schwangerschaft ihrer Mutter oder der folgenden ›Fehlgeburt‹. Zu der Zeit waren sie beide zu jung, um das verstehen zu können. Aber Ann war später schockiert, als sie entdeckte, daß Jason zur Psychiaterin über ›das Baby, das niemals war‹, gesprochen hatte. Das war sechs Jahre nachdem sie das Baby verloren hatte, und sie fragt sich, ob Jason davon weiß, weil er seinen verlorenen Bruder oder seine Schwester ›gesehen‹ hat.

♦

So wie Ann vergrabene Erinnerungen an Entführungen wiederfindet, die ihr vor Jahren widerfahren sind, erinnert sich Ann zuweilen an ein Erlebnis, bald nachdem es geschehen ist (obwohl sie anders als Jason niemals aufwacht und ein vollständiges Bild der Ereignisse der Nacht hat). Tony Dodd hält eine Entführungserinnerung, die rasch erfolgt, für bedeutsam, da auch dies die Mitwirkung von jemandem einschließt, der menschlich zu sein scheint und den Außerirdischen ›hilft‹. Das verstärkt seine Überzeugung, daß Menschen gezüchtet oder gekreuzt und jetzt daran gewöhnt werden, in der

Welt der Außerirdischen zu leben (eine Überzeugung, die von anderen Experten geteilt wird).

Für Ann begann es mit einem so starken Gefühl von Vorahnung, daß sie den Drang verspürte, den sie unterdrückte, die Jungen von der Schule abzuholen, um sie in ›Sicherheit‹ zu bringen. Jason, der damals 13 war, teilte ihr Unbehagen. Er spürte, daß sich etwas näherte. An den vorangegangenen beiden Tagen war es zu einer Eskalation paranormaler Aktivitäten gekommen. Es hatte Geräusche im Obergeschoß gegeben, obwohl alle unten waren. Glühbirnen explodierten, Elektrogeräte schalteten sich ein und aus, und die Hunde waren unruhig und knurrten beim leisesten Geräusch.

Als Jason fragte, ob er in dieser Nacht im Schlafzimmer seiner Eltern schlafen könnte, waren Paul und Ann damit einverstanden. es war 3.45 Uhr morgens, als Ann erwachte, eine Zeit, zu der sie oft erwacht. Instinktiv schaute sie zu dem Feldbett, auf dem Jason schlief, und war beruhigt, daß sie den Umriß seiner schlafenden Gestalt sah. Als sie sich bewegte, spürte sie einen stechenden Schmerz in ihrem linken Unterarm und dem Handgelenk. Er war so heftig, daß sie zusammenzuckte. Sie weckte Paul. Er schaltete das Licht ein und untersuchte ihren Arm. Ihre Finger waren geschwollen und ließen sich nicht bewegen. Ihre Adern traten deutlich heraus. Die Haut an ihrer Hand und ihrem Arm war rot, und über ihre Schlagader am Handgelenk führte eine zweieinhalb Zentimeter lange Narbe. Ein großer roter Klumpen von etwa fünf Zentimeter Durchmesser befand sich zehn Zentimeter oberhalb ihres Handgelenks. Paul öffnete langsam ihre Finger. Sie hatte kein Gefühl darin. Als ihre Hand geöffnet war, konnten sie einen Fleck von getrocknetem Blut in der Handfläche sehen.

Paul wollte instinktiv einen Arzt rufen, aber Ann weigerte sich. Sie nahm ein paar Schmerztabletten und bat Paul, das Licht auszuschalten. Bei all dem schlief Jason weiter. Trotz des Schmerzmittels hatte Ann noch immer Schmerzen und konnte den Rest der Nacht nicht mehr schlafen, sowohl wegen des Schmerzes, aber auch wegen ihrer Angst, daß es, was immer geschehen sein mochte, wieder geschehen könnte.

Am nächsten Morgen blieb sie im Bett, und Paul weckte die Jungen und ließ sie sich für die Schule fertigmachen. Er sagte ihnen, daß ihre Mutter sich nicht wohl fühlte. Jason wirkte verärgert und beunruhigt. Er erzählte Paul, daß er in der Nacht ein Erlebnis gehabt habe, aber daß er sich eigenartigerweise nicht daran erinnern konnte, außer daß er wisse, daß es anders war. Auch er klagte über einen Schmerz in seinem rechten Unterarm, doch abgesehen von einer Hautrötung konnte Paul nichts sehen.

Ann, die noch immer Schmerzen hatte, begab sich mit einer Tasse Tee ins Wohnzimmer und schaltete den Fernseher ein. Das erste Bild auf dem Bildschirm war eine Werbung für Brillen. Als sie einen Blick darauf warf, wurde ihr kalt. Ein deutliches Bild ihres Erlebnisses begann sich zu entfalten. Sie erinnerte sich, langsam aufgewacht zu sein und Geräusche gehört zu haben, sehr laute Geräusche, als ob die verstärkt wären. Sie merkte, daß sie in einem Sessel saß, der nach hinten geneigt war, ähnlich einem Zahnarztstuhl. Zuerst glaubte sie, sie habe einen Unfall gehabt und sei in einem Krankenhaus, weil ein Krankenhausgeruch den Raum erfüllte, eine Mischung von Desinfektionmitteln, Antiseptica und Anästhetika. So zurückliegend konnte sie sehen, daß die Decke hoch war und sich daran Neonröhrenlampen befanden, die nicht eingeschaltet waren. Hoch oben in den Wänden waren Fenster, durch die Sonnenlicht hereinfiel. Sie konnte seine Wärme auf ihrem Gesicht spüren.

Dann konzentrierte sich ihre ganze Aufmerksamkeit auf den Schmerz in ihrem Arm. Ihr rechter Arm ruhte auf einer Lehne des Sessels, aber ihr linker war ausgestreckt, mit der Handfläche nach oben, auf einem Tisch, der neben dem Kippsessel stand. Als sie ihren Kopf nach links drehte, konnte sie einen Riemen sehen. mit dem ihr Arm oberhalb des Ellenbogens abgebunden war. Aus der Mitte ihres Armes, über dem Handgelenk, ragten fünf oder sechs silberfarbene Nadeln von etwa zehn Zentimeter Länge, die in Abständen von zweieinhalb Zentimeter darin steckten. Ein durchsichtiger Schlauch war in ihre Vene gesteckt worden, und durch ihn wurde Blut in einen durchsichtigen, geschlossenen Behälter auf dem Tisch gezogen.

Anns einziger Gedanke war, den Schmerz zu beenden. Sie griff mit ihrer rechten Hand hinüber und begann, die Nadeln nacheinander herauszuziehen und auf den Boden zu werfen. Plötzlich gab es viele Geräusche, Schritte, die auf sie zueilten. Sie wußte, ohne daß sie sie sah, daß ›sie‹ da waren. Sie drehte sich nicht um, weil sie sich jetzt darauf konzentrierte, den durchsichtigen Schlauch aus ihrem Arm zu entfernen. Sie war sicher, daß der Schlauch ihren Schmerz verursachte, aber es war schwer, ihn zu lösen. Nach einem Sekundenbruchteil, der viel länger zu dauern schien, bewegte er sich, und sie spürte einen stechenden Schmerz tief in ihrem Handgelenk. Der Schlauch kam heraus, und dabei spritzte Blut hoch. Sie hörte eine Stimme sagen, ›O nein, sie ist erwacht‹. Darauf folgten weitere Worte, die sie nicht verstehen konnte, aber sie hörte, daß der Tonfall ärgerlich war. Dann hörte sie eine Stimme sagen: ›Dafür wird sich jemand verantworten müssen.‹

Sie spürte, daß ihr der Schlauch aus der Hand gezogen wurde, und dann sah sie das Gesicht eines Mannes. Er trug eine Kapuze mit einem Durchziehband, die sich um sein Gesicht schloß, und eine Maske über Nase und Mund, aber er war dennoch eindeutig ein Mensch. Er trug eine dicke Brille mit schwarzem Rahmen, eine normale Brille, wie man sie täglich sieht, eine Brille genau wie die in der Fernsehwerbung.

Der Mann begann die blutige Bescherung, die sie verursacht hatte, aufzuwischen. Sie spürte, daß er verärgert war, weil sie ihn gesehen hatte, aber er sprach höflich mit ihr. Seine Stimme war tief und autoritär, und er redete sie mit ›Süße‹ an und hatte einen mittelatlantischen Akzent. Sie versuchte sich zu befreien und weinte und konzentrierte sich deshalb nicht auf seine Worte. Aber sie spürte tief in ihrem Arm ein intensives Gefühl von Kälte. Etwas stimmte nicht – der Mann geriet in Panik. Danach war ihre nächste Erinnerung, daß sie um 3.45 Uhr morgens in ihrem Bett aufwachte und den Schmerz in ihrem Arm hatte.

Während sie auf den Fernsehbildschirm starrte, folgte auf die harmlose Brillenwerbung irgendeine Show, und sie begann unkontrolliert zu weinen. Als sie sich beruhigt hatte, wählte sie Tony Dodds Nummer und freute sich, seine nüchterne Yorkshire-Stimme zu hören. Wie immer überzeugte Tony sie davon, daß ihr Erlebnis, wie erschreckend es auch gewesen war, denen vieler anderer Entführter ähnlich war. Entweder wurden Menschen gezüchtet, um mit den Außerirdischen zusammenzuarbeiten, oder es gab eine begrenzte Kooperation zwischen gewissen Regierungsabteilungen und ›ihnen‹. War der Mensch, dem sie begegnet war ein Diener der Außerirdischen, ein Ebenbürtiger, ein Führer? Tony Dodd sagte ihr, er wisse das nicht, aber er habe schon lange davon gewußt, daß ähnliche medizinische Tests an menschlichen Versuchskaninchen durchgeführt werden, bei denen Menschen und Außerirdische auf unerklärliche Weise zusammenarbeiten.

Ann wurde durch diese Erinnerung sehr erschüttert, zum Teil, weil sie sie so schnell wiederfand, nachdem es geschehen war, und zum Teil wegen der naheliegenden Sorge darüber, daß Menschen darin verwickelt waren. Seit jenem Tag wird sie jedes Mal unruhig, sobald sie jemand sieht, der eine Brille mit dickem, schwarzem Rahmen trägt.

11. KAPITEL
Fremde Körper

Als sollte es eine Bestätigung all dessen sein, was Ann ihm erzählt hatte, hatte Paul selbst ein sehr eigenartiges Erlebnis. Es war an einem späten Freitagabend. Er arbeitet als Taxifahrer, zwar auf eigene Rechnung, doch einem lokalen Taxiverband angeschlossen, und Freitag und Samstagabend sind die betriebsamsten Tage der Woche. Dann gehen Leute aus, um sich zu amüsieren und wollen zu oder von den Pubs und Restaurants in dieser reichen Gegend von Kent gebracht werden. Viele Fahrten sind vorbestellt, aber es gibt immer viele Bestellungen in letzter Minute, wenn die Nachtclubs und Pubs ihre Türen schließen. Es ist für Paul der lukrativste Teil der Woche und er arbeitet regelmäßig bis in die frühen Morgenstunden.

Da er nachts draußen ist, bedeutet dies, daß er von Zeit zu Zeit seltsame Lichter am Himmel gesehen hat. Mehrere Male hat er Ann über sein Mobiltelefon von unterwegs angerufen, um zu prüfen, ob zu Hause alles in Ordnung ist, wenn er strahlende und unerklärliche Lichter gesehen hat. Dies sind gewöhnlich die Nächte, in denen es elektrische Störungen im Hause gibt. Stromausfälle, verrückte Kanalwechsel des Fernsehers, gleichzeitiges Zerplatzen sämtlicher Glühbirnen. In einer Nacht, Sekunden nach einem Gespräch mit Paul, nachdem Ann den Hörer aufgelegt hatte, wurden die Hunde unruhig. Einer von ihnen begann zu heulen, ein anderer an der Tür zu knurren, als ob draußen Eindringlinge seien, und die vier Sittiche, die Ann hält, begannen unkontrolliert in ihrem Käfig zu flattern, kreischten wild und verstreuten überall Federn.

Bei einer anderen Gelegenheit hatte Paul zwei Fahrgäste im Wagen, als eine Reihe heller Formen über den Himmel zog. Das Licht war so blendend, daß er am Straßenrand hielt, und alle drei beobachteten es. Die Fahrgäste waren ebenso verblüfft wie er.

Doch an dem Freitag, der seiner Versöhnung mit Ann folgte, war nichts Seltsames am Nachthimmel. Paul hatte einen Fahrgast abgesetzt und hätte zurückfahren können, um weiterzuarbeiten, spürte aber statt dessen einen überwältigenden Drang, zur Farm zu fahren. Er besucht die Farm selten, wenn es dunkel ist, obwohl er gelegentlich, nachdem es mehrmals mutwillige Zerstörungen gab, dort überraschend vorbeischaute. An diesem Abend aber, kurz nach ein Uhr morgens, fühlte er sich gezwungen, dorthin zu fahren. Als er dort ankam, fiel ihm nichts Besonderes auf, doch er merkte bald, daß die Pferde eng beieinander standen. Sie waren unruhig und schliefen nicht. Selbst Prudence, das Hängebauchschwein, das seinen Schlaf mehr als alles andere außer Fressen liebt, war wach und trottete unruhig über den Hof. Auch die Hühner und Gänse waren wach, aber still. Alle Tiere waren still, was Paul seltsam erschien. Die Gänse sind ausgezeichnete ›Wachhunde‹, die laut schnattern, wenn sich jemand nähert.

Paul, der sich ein wenig unbehaglich fühlte, parkte den Wagen auf dem Weg und lehnte sich an das Tor. Plötzlich und ohne Warnung erhellte sich der Himmel. Ein eigenartiges rundes, sehr helles Objekt schien sich aus den dichten Wäldern hinter den Feldern der Farm zu lösen und stieg schnell senkrecht zum Himmel auf. Es schwebte für ein paar Minuten, schoß dann nach rechts und dann zurück nach links, glitt dann genau in die Mitte der Farm und blieb dort, wahrscheinlich für nur wenige Sekunden stehen. Aber Paul schien es Stunden zu dauern. Er schaute darauf, doch das Licht war in der Mitte des Kreises, der nach außen ein diffuses Glühen strahlte, so intensiv, daß es unmöglich war eine Form hinter dem Licht zu erkennen, die Quelle dieser Beleuchtung.

Der ganze Hof war deutlich von dem Objekt beleuchtet, das etwa zwanzig Meter über ihm unbeweglich schwebte. Die Tiere bewegten sich nicht länger unruhig, sondern standen stocksteif wie Statuen. Sie gaben kein Geräusch von sich, aber ein leises, gleichmäßiges Summen war zu hören. Paul war wie seine Pferde erstarrt, wie durch einen Zauber gebannt. Dann begann der gleißende Kreis wieder mit unglaublicher Geschwindigkeit nach oben zu schießen und schwand binnen weniger Sekunden zur Größe einer Sternschnuppe. Paul war in völlige Dunkelheit getaucht. Dann gewöhnten sich seine Augen langsam an das spärliche Mondlicht. Er konnte die Umrisse der Pferde ausmachen, die sich jetzt auf dem unteren Feld verteilten. Die Gänse schienen aus einer Trance zu erwachen und bemerkten ihn, watschelten auf das Tor zu, wobei sie wie üblich schnatterten.

Paul machte kehrt und ging zu dem Wagen zurück. Als er heimfuhr merkte er, daß eine Stunde vergangen war, während er auf der Farm gewesen war. Auch Ann war besorgt gewesen. Im ganzen Haus waren die Lichter erloschen, und selbst die Straßenlaternen draußen waren ausgegangen. Jason war aufgewacht und zu ihr nach unten gekommen. Er war aufgeregt, weil er spürte, daß eine Entführung bevorstand. Obwohl sie ihm angeboten hatte, in ihrem Schlafzimmer zu schlafen, war er schließlich in sein Zimmer zurückgekehrt, nachdem er Ann gesagt hatte, es sei egal, wohin er ging, weil sie ihn trotzdem finden würden.

Am nächsten Morgen hatte Jason keine Erinnerungen an eine Entführung, aber an seinem Bein waren zwei große, kellenförmige Male, als ob Fleisch von seinem Knochen weggestochen worden sei. Er war müde und schlecht gelaunt und sagte, er habe geträumt, er sei auf der Farm gewesen. Paul bemerkte, daß Lehm an seinen Füßen klebte und befahl ihm zu duschen. Als er seine Schlafanzugjacke auszog, bemerkte Paul etwas anderes – an Jasons Brust waren tiefe Kratzspuren, als ob er sich seinen Weg durch Unterholz gebahnt hätte. Wie üblich waren die Male am nächsten Tag verschwunden. Wieder bemerkte Ann den sonderbaren, sehr süßen Geruch im Auto. Die Batterien beider Autos, ihres und Pauls, waren leer – obwohl Paul noch Stunden zuvor mit seinem Wagen gefahren war.

♦

Nach einer besonders unruhigen, ruhelosen Nacht erwachte Ann und fühlte sich müder, als sie vorm Schlafengehen gewesen war. Sie sah krank aus. Sie war blaß, ihr Haar hing herab, sie hatte keinen Appetit und noch weniger Energie. Als sie sich zwang aufzustehen und die Beine aus dem Bett schwang, merkte sie, daß ihr linkes Knie schmerzte. Es war geschwollen und rot, und es machte ihr Mühe, es zu beugen. Paul bemerkte sofort, daß sie humpelte, aber sie lenkte seine Neugier ab, indem sie ihm erzählte, sie sei mit ihrem Knie gegen den Bettpfosten gestoßen. Sie wußte, daß in der Nacht etwas Seltsames geschehen war, aber bevor sie nicht wußte, was es war, wollte sie nicht mit Paul darüber sprechen.

Ann wußte, daß an diesem Schmerz etwas ungewöhnlich war. Die ganze Nacht, während sie sich im Bett drehte und herumwarf, hatte sie gespürt, daß ›sie‹ in der Nähe waren. Während sie den ganzen Vormittag humpelte, tröstete sie sich mit der Erinnerung daran, wie schnell Jasons unerklärliche Verletzungen heilten. Die kellenförmigen Male an seinem Bein zum Beispiel waren innerhalb von vier oder fünf Stunden verschwunden. Sie war sicher, daß das bei ihrem Knie auch so sein würde.

Doch der Schmerz hielt den ganzen Tag an. Nach dem Abendessen saß sie in der Küche und untersuchte ihr gschwollenes und verfärbtes Gelenk, als Jason hereinkam.

»Du wirst eine kleine Narbe in deiner Kniekehle finden, Mum«, erklärte er ganz sachlich. »Dort haben sie ein winziges Silikonstück eingesetzt. Weiß nicht wozu das ist, aber ich erinnere mich, wie sie meins eingesetzt haben. Sie sagten, mein Knie würde ein paar Tage lang schmerzen.«

Ann stand auf, nahm einen kleinen Spiegel vom Fensterbrett und brachte ihn mit Jasons Hilfe in eine Position, um ihre Kniekehle betrachten zu können. Sie konnte einen kleinen v-förmigen Einschnitt sehen. Sie brauchte nicht zu fragen, was das war. Sie wußte, daß Jason recht hatte. Und tatsächlich erwachte sie zwei Tage später, und die Schwellung war abgeklungen, die Rötung verschwunden und der Schmerz fort.

♦

Die Einsetzung von Implantaten in Entführte ist einer der umstrittensten Aspekte des Entführungsphänomens. Wie bei so vielen Forschern vor mir, war meine erste Reaktion, sie als ultimativen Beweis zu betrachten, als die ›Hardware‹, die benötigt wurde, damit die ›Software‹ der Erinnerungen betrieben werden kann. Die Abschnitte fehlender Zeit, die seltsamen elektrischen Störungen, die Lichter und andere Beweise konnten nicht in ein Laboratorium gebracht werden. Implantate, echte Stücke außerirdischer Technologie, würden sicher die Skeptiker überzeugen und auch aufgeschlossenen Wissenschaftlern etwas Konkretes geben, das sie untersuchen könnten. Sie würden, dachte ich, uns Zugang zur Technologie der Außerirdischen verschaffen.

Viele UFOlogen glauben (und es gibt einige substantielle Beweise, die das stützen), daß wir bereits in einer Welt des ›back-engineering‹ leben, daß außerirdische Fluggeräte (und vielleicht die Körper Außerirdischer) gefangengenommen wurden und Wissenschaftler sie untersucht haben, um die Geheimnisse ihrer fortgeschrittenen Technologie zu enthüllen und einige ihrer Entdeckungen bei der Entwicklung von Militärflugzeugen wie der Stealth und der Aurora nutzten, aber ebenso für andere bahnbrechende wissenschaftliche Erkenntnisse. Dies ist nicht der Ort, um dieses umfassende Thema zu vertiefen, aber wenn es möglich ist, die Makrotechnologie der Außerirdischen zu analysieren, ihre Fluggeräte, dann muß es sicher auch möglich sein, die Mikrotechnologie von Implantaten zu erforschen.

Viele Entführungsopfer sprechen vom Einsetzen von Implantaten in verschiedene Teile ihres Körpers, wobei Knie und die Nase die bevorzugten Stellen zu sein scheinen. Warum die Außerirdischen diese kleinen Geräte in Menschen, die sie entführen, einsetzen, kann nur vermutet werden. Manche glauben, es befähige sie, ihre Opfer zu verfolgen. Dies stimmt mit dem Beweis überein, daß sie wiederholt dieselben Menschen entführen, als ob es eine Kontinuität bei ihrem Studium unserer Rasse geben müsse. Ein anderer Grund könnte sein, daß diese winzigen, höchstentwickelten Geräte die Funktionsweise des menschlichen Körpers aufzeichnen und sie mit ständigen Informationen darüber versorgen. Wenn die Außerirdischen tatsächlich von unserer Fähigkeit, Emotionen zu empfinden, fasziniert sind, erlauben diese Implantate ihnen vielleicht, die körperlichen Auswirkungen wechselnder Emotionen zu verfolgen. Die übelste Erklärung, und die am wenigsten wahrscheinliche, ist die, daß sie die Implantate benutzen, um ihre Opfer zu steuern. Wenn sie es tun, steuern sie diese wohlwollend. Es mag einige Fälle von Opfern geben, die ›gerufen‹ werden, sich zu bestimmten Zeiten veranlaßt sehen, zu einem bestimmten Ort zu gehen, um eine Entführung zu erleichtern, doch selbst dies scheint unwahrscheinlich, da eine Entführung offensichtlich jederzeit und an jedem Ort stattfinden kann. Bisher zumindest gibt es keinen Beweis für die ›Kontrolle‹ durch Außerirdische, die Entführte dazu zwingen, sich gegen ihren menschlichen Willen untypisch und gemein zu verhalten. Wenn sie Opfer ihrem Willen beugen, scheint das durch eine spirituelle Erziehung zu erfolgen, nicht mit Gewalt.

Kommen wir zu den Implantaten an sich zurück. Was sind sie? Wie funktionieren sie? Woraus sind sie hergestellt? Ich dachte naiverweise, man müsse sie einfach nur aus den Entführungsopfern entfernen, und wir hätten, selbst wenn wir ihre genaue Funktionsweise nicht entschlüsseln könnten, zumindest etwas, an dem wir arbeiten könnten. Aber bisher hat es sich als fast unmöglich erwiesen, an einen Einsatz heranzukommen.

Warum? Eine der besten Erklärungen findet sich in einem Absatz von Professor Macks Buch, in dem er über die Entführungserlebnisse einer Frau namens Eva schreibt, die er eingehend interviewt hat und die drei Hypnosetherapie-Sitzungen gemacht hat. Eva ›wußte‹, daß sie ein Implantat in ihrem Kopf hat und dies seit ihrer Kindheit hatte. Nach ihren Rückführungssitzungen schrieb sie an Professor Mack:

›Implantate‹, schrieb sie, ›werden wahrscheinlich nicht den definitiven Beweis liefern, den Entführungsforscher suchen. Damit sie in unseren Körpern bleiben, müssen sie aus Substanzen bestehen, die von unseren Geweben nicht abgestoßen werden, d. h. sie müssen Elemente enthalten, mit denen wir auf Erden vertraut sind.‹

Professor Mack sagte weiter, es sei unwahrscheinlich, daß ein Phänomen von ›solcher Intelligenz, Subtilität und hochentwickelter Technik‹ ein Stück Technologie herumliegen lassen würde, das wir, die auf einer viel tieferen Bewußtseinsebene stehen, erforschen oder verstehen könnten.

Nicht alle UFO-Forscher teilen seine Meinung. Derrel Sims, Leiter der Sektion Entführungsforschung des Houston UFO Network in Texas, behauptet, eine Sammlung von 30 kleinen Objekten zu besitzen, die den Körpern von Entführten entnommen wurden. Die meisten von ihnen werden, wie er sagt, in Laboratorien überall in den Vereinigten Staaten wissenschaftlich analysiert. Er gibt nicht preis, um welche Laboratorien und welche Wissenschaftler es sich handelt – für Skeptiker Grund, seine Angaben anzuzweifeln, aber man muß fairerweise feststellen, daß die Wissenschaftler Anonymität verlangt haben wegen der spöttischen Reaktion ihrer Kollegen, sollten sie zugeben, an ›außerirdischem‹ Material zu arbeiten.

Sims hat sich mit einem kalifornischen Mediziner zusammengetan, Dr. Roger K. Leir, der einen pensionierten Chirurgen zur Hilfe heranzog, um drei Implantate bei zwei Entführten zu entfernen. Zwei aus dem Fuß einer Frau und eines aus der Hand eines Mannes. Der Mann behauptete, seine Kopfschmerzen hätten aufgehört, nachdem die kleine Scheibe mit einem Durchmesser von etwa sieben Millimeter aus seiner Hand entfernt worden war. Dr. Leir behauptet, es habe viele Anomalien in dem pathologischen Bericht über die Objekte gegeben, die im August 1995 entfernt wurden. Eine dieser Anomalien war die Entdeckung von

Nervenzellen in dem umgebenden Gewebe. Die Objekte steckten in Teilen des Körpers, wo das Gewebe normalerweise nur aus Fett und verbindendem Fasergewebe besteht. Das Vorhandensein von Nervenzellen läßt darauf schließen, daß die Implantate aus irgendeinem Grunde mit den Körpern der Entführten kommunizierten, und dies bestätigte sich, als die Frau bei Berührung des Implantats vor Schmerz zusammenzuckte, obwohl es sich nicht mehr in ihrem Körper befand.

Dr. Leir hatte mehrere unabhängige Zeugen geladen, als die Implantate entfernt wurden: einen Rechtsanwalt, einen Psychologen, zwei Autoren, einen Fotografen und einen Kameramann. Sie alle verbürgten sich, Augenzeugen der Entfernung der Objekte gewesen zu sein. Aber dies ist noch kein schlüssiger Beweis, weil nicht belegbar ist, daß die Objekte auf übernatürliche Weise implantiert worden sind.

Eva ist nicht die einzige von Professor Macks Entführten, die daran glauben, daß sie von den Außerirdischen gekennzeichnet worden sind. Ein Mann sagt, ihm sei das Gerät gezeigt worden und man habe ihm ›erzählt‹, es würde durch seinen Anus eingeführt werden. Er sagte auch, daß das Implantat bei folgenden Entführungen entfernt und ausgetauscht worden sei. Er schilderte anschaulich das Gefühl, ein Tier zu sein, das ein Halsband trägt, ein permanentes Mittel der Identifizierung und Kontrolle. Eine andere Frau erlebte unter Hypnose den Schmerz wieder, als ein Implantat seitlich in ihren Kopf und in den Nacken eingeführt wurde, eine ähnliche Position des Implantates, an dessen Einsetzung ein anderer Mann sich erinnert, damit ›es leichter ist, mir zu folgen‹.

Die britische UFO-Forscherin Jenny Randles untersuchte einen Fall in Adelaide, Australien, der einer der ersten Fälle war, bei denen es detaillierte Erinnerungen an ein Implantat gab. Ein zehnjähriges Mädchen wurde 1971 entführt und ein Objekt in ihr Gesicht eingepflanzt, das eine schmerzhafte Entzündung auslöste. Sie erzählte das ihrer Familie und einem örtlichen UFO-Forscher. Kurz darauf wurde bei einem routinemäßigen Röntgen der Zähne ein mysteriöser Gegenstand in ihrer Wange sichtbar. Daraufhin wurden weitere Röntgenaufnahmen gemacht, doch zu sehen war nichts. Das Mädchen glaubt, daß die Außerirdischen das Implantat entfernten, nachdem es bei der ersten Röntgenaufnahme entdeckt worden war. Es besteht immer die Möglichkeit, daß dieser Gegenstand ein Fehler oder Schatten auf der Röntgenplatte war, aber dies wurde für unwahrscheinlich gehalten. Jenny Randles hat die Platte tatsächlich gesehen und verweist darauf, daß das Opfer sich nicht nach dem Röntgen an die Implantation erinnerte, sondern davon vorher berichtet hatte.

Ein anderer Entführter, der berichtet, daß das Implantat entfernt wurde, als es untersucht werden sollte, ist Ed Walters, ein Architekt und Bauunternehmer aus Gulf Breeze, einer Kleinstadt in Florida. Er wurde 1988 in der UFO-Welt zu einer Berühmtheit, als er und viele andere Zeugen eine dramatische Reihe von Lichtern am Nachthimmel sah, die sechs Monate lang immer wieder auftauchten, was dazu führte, daß Hunderte von Enthusiasten in die Stadt einfielen. Walters, der auch behauptet, Entführungserlebnisse gehabt zu haben, glaubt, er habe jahrelang ein Implantat im Kopf gehabt, und daß die Außerirdischen dies entfernten, kurz bevor er in einem Krankenhaus von UFO-Forschern untersucht werden sollte.

Eine andere mögliche Erklärung dafür, warum Außerirdische Implantate benutzen, wurde von John Hodges gegeben, einem Kalifornier, der zweimal (soweit er sich erinnert) entführt wurde, einmal 1971 und dann wieder 1978. Er behauptet, die Außerirdischen hätten mit ihm darüber kommuniziert, warum sie Implantate einsetzen. Sie sollen dazu dienen, die psychischen Fähigkeiten der Menschen, die sie haben, zu steigern. Es gibt gewiß Beweise dafür, daß Entführte dazu neigen, verstärkte psychische Fähigkeiten zu haben. Jason Andrews kann gewisse Ereignisse vorhersagen. Sowohl er wie Ann haben sich unwohl gefühlt und gewannen wider ihren Willen kurze Einblicke auf bevorstehende Katastrophen. Sie beide sagten unabhängig voneinander im August 1997 einen Flugzeugabsturz voraus. Ann träumte von dem Absturz und konnte sogar einen Teil eines Namens lesen, der in dem Traum vorkam. Den Ort des Absturzes, wie sie glaubte. Das Wort begann mit GU. Sie erzählte Paul, daß es in Guinea einen Flugzeugabsturz geben würde. Am nächsten Tag stürzte eine Boeing 747 der Korean Air bei einem heftigen Gewittersturm in Guam ab. Dabei kamen 226 Menschen ums Leben. Es war das zweite Mal, daß Jason einen Flugzeugabsturz ›gesehen‹ hatte, nachdem er seiner Mutter von der Katastrophe der TWA Boeing erzählt hatte, bei der am 18. Juli 1996 230 Menschen ums Leben kamen. Er fand sich damit ab, daß es geschah und sagte Ann, daß nichts getan werden könne. Er sagte ihr auch, daß es eine Vertuschung seitens der amerikanischen Regierung geben werde. Das Flugzeug explodierte mitten in der Luft, 31 Minuten nach dem Start in New York.

Im heimischen Bereich hat Jason eine hochentwickelte Intuition bezüglich aller Tiere der Andrews. Ann hat dies immer auf das Zigeunererbe ihres Vaters zurückgeführt, und dies mag vieles erklären. Aber es gab ein besonders unglückliches Ereignis mit einem ihrer Pferde, das Jason vorhersah und das keine bloße Intuition war.

Es geschah am ersten Mai 1996. Neben den Pferden, die Paul und Ann auf der Farm hielten, hatten sie zwei weitere, die auf einem saftigen Feld weideten, das knapp fünfhundert Meter entfernt liegt. Das Feld gehört einem Ehepaar, das in einer wunderschönen Hopfendarre aus dem 19. Jahrhundert lebt, die der Ehemann, ein Bauunternehmer, umgebaut hat. Die junge Tochter des Ehepaares hat einen reinrassigen Wallach, Tully, der in einem Offenstall auf dem Feld gehalten wird. Damit Tully Gesellschaft bekam und um das Gras kurz zu halten, wollte die Mutter noch zwei weitere Pferde kaufen, aber als sie hörte, daß Ann und Paul zusätzliches Weideland brauchten, bot sie ihnen an, die beiden auf ihr Land zu stellen. Es war eine für beide Seiten befriedigende Vereinbarung und für alle drei Pferde eine Bereicherung.

Im Frühling 1996 waren beide Pferde der Andrews, Honey und Lady in Black, trächtig, und Honey fohlte am 1. Mai. Paul war ganz aufgeregt und erleichtert, als Honey fohlte und ein langbeiniges Fohlen zur Welt brachte, das sie The Rocket nannten. Obwohl schon andere seiner Pferde gefohlt hatten, war Paul in diese bei-

Paul führt Maverick, eines der Pferde der Andrews, über den 800 Meter langen Weg von der Farm zur Straße.Von diesem Weg aus entdeckte er zum ersten Mal die mysteriösen Männer, die die Farm beobachten. Sie standen in der Mitte des Feldes rechts im Bild.

Ann mit zwei der preisgekrönten Pyrenäen-Berghunde, Chissum und Hannah. Die Farm, auf der sich so viele unheimliche Dinge ereigneten, liegt im Hintergrund, hinter den Bäumen.

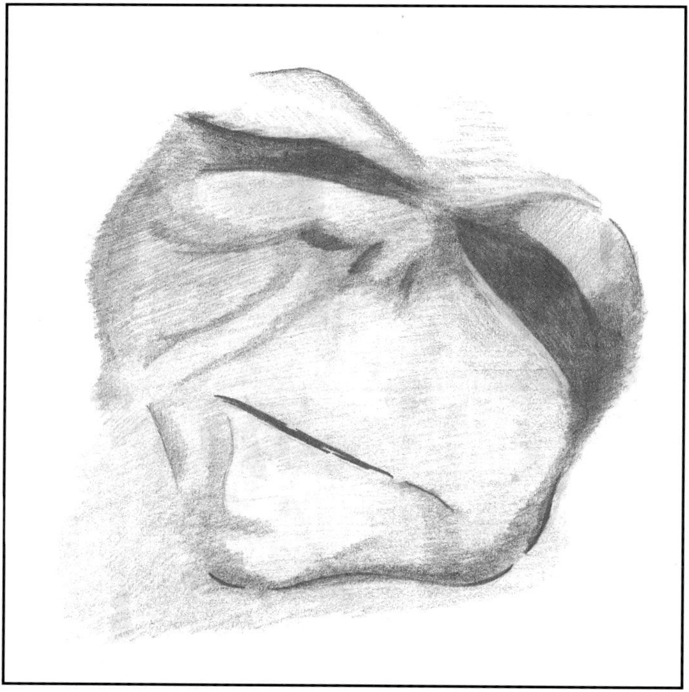

Das Bild des Außerirdischen, das Ann von dem Abdruck an der Fensterscheibe während des Wohnmobilurlaubs in All Hallows kopierte. Sie wurde nachts durch sonderbare Geräusche auf dem Dach und im Wohnzimmer geweckt.

Sweetbriar Cottage in Slade Green: Anns Traumhaus, in dem die sonderbaren und erschreckenden Ereignisse begannen.

Die dichten Wälder hinter der Hawksnest Farm, wo lauernde Beobachter gesehen und aus denen mysteriöse Geräusche gehört wurden.

Die vier bizarr verstümmelten Mäuse, an der Inenseite des Tors zur Farm aufgereiht - genauso, wie die Andrews sie fanden.

Der Hengst Cardi. Ann sah im Traum, wie er von seltsamen Männern auf einer Lichtung in den Wäldern nahe der Farm operiert wurde. Am folgenden Tag wurde Cardi in den Wäldern herumstreifend gefunden - wie er ausreißen konnte, war nicht feststellbar.

Anns Skizze von einem der kleinen Außerirdischen, die Jason regelmäßig entführen. Sie arbeiten in Gruppen zu sechst oder siebt unter Leitung einer größeren Gestalt. Ann hat diese Skizze der unirdischen Besucher, die nachts kommen, nach der Beschreibung ihres Sohnes angefertigt.

Daniel mit siebzehn. Er weiß, daß die Erlebnisse seines Bruders Wirklichkeit sind, und macht sich Sorgen um ihn.

Jason mit vierzehn. Seinem normalen Äußeren ist sein Kummer darüber, entführt zu werden, nicht anzumerken.

den besonders vernarrt. Er und Ann schauten zu, wie The Rocket begann, an seiner Mutter zu trinken, und dann ließen sie das Paar allein, damit die beiden sich aneinander gewöhnten.

Sie besuchten den Neuzugang jeden Tag. Vier Tage nach der Geburt von The Rocket, an einem Wochenende, konnte Ann Paul nicht dorthin begleiten. Pauls Mutter, Shirley, war bei ihnen, um den Korridor und das Treppenhaus zu tapezieren, und Ann war dazu auserkoren, ihr dabei zu helfen, obwohl sie Tapezieren haßte. Auch Paul half, verschwand aber für ein paar Stunden, um nach dem Fohlen zu sehen. Er kehrte zurück und war ganz begeistert darüber, wie sehr sein ›Baby‹ über Nacht gewachsen war.

In dieser Nacht legte Shirley sich auf dem Sofa im Wohnzimmer zum Schlafen hin, und der Rest der Familie ging oben ins Bett. Um halb vier morgens wurden sie durch einen Schrei aus Jasons Zimmer geweckt, und dann rief er nach Ann. Als sie sein Zimmer betrat, gefolgt von Paul, schlang er seine Arme um sie und schluchzte. Immer wieder wiederholte er »Sie wußten nicht, daß es unseres war«. Allmählich beruhigte Ann ihn, und er erzählte ihr, daß es keine weitere Entführung sei, sondern daß er ›wisse‹, daß Honey tot sei.

Shirley, die durch all diesen Lärm beunruhigt war, erkundigte sich vom Treppenfuß aus nach dem Grund dafür, wurde aber von Paul beruhigt, daß Jason nur einen Alptraum gehabt habe. Die Familie ging wieder zu Bett, und Jason ließ Ann widerwillig los. Als sie wieder in ihrem Schlafzimmer waren, fragte Ann Paul, was er davon hielte. »Ein böser Traum. Ich habe Honey erst vor ein paar Stunden gefüttert – ich hätte gemerkt, wenn etwas nicht in Ordnung ist«, sagte Paul schläfrig.

Das Läuten des Telefons weckte sie um sieben Uhr morgens. Laura Rutland schluchzte und konnte nur fünf zusammenhängende Worte murmeln. »Honey ist tot, bitte kommt.«

Als sie das Feld erreichten, bot sich ihnen der klägliche Anblick des Fohlens, das den Körper seiner Mutter anstieß. Sie näherten sich ihm und es wich zurück und wieherte verwirrt. Blind vor Tränen, sah Ann Honey nicht an. Paul untersuchte daraufhin Honey und erzählte ihr später, daß der Bauch der Stute explodiert zu sein schien.

Die folgenden Tage standen ganz im Schatten der Tragödie. The Rocker trank hungrig Säuglingsmilch aus einer Limonadenflasche, während über den lokalen Rundfunksender versucht wurde, eine Adoptivmutter für ihn zu finden. Schließlich fand die National Foal Bank eine Stute, die wie Honey ein Welsh Cob war und deren Fohlen eingegangen war. The Rocket wurde nach Surrey gebracht, wo ein Tierarzt das tote Fohlen häutete, die Ohren aber dabei intakt ließ, und das Fell über The Rocket legte. Die Stute, die wegen des Geruchs glaubte, es sei ihr eigenes Fohlen, ließ ihn saugen, und wenige Tage später wurde das Fell entfernt. Inzwischen roch das Fohlen so stark nach ihr und ihrer Milch, daß die Stute ihn annahm. Sechs Monate später holte Paul The Rocket, der jetzt ein kräftiger kleiner Bursche geworden war, ab und brachte ihn zurück auf die Farm.

In der Zwischenzeit war Honeys Kadaver fortgeschafft worden und der Tierarzt der Andrews nahm eine Autopsie vor. Durch Verzögerungen war es unglücklicherweise zu der Zeit, als sie durchgeführt wurde, unmöglich eindeutig festzustellen, was Honeys Tod verursacht hatte, aber der Tierarzt sagte, daß er glaube, es sei eine doppelte Darmverschlingung – etwas, was sehr selten vorkommt. Er fügte hinzu, daß ihr Bauch ein ›solches Durcheinander‹ war, daß es unmöglich wäre, die genaue Todesursache festzustellen.

Ironischerweise brachte genau drei Tage, nachdem für The Rocket eine Pflegemutter gefunden worden war, Lady in Black ihr erstes Fohlen zur Welt. Es war schwach und lebte nur vier Tage.

Jason weigerte sich, über Honey, das neue Fohlen oder seinen nächtlichen Ausbruch zu reden. Er sagte nur, daß ›sie‹ nicht gewußt hätten, daß sie ihm gehörte, weil sie nicht auf der Farm war.

♦

Jason hatte neben dem Implantat an seinem Knie auch eines in der Nase. Aus unerklärlichem Grunde (vielleicht einfach, weil sie so leicht zugänglich ist und sich nahe dem Gehirn befindet) ist die Nase ein bevorzugter Platz für Implantate. Zwei von Professor Macks Fällen enthüllten unter Hypnose, daß Implantate durch ihre Nasen in ihre Köpfe eingesetzt worden seien. Einer von ihnen führte seine anschließende Nebenhöhlenentzündung und andere Nasenprobleme auf den Implantationsvorgang zurück. In einem von Budd Hopkins berühmtesten amerikanischen Fällen wurde auch angenommen, daß Linda Napolitano (oft als Linda Cortile zitiert, das Pseudonym, das zunächst verwendet wurde, als Hopkins über ihren Fall schrieb) ein Implantat in ihrer Nase hatte, das bei einer Röntgenaufnahme zu sehen war, die auf Hopkins Anregung gemacht worden war. Das Implantat verschwand anschließend, nachdem sie, ihr Mann und ihre beiden Kinder eines morgens erwachten und alle unter heftigem Nasenbluten litten.

Nasenbluten ist ein verwirrendes Symptom, das oft bei Entführungsfällen beobachtet wird. Sowohl die Opfer selbst, als auch nahe Familienangehörige, die anwesend sind, ohne zu bemerken, daß eine Entführung stattgefunden hat, bekommen es (siehe 12. Kapitel). Dr. Richard Neal, ein Arzt, der einer der Gründer der Südkalifornischen UFO Research and Abductee Support Group ist, studiert das Thema seit den 60er Jahren und hat mit vielen Entführten gesprochen. Er schrieb:

›Die Nasenhöhle, Ohren, Augen und Genitalien scheinen die Körperbereiche zu sein, die für die Außerirdischen am interessantesten sind. Die Nabelregion ist es ebenso, aber nur bei Frauen. Viele Entführte haben geschildert, daß eine dünne Sonde mit einer winzigen Kugel am Ende in das Nasenloch eingeführt wird, gewöhnlich auf der rechten Seite. Sie können dabei ein ‹knirschendes› Geräusch hören, wenn der Knochen in diesem Bereich offensichtlich durchstoßen wird. Nach diesen Untersuchungen haben viele Nasenbluten … Es ist interessant festzustellen, daß viele der Personen, die eine Nasendurchbohrung hatten, jetzt unter chronischer Nebenhöhlenentzündung leiden.‹

Professor Mack bekam sogar ein Implantat, ein winziges Objekt, daß eine der Entführten aus ihrer Nase entfernt hatte, wie sie sagte. Bei einer Untersuchung zeigte sich, daß es aus einem Gewebe gefertigt war, das aus Karbon, Silikon, Sauerstoff und Spuren anderer Elemente bestand. Ein Universitätskollege von Professor Mack, ein Nuklearbiologe, sagte, es sei kein natürliches biologisches Gewebe, sondern könnte künstlich hergestellt worden sein. Professor Mack schloß daraus, daß es weder etwas bewies noch widerlegte.

Andere, die Objekte aus ihren Nasen entfernten, konnten sie nicht zur Analyse in ein Laboratorium geben, vor allem, weil viele von ihnen spontan verschwanden, bald nachdem sie entfernt worden waren – so wie es bei Jason der Fall war.

Er hatte sich mehrere Tage lang unwohl gefühlt und eine starke Erkältung gehabt. Er klagte, daß seine Nase schmerze, aber Ann führte das auf die normalen Probleme zurück, die jeder hat, wenn man ständig gezwungen ist, sich die Nase zu putzen. Doch nachdem die Erkältungssymptome verschwunden waren, klagte Jason noch immer über einen Schmerz oben in seiner Nase. Ann war überrascht. Jason verhielt sich bei Erkrankungen immer ruhig. Sie rieb eine antiseptische Salbe um die Nasenwurzel, aber er sagte ihr, während sie das tat, es würde nicht helfen, weil der Schmerz tiefer drinnen sei.

Am nächsten Morgen, beim Frühstück, nieste Jason laut, und dann begann seine Nase heftig zu bluten. Ann holte rasch Taschentücher, die sie Jason unter die Nase hielt. Die Tücher verfärbten sich schnell tiefrot, und binnen weniger Sekunden lag ein ganzer Haufen blutdurchtränkter Papiertaschentücher auf Jasons Schoß. Daniel beklagte sich, mitleidlos, wie ältere Brüder sind, daß Jason ihm das Frühstück verderbe. Er beschwerte sich sogar noch lauter – nannte Jason ›wirklich ekelhaft‹- als Jason begann, den blutigen Haufen von Taschentüchern zu durchsuchen, nachdem die Blutung aufgehört hatte.

Nach ein paar Augenblicken rief Jason aufgeregt aus: »Hier ist es. Ich habe es gefunden.« Ann, Paul und Daniel traten zu Jason, als der etwas aus den durchtränkten Tüchern nahm. Als Daniel fragte, was es sei, ließ Jason zur Antwort ein winziges Metallobjekt in die Hand seines Bruders fallen. Sie alle starrten darauf. Es war nicht größer als ein Stecknadelkopf. Jason betastete vorsichtig die Seite seiner Nase und verkündete, daß es sich viel besser anfühle und daß er richtig atmen könnte. Ann wickelte das winzige Objekt in ein sauberes Tuch, entleerte eine Streichholzschachtel und legte es hinein. Doch als sie eine Stunde später nachsah, war die Schachtel, abgesehen von dem Papier, leer. Das winzige glänzende Implantat war verschwunden, so wie es bei vielen anderen auch war. Ihre Erregung darüber, endlich einen ›richtigen‹ Beweis gefunden zu haben, verflog. Sie rief enttäuscht Tony Dodd an. Er reagierte wenig überrascht, da er schon vorher von verschwindenden Implantaten gehört hatte.

♦

In Jasons Geschichte finden sich zahlreiche Beispiele dafür, daß er Narben und Male an seinem Körper hat, die kommen und auf mysteriöse Weise wieder verschwinden. Die Krankenhausärzte waren verwirrt, als er unter dem Verdacht einer Blindarmentzündung eingeliefert wurde. Die Fachärzte in der lokalen Chirurgie haben die Male gesehen, ebenso die Kinderpsychiaterin. Ann und Paul haben sich so an die Zeichen gewöhnt, daß Außenstehende glauben könnten, sie seien gleichgültig. Eine tiefrote Wunde, die jede andere Mutter veranlassen würde, schnellstens mit ihrem Kind einen Chirurgen aufzusuchen, löst bei Ann nur ein Seufzen und ein Kopfschütteln aus. Die Narben schmerzen Jason gewöhnlich nicht, und sie verschwinden so schnell, daß Ann weiß, daß es reine Zeitvergeudung wäre, einen Arzt heranzuziehen.

Obwohl die Male gewöhnlich nicht schmerzen, scheint Jason sie immer an dem Morgen, nachdem sie auftauchen, zu bemerken. Manchmal klagt er, daß sie mit Schmerz verbunden seien, so wie eines Nachts im Juni 1996, als er mitten in der Nacht zu Ann und Paul ins Bett kam und wegen eines Schmerzes in seinem rechten Knöchel in Tränen aufgelöst war. Am Morgen war dort ein kleines, tiefrotes Mal, das mehr wie ein Muttermal aussah als eine Narbe. Ann nahm an, es würde verschwinden, doch es blieb fast eine Woche. Als Jason ohnehin ins Krankenhaus gebracht werden mußte – er war von einer Schlange gebissen worden, als er auf der Farm im hohen Gras gespielt hatte – zeigte Ann das Mal dem Arzt, der aber hartnäckig erklärte, es müsse schon immer dagewesen sein. Als Ann einwarf, daß sie es gesehen haben würde, sah der Arzt sie kalt an. Ann zuckte die Schultern. Ihr war klar, daß eine Diskussion vergeblich war. Am folgenden Tage war das Mal verschwunden, und Ann war versucht, mit Jason nochmals zu dem Arzt zu gehen, der so kategorisch erklärt hatte, es sei ein dauerhaftes Mal.

Neben solchen entmutigenden Erlebnissen leidet Jason zuweilen unter unerklärlichen Verletzungen, die sogar seine Eltern, die durch Erfahrung ja vieles gewöhnt sind, veranlassen, einen Arzt heranzuziehen. Eines Nachts, als Ann und Paul zu Bett gingen, stellten sie fest, daß Jason nicht in seinem Zimmer war. Daran waren sie gewöhnt und konnten inzwischen sogar schlafen, obwohl sie wußten, daß er fort war. Morgens war er immer wieder da. So auch diesmal. Doch in diesem Fall wurde Ann ungewöhnlicherweise durch sein lautes Schluchzen geweckt.

Sie eilte in sein Zimmer, doch Daniel war bereits vor ihr dort. Sie gingen beide zu Jason, der weinend auf dem Bauch lag.

»Meine Beine. Meine Beine schmerzen«, schluchzte er.

Ann zog das Deckbett zurück und sah, daß die Beine ihres Sohnes von den Knöcheln bis hoch zu den Waden knallrot waren. Es sah aus, als seien sie verbrannt und als ob die Verbrennungen Blasen bildeten. Sie rief Paul und bat ihn, den Arzt zu verständigen. Daniel schickte sie nach unten, um den Verbandskasten zu holen. Sie kramte in dem Kasten, bis sie die antiseptische Salbe gefunden hatte. Sie bestrich damit schnell und gründlich Jasons Beine. Er schluchzte noch immer.

Paul erklärte, daß der Arzt kommen würde, sobald er seine Visiten beendet hatte und daß Jasons Beine in der Zwischenzeit unbedeckt bleiben sollten. Mit Mühe halfen Ann und Daniel Jason auf und nach unten. Sie warteten auf den Arzt.

Es dauerte fast vier Stunden, bis er eintraf. Inzwischen waren Jasons Beine fast völlig verheilt. Der Arzt murmelte etwas von Zeitvergeudung, und Ann und Paul fühlten sich schuldig, weil sie ihn behelligt hatten. Wieder wurde ihnen bewußt, daß das, womit sie konfrontiert wurden, die normale medizinische Erfahrung eines Hausarztes überstieg.

Bei einer anderen Gelegenheit war Jason auf dem Sommerfest seiner Schule. Er und eine Gruppe seiner Kameraden tobten herum, und Jason rutschte an einem Baumstamm herunter, wobei er sich seine Hand an der rauhen Rinde aufschlitzte. Er wurde zum Erste-Hilfe-Posten der St. John Ambulance gebracht, wo ein besorgter Mann fünf sterile ›Schmetterlings‹-Pflaster auf die Wunde klebte und Jason sagte, er müsse vielleicht ins Krankenhaus gehen, um die Wunde nähen zu lassen, falls sie nicht verheilen sollte. Der Mann verband die Wunde und wickelte dann eine weiße Bandage darum.

Daheim fand sich Ann resigniert damit ab, daß sie wahrscheinlich am nächsten Tag eine Fahrt von 30 Kilometern zum Krankenhaus machen müsse. Doch als Paul in Jasons Zimmer kam, um ihn zu wecken, fand er die Bandage und den Verband sauber gefaltet auf dem Nachttisch. Er rief Ann, die vermutete, daß Jason sie nachts abgenommen hatte, weil sie zu straff saßen.

»Nein, es ist mehr als das«, sagte Paul. Er schob seine Hand unter das Deckbett und zog Jasons Arm hervor. Während Jason noch immer schlief, betrachteten seine Eltern eingehend seine Hand. Es gab keine Spur von einem Schnitt, einer Narbe oder irgendeinen Beweis für den Unfall vom Vortage.

Kurz nach Weihnachten 1996 erwachte Jason eines Morgens, als das Wetter draußen unter dem Gefrierpunkt war. Sein Bettzeug war zurückgeschlagen. Er war heiß, und seine Haut war rot, so als ob er sich gesonnt hätte und zu lange in der Sonne geblieben wäre. Dafür gab es keine Erklärung, und am Ende des Tages war Jason wieder abgekühlt, und seine Haut hatte wieder ihre normale Winterblässe.

Das Auftauchen von unerklärlichen Narben, Verletzungen und Malen ist bei vielen Entführungsfällen typisch, und nicht nur Jason hatte Verbrennungen, bei denen Blasen zu sehen sind. Als drei Frauen 1980 nahe der Stadt Huffman, Texas, eine unheimliche Begegnung mit einem diamantförmigen Objekt hatten, das in Baumhöhe vor ihnen schwebte, litten sie alle unter seltsamen physischen Symptomen, einschließlich Blasen und Brandwunden. Im letzten Jahr hatte eine Frau in Manchester, die mit ihren beiden Kindern spazierenging, ein ›Fehlzeit‹-Erlebnis. Nachdem sie ein strahlend leuchtendes, halbmondförmiges UFO gesehen hatte, fehlten ihr anderthalb Stunden. Am folgenden Tag war die Haut um ihre Augen mit Blasen bedeckt, als ob sie einen starken Sonnenbrand hätte. Unter Hypnose erinnerte sie sich an die ganze Entführung, bei der die Außerirdischen ihr mit einem starken Licht ins Gesicht geleuchtet hatten.

In den Annalen der UFO-Forschung gibt es Hunderte von Beispielen für unerklärliche Narben, die bei Entführten auftauchen. Gewöhnlich sind das gerade Narben, als ob ein Schnitt mit einem Skalpell gemacht worden sei, oder Einkerbungen im Fleisch, als ob Gewebe herausgeschabt worden sei. Budd Hopkins, der Pionier der Therapiearbeit mit Entführten, erkannte bald, daß diese Narben ein gemeinsamer Nenner in den meisten Fällen von ständiger Entführung ist. Das Opfer hat keine Erinnerung an eine bewußte Verletzung. Als er Professor Mack, der anfänglich skeptisch war, von diesen Fällen berichtete, notierte Mack:

›Diese Erlebnisse ... hinterließen regelmäßig physische Spuren an den Körpern der Personen, so wie Schnitte und kleine Geschwüre, die schnell abheilten und dabei keinem erkennbaren psychodynamisch identifizierbarem Muster folgten, wie es beispielsweise bei religiösen Stigmata der Fall ist.‹

Unter den Fällen von Professor Mack ist der eines jungen Mannes, der kleine insektenstichähnliche Pickel hinter seinem Ohr entdeckte. Er erinnerte sich, daß die Außerirdischen ihn dort mit einem Laserstrahl beschossen hatten. Die Pickel heilten schneller als Insektenstiche und waren symmetrisch angeordnet. Mack hörte auch von einem anderen Mann, der nach einer Entführung eine mehrere Zentimeter tiefe Schnittwunde an seinem Bein hatte, doch die verschwand praktisch binnen vierundzwanzig Stunden.

Es kann einfach daran liegen, daß die Außerirdischen eine Technologie haben, die der unseren so weit überlegen ist, daß sie bemerkenswerte Heilungsverfahren perfektioniert haben. Aber in diesem Fall ist es überraschend, daß die Male sich überhaupt manifestieren. Auch wenn es dem Entführten keinen körperlichen Nutzen bringt, schnell auftauchende und wieder verschwindende Narben zu haben, sah eine Frau, die eine Reihe seltsamer Verletzungen und Schnitte erlitt, in etwas so Fühlbarem einen psychologischen Vorteil. Die Male an ihrem Körper bedeuten, daß sie sich vergewissern kann, daß das Geschehene real ist, daß es kein Produkt ihrer Phantasie war und daß sie nicht verrückt wird. Die Narben sind am nächsten Morgen da, sie sind das Testament ihres eigenen Fleisches – vielleicht kein ausreichender Beweis für eine ungläubige Welt, doch genug, um ihr und ihrer Familie vor Augen zu führen, daß etwas sehr Bedeutsames stattgefunden hat.

Für die Familie Andrews erfüllten Jasons Narben und Male den gleichen Zweck, besonders dadurch, daß sie Paul überzeugten, als es begann.

♦

Die Narben und Male an Jasons Körper sind nicht der einzige ›konkrete‹ Beweis, daß mit ihm nachts seltsame Dinge geschehen. Bei einer Gelegenheit ging Ann zu Jason, um ihn für die Schule zu wecken. Die Vorhänge in seinem Zimmer waren noch zugezogen, und vom Treppenabsatz fiel nur spärliches Licht ins Zimmer. Sie blinzelte entsetzt, als sie merkte, daß sein ganzes Kissen sich zu bewegen schien und schaltete eilig das Licht an und schlug das Deckbett zurück. Sie sah, daß Hunderte von Marienkäfern in seinem Bett waren. Einige stiegen auf, flogen im Zimmer herum und verfingen sich in Anns Gesicht und Haar, so daß sie um Hilfe schrie. Jason erwachte, als Paul und Daniel zu ihrer Rettung hereingestürmt kamen, und schien unbeeindruckt, ja sogar erfreut, als er sah, daß seine Beine und sein Körper von so vielen rotflügeligen Käfern bedeckt waren. Paul und Ann brauchten eine halbe Stunde, um das Bettzeug am Fenster auszuschütteln und die Käfer auf dem Teppich und an den Vorhängen aufzusaugen, um sich von der Invasion der Marienkäfer zu befreien.

Die einzige Erklärung, die Maria Ward hatte, als Ann sie anrief, war die, daß Jason offensichtlich überstürzt von einer Entführung zurückgebracht worden war, und daß er vielleicht einem Insektenzuchtprogramm zugeschaut hatte, als er formlos in sein Bett zurückversetzt worden war. Die ganze Ladung von ›Proben‹ war zufällig mit ihm geliefert worden.

Ann war dankbar dafür, daß es Marienkäfer waren und keine anderen Insekten.

12. KAPITEL
Maria und James

Seine Erfahrungen mit anderen zu teilen, mit Menschen zu sprechen, die ihm glauben und ihn ernst nehmen, hat sich als größte Hilfe für Jason erwiesen. Mehr als alles andere hat es ihm geholfen, mit dem zurechtzukommen, was ihm widerfährt, mit den ständigen Entführungen, die ihm wahrscheinlich für den Rest seines Lebens bevorstehen.

Tony Dodd war die erste und wichtigste Kontaktperson, die die Familie Andrews hatte. Doch nach Tony kamen zwei andere wichtige Personen, die Hilfe und Unterstützung brachten: Maria Ward und James Basil. Ein Kollege von Tony brachte die Familie Andrews mit Maria zusammen, einer Entführten, die in Dartford wohnt, keine halbe Stunde Fahrtzeit entfernt. Maria, eine attraktive Frau in den Dreißigern, ist verheiratet und hat einen Sohn. Sie konnte bereits mit ihren Erlebnissen umgehen, die in vielerlei Hinsicht ein Spiegel derer von Jason und Ann sind. Sie weiß, wie schwer es sein kann, mit einer Entführung konfrontiert zu werden und offen darüber zu sprechen. Deshalb war sie immer bereit, anderen zu helfen, vor allem Jüngeren wie Jason.

Sie hat im Laufe der Jahre 35 Entführte beraten, gewöhnlich in vielen Sitzungen.

»Die meisten von ihnen kommen recht spät in ihrem Leben zu mir, wenn es in ihrer zweiten oder dritten Ehe Probleme gibt oder sie keine dauerhaften Beziehungen aufbauen können. Sie versuchen mit Altlasten fertig zu werden, mit dem, was ihnen widerfahren ist. Rein äußerlich mögen sie ein erfolgreiches Leben geführt haben, aber sie sind ängstlich und furchtsam, und sie brauchen Hilfe, um sich ihren Erlebnissen stellen zu können.«

»Jungen Menschen begegne ich gewöhnlich nur, wenn sie Eltern wie Ann und Paul haben, die sie unterstützen. Sie sind ungewöhnlich. Es dauerte ein wenig, doch als sie entdeckten, was mit Jason geschah, glaubten sie ihm, und sie setzten alles daran, Hilfe für ihn zu finden. So viele Kinder erleben es, daß ihre Probleme einfach als ›Träume‹ abgetan werden.«

Maria hat wie Ann Zigeunerblut in den Adern. Marias Vater, ein ungarischer Zigeuner, kam als junger Mann nach England und ließ sich in Kent mit ihrer Mutter nieder, die englische, schottische und irische Vorfahren hat. Maria ist die dritte von vier Töchtern, und wie Ann lernte sie beim Heranwachsen viel von ihrem Vater über die natürliche Folklore. Während ihrer Kindheit sah sie immer kleine, braune Humanoiden, die sie ›Schmutzzwerge‹ nannte, und später Elfen. Sie sah auch intensiv leuchtende Kugeln in den Wäldern nahe dem Elternhaus, und als kleines Kind wurde sie mitten in der Nacht oft draußen im Garten gefunden, obwohl alle Haustüren verschlossen waren. Manchmal spürte sie, daß jemand in dem Zimmer war, das sie mit ihrer jüngeren Schwester teilte. Sie nahm an, es sei ihre Mutter, stellte am nächsten Tag aber fest, daß ihre Mutter nicht dort gewesen war. Einmal begleitete ihre Schwester Lulu sie, als sie in den Garten gebracht wurde, und sie beide sahen mehrere große Schleiereulen auf dem Ast eines Baumes sitzen. Sie waren nicht überrascht, weil sie oft Eulen in diesem Baum sahen. Bei anderen Gelegenheiten wußte Maria, daß sie in der Nacht irgendwo hingehen würde, weil sie ein seltsames Klingen in den Ohren hatte, und obwohl sie sich nie an die Einzelheiten erinnerte, beschrieb sie das ihren Eltern als ›in den Mond gehen‹.

Ihr Vater und ihre Schwestern akzeptierten ihre Erlebnisse. Ihre Mutter hingegen weniger. Sie glaubte, das Haus sei von bösen Geistern erfüllt. Es gab viele Poltergeistaktivitäten in der Familie. Objekte wurden durch Räume geworfen, Türen zugeschlagen, und seltsame Gerüche erfüllten die Luft. Niemand wurde verletzt, und Maria nahm an, es sei normal – bis sie auf die Schule kam. Auf ihrer Klosterschule stellte sie bald fest, daß es nicht gut war über Elfen und Geister zu sprechen, und so unterdrückte sie es instinktiv, sie zu erwähnen.

In ihrer Jugendzeit hatte sie Nasenbluten, so schlimm, daß schließlich beschlossen wurde, sie in ein Krankenhaus zu bringen, um einige der Gefäße in ihrer Nase kauterisieren zu lassen. Nachdem diese Entscheidung gefällt worden war, hörte das Nasenbluten auf, und die Operation war unnötig. Im nachhinein betrachtet scheint es wahrscheinlich, daß das Implantat, welches das Nasenbluten verursachte, entfernt wurde, bevor es entdeckt werden konnte – so wie es in vielen anderen, gut dokumentierten Entführungsfällen der Fall war.

Als sie 19 war, wurde ihr Sohn Andras nach einer schweren Schwangerschaft geboren. Maria hatte immer Menstruationsprobleme, hatte unregelmäßige, heftige und sehr schmerzhafte Perioden, war aber nichtsdestoweniger schockiert, als ihr gesagt wurde, sie könne keine weiteren Kinder bekommen. Ihr Schock wandelte sich in Bestürzung, als ihr gesagt wurde, daß eine frühere Operation Verwachsungen in ihrer Gebärmutter hinterlassen habe, ein häufiger medizinischer Grund für Fehlgeburten und Empfängnis. Verwachsungen sind Gewebewucherungen, die sich überall im Körper bilden können, gewöhnlich bei alten Operationsnarben. Gefährlich sind sie nur, wenn sie sich nahe einem wichtigen Organ wie der Gebärmutter bilden, die durch das verdickte Gewebe völlig verschlossen werden kann. Maria war über die Diagnose erstaunt, weil sie noch nie eine gynäkologische Operation gehabt hatte. Die Ärzte konnten ihr auch eine kleine Narbe nahe ihrem Nabel zeigen, durch die, wie sie sagten, eine Endoskopie durchgeführt wurde, eine Schlüssellochoperation, mit deren Hilfe man die inneren Organe untersuchen kann. Die Mediziner sahen sie ungläubig an, als sie sagte, sie wisse von einer solchen Operation nichts.

Trotz der Probleme bei der Geburt, waren die Jahre, nachdem Andras geboren worden war, für Maria friedlich und glücklich. Einige Male wurde er seltsamerweise, wie Jason, außerhalb seiner Wiege gefunden. Manchmal spielte er mit einem Ball, als ob jemand in dem Zimmer sei, der ihn ihm zuwarf. Als er ein wenig älter war, erzählte er seiner Mutter von einer Dame, die in sein Zimmer käme, und von Zeit zu Zeit fand Maria ihn irritierenderweise in der Luft über seinem Bett schweben.

Doch erst als er neun oder zehn Jahre alt war, begannen ihre eigenen Erlebnisse wieder. Dann gab es Vorfälle, bei denen sie Zeitlücken hatte. Einmal erwachte sie nackt auf dem Boden liegend. Ihre Kleidung lag ordentlich gefaltet neben ihr. Ihre letzte Erinnerung war, daß sie sich am vorherigen Abend von Freunden verabschiedet hatte.

Wie so viele andere Entführte sah sie ein anderes Mal eine Kugel strahlendweißen Lichtes durch eine Wand und in ihr Zimmer kommen. Sie folgte ihr widerwillig und wurde durch die Außenwände des Hauses und aufwärts gezogen, hoch über die Bäume hinaus, bis sie merkte, daß sie auf festem Boden stand. Vor ihr waren drei kleine braune Kreaturen, die genauso aussahen wie die Schmutzzwerge bei den Begegnungen in ihrer Kindheit. Sie führten sie durch Korridore und einen Vorraum in einen kuppelförmigen Raum, in dessen Mitte ein fester Tisch stand. Eine größere, strahlend weiße Kreatur gesellte sich zu den anderen und kommunizierte telepathisch mit ihr, ärgerte sie damit, daß sie unaufgefordert in ihre Gedanken eindrang.

Daraufhin wurden zahlreiche medizinische Prozeduren durchgeführt. Sie wurde mit einem Stab gestoßen, an dessen Spitze sich ein hellgrünes Licht befand, einer ihrer Fingernägel wurde abgeschnitten, ein Instrument wurde in ihren Finger gesteckt und ein scannerähnlicher Apparat auf sie herabgelassen, der ihren Körper in ein bläuliches Licht tauchte. Einmal wurde eine dünne Faser mit einem Licht an einem Ende in ihren Hals eingeführt, was bei ihr unerträglichen

Schmerz auslöste. Als sie zusammenzuckte, berührte eines der Wesen ihre Stirn, und der Schmerz verschwand. Sie schienen auch etwas aus ihrem Bauch durch ihren Nabel zu entfernen.

Dann wurde sie für eine Weile alleingelassen. Schließlich, als eine der Kreaturen hereinkam, erlebte sie eine ganze Reihe von Emotionen – sie hatte dabei das sichere Gefühl, daß sie absichtlich in ihr ausgelöst wurden. Anschließend wurde ihr eine ganze Reihe mentaler Bilder ›gezeigt‹, die mit einem endeten, in dem zu sehen war, wie die Erde explodierte.

In den frühen Morgenstunden wurde sie nach Hause zurückgebracht. Als sie am nächsten Tag erwachte, hatte sie Blutergüsse an den Stellen, wo sie mit dem Stab mit der grünen Spitze gestoßen worden war. Sie hatte Blut unter der Nase, als ob sie Nasenbluten gehabt hätte, und ihre Füße waren schmutzig. An ihrem Hinterkopf fehlte ein Büschel Haare.

Die genauen Erinnerungen an diese Entführung, die 1990 geschah, kamen Maria in den folgenden Monaten wieder. Ein Auslöser dafür war ein modriger Geruch, ähnlich wie verrottendes Laub. Ihr wurde bewußt, daß sie ihn die ganze Zeit wahrgenommen hatte, als sie bei den Kreaturen war.

Maria hatte eine Sitzung unter Hypnosetherapie gemacht, die ihr helfen sollte, sich an die Ereignisse zu erinnern, die seit ihrer Kindheit geschehen sind, beschloß dann aber (genau wie Ann), daß sie sich auch ohne irgendeine Hilfe von außen und ohne gefragt zu werden hinreichend erinnerte. Seit diesem Erlebnis hatte sie mehrere wichtige andere, konnte sich bisher aber nur an Bruchstücke erinnern.

Marias Theorien über Entführung werden später in diesem Buch untersucht werden (siehe 16. Kapitel). Eine Schlußfolgerung, zu der sie gelangt ist, ist die, daß es wichtig ist, darüber zu sprechen und andere zu unterstützen, die ähnliche Erlebnisse durchmachen.

»Ich wußte, daß Jason die Wahrheit sagte, sobald ich ihn sah. Als Ann mich anrief, erzählte sie mir Dinge über ihn, die alle Kennzeichen von Begegnungserlebnissen hatten. Aber ich sagte ihr, sie solle mir keine Einzelheiten der Zwischenfälle schildern. Ich wollte das von Jason selbst hören. Oft sehen wir unwissentlich die Erlebnisse anderer Menschen aus unserem eigenen Blickwinkel, und ich wollte sicher sein, daß ich sie von ihm hörte, mit seinen eigenen Worten.«

Als Jason zum ersten Mal mit Maria zusammenkam, waren auch Ann und Paul dabei. Paul war wie gewöhnlich mißtrauisch. Schließlich hatte er schon bei der Psychiaterin Vorbehalte gehabt und glaubte, daß seine Befürchtungen bestätigt worden seien. Er wußte, daß Maria ebenfalls eine Entführte war und erkannte an, daß Tony Dodd der Familie die größte Hilfe gegeben hatte, die sie bekommen konnte, aber er war sich unsicher, ob er zulassen sollte, daß sie Jason beriet. Ann, die wie immer optimistisch war, hatte mit Maria telefoniert und spürte, daß sie ihrem Sohn helfen können würde.

Maria hatte, auf ihre Ankunft vorbereitet, den Teekessel aufgesetzt, und als sie die drei in ihr gemütliches Haus bat, fühlten sich alle sofort wohl. Jason hatte keine Hemmungen, ihr von seinen Entführungen zu erzählen, und bei späteren Treffen sollte Ann feststellen, daß auch sie offen mit ihr reden konnte. Paul war zu seiner großen Überraschung davon eingenommen, wie ruhig und fast sachlich Maria akzeptierte, was sie von Jason hörte, und schließlich vertraute auch er ihr völlig. Er fühlte sich in ihrer Gesellschaft so entspannt, daß er oft auf ihrem Sofa einschlief, wenn sie mit Jason und Ann sprach. Maria glaubt, daß dies nicht allein daran lag, weil er müde war, sondern weil seine Rolle als der stabile Nicht-Entführte in der Familie bedeutet, daß es besser für sie alle ist, wenn er sich nicht so einbeziehen läßt wie Ann, obwohl er eine große Hilfe ist.

»Paul ist ein großer, sachlicher Mann, aber dahinter steckt eine einfühlsame Seele, und das gibt Jason gewaltige Kraft«, sagt sie. »Paul ruht in sich selbst, und das wird sich auf Jason übertragen. Ann war Jasons größte Kraft, weil sie intuitiv und sensibel ist und weil sie jetzt erkannt hat, daß sie viele der Dinge, die ihm widerfahren, selbst erlebt hat. Zwischen ihr und Jason besteht ein sehr inniges Band. Aber wir sollten Pauls Bedeutung nicht unterschätzen.«

Die Therapiesitzungen mit Maria waren für Jason eine enorme Hilfe. Sie reduzierten nicht die Anzahl der Entführungen, die er erlebte, aber sie halfen ihm, sie anzuerkennen und zu akzeptieren. Und für Ann bedeutete es, daß es neben Tony Dodd eine weitere wichtige Rettungsleine gab.

Jason war Maria gegenüber erst scheu, aber sie gewann dadurch Zugang zu ihm, daß sie ihm von ihren eigenen ›verrückten Träumen‹ erzählte. Dann bat sie ihn, ihr von seinen Träumen zu erzählen.

»Einiges von dem, was er mir erzählte, waren Träume, aber andere Dinge waren Entführungen, die er so beschrieb, als ob es Träume seien. Wer hätte ihm das zum Vorwurf machen sollen? Jahrelang hatte man ihm erzählt, es seien Träume. Als ich ihn fragte, ob er Angst habe, sagte er, er habe keine, aber er konnte mir nicht sagen, was er fühlte. Also sagte ich ihm, was er meiner Meinung nach fühlte.«

Maria glaubt, daß Jason sich wie die meisten Entführten verlegen und beschämt fühlt, weil er nicht mehr solche Angst wie früher, sondern eher ein ›Gefühl von Liebe und Zärtlichkeit für die Erlebnisse hat‹. Als sie das andeutete, begann er zu weinen, weil er erkannte, wie wahr ihre Worte waren.

»Er meinte, er müsse sie hassen, dagegen ankämpfen, Angst davor haben. Aber obwohl er all diese Gefühle hatte, war da auch ein anderes: Das Gefühl, es zu mögen.«

Jason erzählte Maria, wie er mir später berichtete, daß er den Außerirdischen die Tatsache übelnimmt, daß sie ›mich nicht erst um Erlaubnis gebeten haben‹. Maria glaubt, daß es dieses Gefühl, wider seinen Willen weggebracht zu werden, ein Opfer zu sein, war, das seine Verhaltensprobleme an der Schule auslöste. Er wurde einmal der Rabaukenhaftigkeit bezichtigt. Sie glaubt, daß dies seine natürliche Reaktion darauf war, daß er selbst ›tyrannisiert‹ wurde. Nachdem sie ihm dies erklärt hatte, verstand er es, und es gab weniger Unruhe an der Schule.

Sie vermittelte ihm auch Strategien, um mit seinen Erlebnissen umgehen zu können.

»Er glaubte, er habe keine Kontrolle darüber, deshalb schlug ich ihm Dinge vor, die ihm erlaubten, in gewissem Maße die Kontrolle wiederzugewinnen. Ich sagte ihm, er solle einen sprachgesteuerten Kassettenrecorder aufstellen, wenn er schlafenging, so daß er sich darauf konzentrieren könnte, das Erlebnis aufzuzeichnen. Ich kenne all die Probleme, die mit der Verwendung von Elektrogeräten verbunden sind, aber ich meinte, daß die tatsächliche Aufnahme weniger wichtig sei, als daß Jason einfach etwas zu tun hatte. Aus demselben Grunde sagte ich ihm, er solle zählen, wenn er bei einem solchen Erlebnis bei Bewußtsein war – an Zahlen zu denken, würde ihm erlauben, sich zu konzentrieren.«

Eine andere Idee, die sie ihm weitergab, war, ein Punktmuster auf seinen Schenkel zu zeichnen. Dies, sagt sie, hat Entführer in anderen Fällen verwirrt.

»Sie kamen zurück, und die Punkte waren miteinander verbunden oder entfernt worden. Die Nacht, in der Jasons Beine verbrannt waren, war, wie er mir erzählte, eine der Nächte, als er vergessen hatte, die Punkte auf sein Bein zu zeichnen.«

Neben praktischen strategischen Vorschlägen ermutigte Maria Jason, telepathische Verbindung mit seinen Entführern aufzunehmen. Mit anderen Worten, ihn nicht nur einfach zuzuhören, sondern ihnen umgekehrt seine Gefühle über das zu vermitteln, was sie taten. Obwohl diese Zweiwegkommunikation noch in den Kinderschuhen steckt, hat auch sie Jason etwas gegeben, worauf er sich während einer Entführung konzentrieren kann.

»Jason braucht nicht mehr wie anfangs eine tägliche Beratung, weil er jetzt versteht, was geschieht und weil er bemerkenswert hilfreiche Eltern hat«, sagte Maria. »Es tut mir leid für ihn, daß er erst durch die Mangel gehen, sich Psychiatern anvertrauen mußte. So viele junge Entführte werden zu Psychiatern geschickt, zu Verhaltenspsychologen und anderen sogenannten Fachleuten. Sie werden Epilepsietests unterzogen, und viele Heranwachsende werden als schizophren oder manisch depressiv diagnostiziert. Es ist sehr bedauerlich für sie, weil sie, wenn ihnen am Ende niemand glaubt, ihren Geisteszustand selbst in Frage stellen.«

Jason genoß seine Besuche bei Maria und die Telefongespräche mit ihr. Auch Ann fand in Maria eine große Hilfe, als sie begann, ihre eigenen Erinnerungen wiederzugewinnen. Auf der Rückfahrt von einem Besuch bei Maria hatten Ann und Jason eines Abends ein seltsames – aber nicht erschreckendes – Erlebnis. Es war eine dunkle, kalte Nacht, und die schmalen Straßen Kents waren fast verlassen. Jason, der vorne auf dem Beifahrersitz saß, zupfte plötzlich an Anns Ärmel und deutete wortlos auf einen großen Lichtkreis links von dem Auto, der sich parallel neben ihnen bewegte, als hielte er mit ihnen Schritt. Ann wollte den Wagen anhalten, aber Jason drängte sie weiterzufahren. Der ›Stern‹ folgte ihnen um jede Ecke und Biegung des Weges. Etwa eine Meile von ihrem Haus entfernt rief Jason Ann zu, sie solle wieder darauf schauen. Sie hielt am Straßenrand an und beobachtete, wie er sich in zwei Teile spaltete und sich ein wundervoller, vielfarbiger Lichtregen daraus ergoß. Das kleinere Stück, ebenfalls ein perfekter Lichtkreis, schoß auf das Auto zu, schwebte nur wenige Meter davor erntfernt und schoß dann senkrecht in die Luft.

Als das Licht sich dem Wagen näherte, ging der Motor aus. (Es gibt viele Beispiele für mechanisches und elektrisches Versagen, wenn UFOs zu sehen sind.)

Nachdem es verschwunden war, ließ Ann den Motor wieder an und fuhr weiter. Der Haupt-›Stern‹ hielt in gewisser Entfernung noch immer Schritt mit ihnen. Der kleinere Stern schoß unregelmäßig über den dunklen Himmel, kehrte immer wieder zu seiner Basis zurück und verschmolz für wenige Sekunden mit der größeren Lichtkugel. Als Ann und Jason zu Hause ankamen, waren sie überrascht, Paul und Daniel draußen im Garten zu sehen, die die Lichter am Himmel beobachteten. Später stellten sie fest, daß sie nicht die einzigen gewesen waren, die das seltsame Schauspiel in der Luft gesehen hatten. Der lokale Fernsehsender und die Lokalzeitung waren mit Anrufen von Leuten, die es gesehen hatten, förmlich überschwemmt worden.

♦

Abgesehen von der Beratung und Unterstützung, die Maria Ward Jason und seinen Eltern gab, erfüllte sie noch eine weitere wichtige Aufgabe. Sie brachte Jason mit James Basil zusammen. James ist ebenfalls ein Entführter und ist, noch wichtiger, altersmäßig Jason näher als Maria oder Tony. Er und Jason haben eine Beziehung zueinander, können freier miteinander reden und sich gegenseitig führen, weil sie ähnliche Erlebnisse gehabt haben. James ist vier Jahre älter als Jason. Seine Entführungserinnerungen reichen in die Zeit zurück, als er fünf Jahre alt war. Doch wie Jason begriff er erst viele Jahre später, was sie bedeuteten. Für James kam der Durchbruch 1994, als er 15 Jahre alt war.

Ich reiste nach Bristol, um James in seinem Elternhaus zu besuchen, wo er mit seinen Eltern und zwei jüngeren Schwestern wohnt. Er ist Schüler und arbeitet schwer, um die Lücken zu füllen, die entstanden, als er feststellte, daß er ein Entführter war und seine Energien und Gefühle darauf konzentrierte, mit der Gewaltigkeit dieser Erkenntnis fertig zu werden.

Er ist ein freundlicher, scheuer junger Mann, der wie die meisten Entführten viel dafür geben würde, nie von den Außerirdischen ausgewählt worden zu sein. Wie Jason, Ann, Maria und so viele andere Entführte hat er darum gerungen, damit fertig zu werden, hat jetzt aber sein Leben entsprechend darauf eingestellt. Es hat für ihn schwere Zeiten gegeben, als seine Schulkameraden ihn beschimpften, doch dadurch hat er eine Kraft gewonnen, die ihm im Leben zustatten kommen wird.

Wie Jason hat James nur bruchstückhafte Erinnerungen an die Begegnungen in seiner Kindheit. Seine erste ist, daß er erwachte und merkte, daß er aufrecht im Bett saß. Unter seiner Decke war ein Klumpen, der sich bewegte. Zuerst schien es, als ob dort vielleicht eine Katze oder ein anderes kleines Tier gefangen sei, aber seine Eltern hatten keine Haustiere. Dann tauchte die Kreatur unter dem Bettzeug auf. Es war ein kleiner Humanoid, etwa einen Meter groß mit einem großen runden Kopf und großen, mandelförmigen Augen, ähnlich denen einer Katze. Die Nase war flach und die Kreatur war von einer graublauen Farbe. Sie stand am Ende des Bettes und sah James an. Doch irgendwie spürte er, daß sie durch ihn hindurchsah, an ihm vorbeischaute. Er rief nach seiner Mutter, und als die aus ihrem Schlafzimmer kam und über den Treppenabsatz eilte, stieg die Kreatur geräuschlos in die Luft hoch und ließ sich auf dem Kleiderschrank nieder.

Als seine Mutter in das Zimmer kam, sagte sie, da sei nichts. Sie tröstete James, bis er wieder eingeschlafen war. Am folgenden Tag bemerkte sie bei James zwei kleine Narben, eine an seinem rechten Schienbein und die andere an seinem Bauch. Als sie ihn fragte, wer sie verursacht habe, sagte er ›Der Kobold‹. Später kletterte James hoch und holte eine Schachtel herunter, die oben auf dem Kleiderschrank stand. In dem Staub waren deutlich zwei Fußabdrücke zu sehen, jeweils ein kleiner Fuß mit drei Zehen. Er zeigte sie einem Freund, einem anderen kleinen Jungen, der etwa im gleichen Alter war, und dann zeigte er sie seiner Mutter. Sie warf die Schachtel weg und sagte den Jungen, es sei ein Igel. Später sagte sie, es könne eine Maus gewesen sein. Obwohl James noch klein gewesen war, erinnert er sich deutlich an den modrigen Geruch von feuchtem Laub, den er in der Nacht bemerkt hatte, als der außerirdische Besucher in seinem Zimmer gewesen war, und er kann sich deutlich an das erinnern, was er sah. Der Geruch ist interessanterweise dem Geruch sehr ähnlich, an den Maria Ward sich erinnert.

Kurz nach dieser Begebenheit zog die Familie um in das Haus, in dem sie jetzt wohnt, und James erinnert sich, instinktiv Angst vor dem Zimmer gehabt zu haben, das danach sein Schlafzimmer wurde und aus dem er glaubt, viele Male entführt worden zu sein.

Eine ständig wiederkehrende Erinnerung ist ein typisches Entführungsszenario: James erwacht und merkt, daß er rücklings auf einer flachen, kalten Oberfläche liegt, die, wie er glaubt, ein großer dunkelgrauer oder brauner Metalltisch ist. Er versucht, hinunter zu gelangen, doch seine Beine sind zu kurz, um den

Boden zu erreichen. Am Ende springt er hinunter und versucht fortzulaufen. Doch er befindet sich in einem runden Raum und kann den Weg hinaus nicht finden.

Ein anderes Mal erwacht er auf dem Tisch und sieht fünf Kreaturen mit großen Köpfen, vier an der Seite und eine am Kopf des Tisches. Sie bedecken sein Gesicht mit einem Plastiktuch, und er hat schreckliche Angst, zu ersticken. Er versucht zu sprechen, sagt ihnen, sie sollen mit dem aufhören, was sie tun wollen, oder er würde es seiner Mum sagen. Als er Jahre später mit seiner Familie darüber sprach, gab eine seiner Tanten zu, daß auch sie Gestalten in ihrem Schlafzimmer gesehen habe und manchmal auf dem harten Tisch erwacht sei.

In einer anderen immer wiederkehrenden Erinnerung werden er und eine Gruppe anderer Kinder von einer außerirdischen Kreatur durch einen weißen Tunnel geführt. Die Kreatur, die James' Hand hält, ist ungefähr so groß wie die, die er in seinem Schlafzimmer sah, aber ihre Haut ist orangegelb, sie hat schwarze Augen, eine winzige Nase und einen Schlitz als Mund. Sie scheint mit ihm telepathisch zu kommunizieren.

Mit den anderen Kindern wird er in einen Raum gebracht, in dem menschliche Gestalten und Außerirdische in der Luft schweben, auf die gleiche Weise, wie der erste Außerirdische durch sein Zimmer auf den Kleiderschrank schwebte. Die menschlichen Gestalten scheinen die Hand- und Beinbewegungen der Außerirdischen, die blasser als der sind, der James hält, nachzuahmen. Er spürt deutlich, daß die Menschen dieses Erlebnis genießen, und es wird ihm kurz erlaubt, sich zu ihnen zu gesellen, bevor er durch den Tunnel zurückgeführt wird.

Seine Mutter glaubte, daß diese Ereignisse Träume seien. James wußte wie Jason, daß dies nicht so war, aber er glaubte, wie kleine Kinder es nun einmal tun, daß seine Erlebnisse normal seien, daß jeder sie hätte, und deshalb ließ er sich trösten.

Später, inzwischen 13 Jahre alt, erinnert er sich, im Bett aufgewacht zu sein, sich umgedreht und seine Hand auf eine andere Hand gelegt zu haben, die an seinem Bettrand war. Sie fühlte sich kalt an. Sein erster Gedanke war, daß es ein Einbrecher sei, aber dann tauchte plötzlich ein Gedanke in seinem Kopf auf, als werde er eingepflanzt. ›Wenn du ihn nicht störst, wacht er nicht auf.‹ Auf eine Art, die er nicht verstehen konnte, wußte er, daß die Kreatur schlief. Sekunden später war auch Jason wieder eingeschlafen. Am nächsten Morgen erinnerte er sich an mehr. Dieses Mal waren zwei außerirdische Kreaturen mit großen weißen Köpfen dagewesen, und er wußte instinktiv, daß die eine männlich und die andere weiblich war. Sie schwebten mit ihm über den Treppenabsatz. Durch das Fenster konnte er ein UFO sehen, an dessen Unterseite sich ein Ring von Lichtern befand. Er wurde an Bord gebracht, hat aber keine Erinnerung an das, was dort geschah. Dann war er wieder in seinem Schlafzimmer, und die beiden Kreaturen waren bei ihm. Eine von ihnen sagte ihm, er solle schlafen, und das tat er sofort.

Im Juni 1993, als er 14 war, lag James in seinem Bett und hörte um Mitternacht Radio. Da bemerkte er ein Licht an der Decke und am Fenster, einen Lichtstreifen, der sich über den Raum bewegte. Er fiel aus dem Badezimmerfenster, von der anderen Seite des Treppenabsatzes, in sein Zimmer. Er beobachtete es für ein paar Minuten, bis es verschwand. Fünfzehn Minuten später tauchte eine runde Lichtkugel auf, die am Fenster aufstieg. Sie war außen weiß, innen orange und hatte eine schwarzweiße Mitte. In dem orangefarbenen Teil waren viele kleine runde Formen, die James als ›ähnlich wie Blutkörperchen‹ beschrieb.

Sie war weiter weg als der Lichtstreifen und schien am Ende des Hintergartens, gut dreißig Meter vom Haus entfernt zu schweben. Sie verschwand und tauchte dann wieder auf, schien nach rechts aus dem Blickfeld zu springen. James erinnert sich an mehr nicht bis zum nächsten Morgen, als er feststellte, daß das Mädchen von nebenan etwas Ähnliches gesehen hatte. Es schwebte über dem Garten, bis es über die Hecke in das dahinterliegende Feld ›hüpfte‹. Binnen einer oder zweier Wochen wurden in Lokalnachrichten Unmengen von Berichten aus der Umgebung von Bristol gebracht, denen zufolge seltsame Lichtkugeln über der Stadt gewesen waren. Den ganzen Monat über gab es Sichtungen.

Im folgenden Winter erlebte James das, was er als ›Haupterinnerung‹ bezeichnet. Er war im Badezimmer, von dessen Fenster aus man auf den Garten und die dahinterliegenden Felder blickt, als er bemerkte, daß drei Objekte auf dem Feld landeten. Es schienen kleine Raumfahrzeuge mit gelben Fenstern und roten Lichtern obenauf zu sein. Während er sie beobachtete, kam ihm der Gedanke, daß er nicht der einzige Beobachter sei, daß in aller Welt andere Menschen ähnliche Dinge beobachteten.

Die drei Objekte schienen etwa fünfzehn Meter hinter den Bäumen am Ende des Gartens zu sein, und James konnte sehen, daß sich in dem mittleren Gefährt eine Kreatur befand, die eifrig mit etwas beschäftigt war. Sie hatte ihren Kopf von James abgewandt. Sie drehte sich um, und James hoffte inbrünstig, er würde nicht entdeckt werden. Doch im Bruchteil einer Sekunde wandten sich die Köpfe dreier Außerirdischer ihm zu, einer aus jedem Gefährt. Er glaubt, sie konnten ›mich in meinem Kopf reden hören‹. Er kommunizierte telepathisch mit dem Mittleren, und ihm wurde gesagt, daß er zuviel gesehen hätte. In kürzerer Zeit, als man für ein Fingerschnippen braucht, wurde er auf das Feld gebracht. Das Gesicht eines Außerirdischen war nur Zentimeter von seinem entfernt. Er fühlte sich schlecht, benommen, und sein Gesichtsfeld wurde verschwommen. Als er in die Augen der Kreatur starrte, sah er einen Wirbel von Farben. Dann wurde er ohnmächtig.

Als er wieder zu sich kam, standen die drei Kreaturen vor ihm. Die in der Mitte war etwa einsfünfzig groß. Die anderen waren etwa dreißig Zentimeter kleiner. Die in der Mitte hatte eine gelborangefarbene Haut, eine kleine Nase mit winzigen Nasenlöchern, schwarze Augen mit erkennbaren Pupillen und einem Schlitz als Mund, aber kaum menschlichen Lippen. Er ähnelte dem sehr, der ihn in den Tunnel geführt hatte, wie er sich erinnerte. Die kleineren hatten purpurrote Haut, glänzende und hart aussehende, flache Köpfe und waren viel weniger humanoid. Der größere kommunizierte mit James, während die anderen an ihm vorbeizusehen schienen, statt ihn anzusehen.

Während der größere James ansprach, schoß ein blauer Lichtstrahl aus ihm, der sich mit James' Brust verband. Ein weiterer Strahl des gleichen Lichts schoß von dem Außerirdischen zum Himmel hoch, wo er eine gigantische Projektionsfläche bildete. Darauf erschien eine Reihe von Diagrammen und mathematischen Formeln, die James nicht verstand. Doch diese Bilder wichen der Vision einer wundervollen Stadt inmitten einer Wüste. Gebäude hoben sich in goldenem Sonnenlicht aus dem Sand. Während er zuschaute, explodierte die Stadt, von der er irgendwie wußte, daß sie die Welt darstellte.

James fragte die Kreatur, wie er sich an all dies erinnern würde. Die Antwort war: »Du wirst dich erinnern, wenn du es wissen mußt.«

Er spürte, daß die beiden kleineren Außerirdischen nervös und ungeduldig wurden, und der mittlere sagte mit einer tiefen, hallenden Stimme, die nur in James Gehirn zu hören war, daß er nicht viel länger brauchen würde. Der Lichtstrahl erlosch. James, der von den Bildern bewegt war, die er gesehen hatte, bat die Außerirdischen, ihn nicht zu verlassen. Der Große sagte zu ihm: »Hab keine Angst, wir werden bald wiederkommen.« Er erzählte James, daß sie vom Himmel gekommen seien.

Darauf kehrte jeder zu seinem Gefährt zurück, das im Dunkel verborgen gewesen war. Die Lichter gingen wieder an, gedämpfter als zuvor, doch hell genug, um die Gestalten darin zu beleuchten. Die drei Raumschiffe stiegen sieben Meter hoch in die Luft. Ihre Konturen schwanden allmählich, bis sie völlig transparent waren und James sie nicht mehr sehen konnte.

Die Erinnerung an dieses Ereignis kam mehrere Monate später wieder, obwohl er fast auf die Woche genau wußte, wann es geschehen war. Nachdem diese Erinnerung wieder da war, hatte James weitere, die sich wie auf dem Bildschirm am Himmel abspielten. Erst als er ein Exemplar des UFO-Magazins sah, daß von Quest International herausgegeben wird, fand er jemand, mit dem er Kontakt aufnehmen konnte. Wieder war es Tony Dodd, Jasons Erretter, der James helfen konnte, was da geschah. Und wieder konnte Tony dem erschreckten und verwirrten Teenager versichern, daß er nicht allein war. Wie ihm telepathisch mitgeteilt worden war, gibt es in der Tat Hunderte von Menschen in aller Welt, die ähnliche Erfahrungen gemacht haben.

»Es war eine große Erleichterung zu wissen, daß ich nicht verrückt wurde, und daß da jemand war, mit dem ich sprechen konnte und der mir glaubte«, sagte James und brachte damit zum Ausdruck, was auch Jason und Ann Andrews fanden.

James wurde mit Maria zusammengebracht, und schließlich sorgte sie dafür, daß Jason Kontakt zu ihm aufnahm. Die beiden Jungen sprachen erstmals Mitte 1996 miteinander. Seitdem stehen sie in ständigem Telefonkontakt. James kann Jason einen großen Trost bieten. Seit 1995 ist er nicht mehr entführt worden, und seit 1996 kann er schlafen, wenn das Licht in seinem Schlafzimmer ausgeschaltet ist. Nach seiner letzten Entführung erhielt er eine telepathische Nachricht, in der ihm mitgeteilt wurde: ›Du mußt lernen, eine Weile allein zu leben.‹ Er weiß, daß dies so ausgelegt werden könnte, daß er eines Tages vielleicht wieder entführt wird, aber für eine Weile hat er Luft, um sich auf seine Arbeit für die Schule zu konzentrieren. Tief innerlich ist James aber zuversichtlich, daß seine Begegnungen mit Außerirdischen für immer vorbei sind.

Seine späteren Entführungen nahmen eine fast mystische Dimension an, da die Außerirdischen mit ihm über die Zukunft der Menschheit kommunizierten. Das erfolgte auf die gleiche Weise, wie es bei den Klienten von Professor Mack und bei Tony Dodd der Fall war. James sah auch weitere seltsame Lichter und erlebte eine klassische Episode von ›Fehlzeit‹.

James betrachtet den Kontakt mit Jason als für beide Seiten förderlich, und er freut sich darüber, daß er dem jüngeren Jungen helfen konnte. Zuweilen schien es, als seien sie telepathisch miteinander verbunden. James wollte Jason anrufen, und dann klingelte das Telefon und Jason war am Apparat.

»Ich habe Jason sofort geglaubt – er erzählte mir Dinge, die nur ein Entführter wissen konnte. Er ruft mich an, wenn er aufgeregt ist, wenn etwas gerade passiert ist oder wenn er spürt, daß etwas geschehen wird. Er scheint ewig reden zu wollen, als ob sie das in Schach halten würde«, sagt James.

Die beiden Jungen haben nicht nur die Entführungserfahrung gemeinsam, sie tauschen sich auch über die Reaktionen von Menschen ihnen gegenüber aus. Beide haben darunter gelitten, auf der Schule verspottet zu werden, beide sind in psychiatrische Behandlung geschickt worden, weil sie an herkömmlichen Maßstäben gemessen gestört zu sein schienen, und beide hatten den Unterricht gestört (James hatte monatelang der Schule fernbleiben müssen, weil er terrorisiert wurde.

Jason, ein Junge, der schwerer unterzukriegen war, hatte nicht so sehr darunter gelitten, aber seine Leistungen hatten zweifellos stark nachgelassen, weil er an den Tagen nach Entführungen müde und unglücklich gewesen war.)

James glaubt, daß es letztlich eine gute Erfahrung war, entführt worden zu sein, und das hat ihm einen gewissen Vorsprung gegenüber anderen gegeben, weil er mehr als die meisten seiner Altersgenossen versteht. Wie bei Jason hat es in seinem Elternhaus andere paranormale Aktivitäten gegeben, wie etwa, daß der Strom verrückt spielte. James kann keine Armbanduhr tragen, da sie einfach wenige Stunden, nachdem er sie umgebunden hat, stehenbleibt. Wie bei Jason scheinen die Erlebnisse erblich zu sein. Seine Großmutter hatte zwölf Kinder, von denen die Hälfte unerklärliche Objekte am Himmel gesehen und andere paranormale Erlebnisse gehabt hat. Eine Tante ist wahrscheinlich auch eine Entführte.

♦

Es gab eine weitere unerwartete Quelle der Unterstützung für Jason. Auf Maria Wards Vorschlag hin nahmen Ann und Paul ihren Mut zusammen und erzählten anderen Mitgliedern ihrer Familie, was ihr Sohn erlitt. Maria erklärte, daß die Menschen, die Jason nahe standen, informiert sein sollten, damit er mit ihnen frei heraus über das reden konnte, was er durchmachte. Aber sie warnte sie und sagte, daß es ungewöhnlich wäre, wenn alle Familienmitglieder Jasons Geschichte als wahr hinnehmen würden. Ann und Paul sollten, so schlug Maria vor, ihren Verwandten erzählen, daß es wichtig sei, Jason zuzuhören und ihn nicht zu verspotten, egal, was sie selbst glaubten. Es sei unter anderem darum so belastend, ein Entführter zu sein, erklärte sie, weil man ständig seine Gefühle und Erlebnisse unterdrücken müsse, aus Angst, verlacht zu werden. Wenn Jason dies in seinem engsten Familienkreis nicht tun müßte, wäre dies von gewaltigem Nutzen für ihn.

Wie vorhergesagt war die Reaktion seitens der Familie gemischt, als Ann und Paul das Thema anschnitten. Pauls Mutter Shirley war verwirrt. Sie war nicht bereit, an Außerirdische zu glauben, aber glücklich, alles für das Wohl ihres Enkelsohnes zu tun. Sie konnte nicht versprechen, alles, was er sagte, als wahr zu akzeptieren, aber sie konnte versprechen zu helfen und Verständnis zu zeigen und bereit zu sein, ihm zuzuhören. Anns beide Brüder reagierten völlig verschieden und nicht so, wie Ann es erwartet hatte. Stephen, von dem sie geglaubt hatte, er würde skeptisch sein, glaubt und akzeptiert die Geschichte seines Neffen. David zweifelt und weigert sich, an die Theorie von den Außerirdischen zu glauben.

Stephen und seine Frau Anita waren erst verunsichert, als sie Anns Geschichte hörten. Sie schien weit herbeigeholt und unwahrscheinlich, obwohl sie die Möglichkeit akzeptierten, daß andere Zivilisationen im Weltraum existieren könnten. Während eines Urlaubs in Griechenland freundeten sie sich mit einer anderen Familie an, die aus Edgbaston, Birmingham, kam. Nach ein paar Tagen vertraute der Vater ihnen an, daß sie Urlaub machten, um sich zu erholen und wieder etwas

Normalität in ihren Leben zu bringen. Er war, so erzählte er ihnen, ein Entführter. Es kostete ihn Mut, das zu gestehen, und zuerst reagierte Stephen vorhersehbar, indem er sich darüber lustig machte und das als einen Scherz auffaßte. Erst als er die ganze Geschichte hörte, fiel ihm die erstaunliche Ähnlichkeit zu den Geschichten auf, die seine Schwester ihm über seinen Neffen Jason erzählt hatte. Als er wieder zu Hause war, rief er Ann an, um sich dafür zu entschuldigen, daß er sie nicht ernst genug genommen hatte.

Anns Mutter, Vi, hingegen, erwies sich als enorme Hilfe von dem Augenblick an, als Ann mit ihr sprach, und zeigte überhaupt keine Überraschung. Daraufhin teilte sie Anns Verdacht, daß Anns Vater Stan die genetische Quelle für die seltsamen Ereignisse in der Familie sei. Vi hatte die unheimlichen Vorkommnisse, die im Zusammenhang mit ihrem vielgeliebten Enkelsohn standen, unmittelbar miterlebt (sie hatte das Cottage in Slade Green exorzieren lassen wollen), und so wußte sie, obwohl sie Anns Erklärung nicht erwartet hatte, daß etwas dahinterstecken mußte.

Es dauerte nicht lange, bis Vi Zeugin weiterer Ereignisse wurde, die sie, sollte sie noch irgendwelche Zweifel gehabt haben, völlig davon überzeugten, daß Jason die Wahrheit sagte. Vi ist eine hingebungsvolle Großmutter für ihre vier Enkelkinder – Daniel, Jason sowie deren beide Kusinen – und plante für Anfang Juli 1996 für sie alle einen Wohnwagenurlaub unter ihrer Leitung und einer ihrer Freundinnen. Sie freute sich wirklich darauf, ihre Enkel eine ganze Woche verziehen zu können. Selbst Daniel, der meinte, für einen Urlaub mit der Familie zu groß zu sein, freute sich darauf, mit

Vi zu verreisen, da er wußte, daß sie nachsichtiger als seine Eltern sein würde. Als Vis Freundin in letzter Minute wegen Krankheit absagen mußte, wurde Ann gebeten, in die Bresche zu springen – zur Enttäuschung ihrer Söhne. Sie wußten, daß sie nicht tun und lassen konnten, was sie wollten, wenn ihre Mutter dabei war. Aber für Ann war es eine Pause, die sie sehr nötig hatte.

Sie fuhren nach Minster, auf der Isle of Sheppey. Die beiden kleinen Mädchen plapperten während der ganzen Fahrt aufgeregt. Nachdem sie die Formulare für ihren Wohnwagen ausgefüllt hatten, begaben sich die vier Kinder zum Swimmingpool, der zu Beginn der Sommersaison erfreulich leer war – was auch an den meisten kommenden Tagen der Fall sein sollte.

Am Dienstag war Jasons dreizehnter Geburtstag. Deshalb ging er in der Nacht davor früh zu Bett. Er legte sich in dem Doppelzimmer hin, das er mit seiner Mutter teilte. Auch Ann ging früh zu Bett, aber aus dem Grunde, weil sie starke Kopfschmerzen hatte. Sie schlief ein, kaum daß ihr Kopf das Kissen berührt hatte, und schlief bis in den frühen Morgen, als schwacher Sonnenschein durch einen Spalt zwischen den Vorhängen einfiel, tief und traumlos. Als sie erwachte, waren ihre Kopfschmerzen so stark, daß sie kaum etwas sehen konnte. Sie stand wankend auf, blieb stehen, um Jasons Deckbett vom Boden aufzuheben und ihn wieder zuzudecken und ging dann in die kleine Küche, um nach Schmerztabletten zu suchen.

Als sie den Hahn aufdrehte, um ein Glas mit Wasser zu füllen, war sie überrascht, Vi nervös rufen zu hören: »Wer ist da?«

»Ich bin´s nur, Mum. Entschuldige, ich wollte dich nicht wecken. Ich habe mir nur gerade ein Aspirin geholt«, sagte Ann.

Die Tür des Raumes, den Vi mit einem der kleinen Mädchen teilte, öffnete sich, und Vi kam heraus. Sie hielt ein blutdurchtränktes Papiertaschentuch vor der Nase. Auf der Vorderseite ihres langen, weißen Nachthemdes waren große Blutflecken. Sie schaute sich um, als wolle sie sich vergewissern, daß Ann allein sei. Dann ging sie durch die Küche zum Tisch und ließ sich schwer auf einen der Stühle sinken. Ann setzte den Kessel auf, um Tee zu kochen und setzte sich dann zu ihrer Mutter. Vi sah sie mit furchtsamen Augen an. Ihr Nasenbluten schien aufgehört zu haben. Während sie ihren Tee trank, erzählte sie Ann, was in der Nacht geschehen war.

Über ein Jahr später erzählte sie mir die gleiche Geschichte, und wieder waren ihre Augen von Tränen erfüllt, als sie sich an den Schrecken dieser Nacht erinnerte. Wir waren nicht in den frühen Morgenstunden in einem fremden Wohnwagen, sondern in ihrem hübschen Wohnzimmer, wo sie von all ihren vertrauten Möbeln und ihrer vielgeliebten Puppensammlung umgeben war. Und doch gab es kein Entkommen vor der Furcht, die sie wieder erlebte.

Sie war plötzlich in der Nacht wach geworden. Eine Haarspange, mit der sie ihr Haar aus dem Gesicht zurückgesteckt hatte, hatte sich verhakt. Sie nahm an, daß dies sie geweckt hatte. Sie zog sie heraus und beugte sich vor, um sie auf den Nachttisch zu legen. Doch während sie sich bewegte, bemerkte sie ein sehr helles Licht, das durch den Spalt unter der Tür drang. Im gleichen Augenblick fiel sie auf die Kissen zurück und ließ die Haarspange fallen. Sie konnte sich nicht bewegen und war völlig gelähmt, abgesehen von ihren Augen, die geöffnet blieben.

»Ich fühlte mich so schwer und da war so viel Licht, so viel Licht. Ich hatte wirklich das Gefühl, als habe mich der Schlag getroffen. Ich versuchte, um Hilfe zu rufen, aber mein Gesicht war gelähmt. Das Licht war hell, überwältigend. Ich lag da und hörte all diese Geräusche, scharrende Geräusche, die aus dem Wohnraum kamen. Dann plötzlich war das Licht verschwunden, als ob es ausgeschaltet worden sei«, sagte Vi.

Sie konnte sich augenblicklich wieder bewegen, aber als sie das tat, begann ihre Nase zu bluten. Es war das schlimmste Nasenbluten, das sie je gehabt hatte (sie hatte es in ihrem ganzen Leben nur zweimal oder dreimal). Nicht nur auf ihrem Nachthemd war Blut, sondern auch auf dem Laken und auf den Kissenbezügen, und am folgenden Tag mußte Ann es sogar aus dem Teppich entfernen. Vi blieb wach und hatte Angst davor, ihre Augen zu schließen, bis sie Ann in der Küche hörte. Sie fürchtete, daß die nächtlichen Besucher zurückgekommen seien, aber da war kein helles Licht mehr, und es war ein tröstend normales Geräusch, als Ann den Schrank öffnete, um nach Aspirin zu suchen und das Wasser laufen ließ.

Ann überredete ihre Mutter dazu, sich wieder ins Bett zu legen, nachdem sie ihr Nachthemd ausgezogen und es eingeweicht hatte, um die Blutflecken zu entfernen. Da es jetzt heller Tag war, fand Vi, daß es sicher war zu schlafen. Ann schaute sofort nach Jason, doch der schlief tief.

Als die Kinder aufgestanden waren und Frühstück haben wollten, befahl Ann ihnen leise zu sein, damit ihre Großmutter schlafen könne. Sie war überrascht, als eine ihrer kleinen Nichten entrüstet verkündete »Oma ist nicht die einzige, die etwas Schlaf braucht«. Die Zehnjährige erzählte weiter, sie habe nicht einschlafen können, »weil all diese lauten Motorräder dauernd um den Wohnwagen herumfuhren«. Sie sagte, sie wußte, daß es Hunderte gewesen waren, weil sie aus dem Fenster des Wohnwagens geschaut hatte und gesehen hatte, wie all die gleißenden Scheinwerfer vorbeischossen. Sie habe Ann wecken wollen, war aber eingeschlafen.

Ann versuchte, ihre Sorge zu verbergen, als Jason auftauchte und sich schlaftrunken die Augen rieb. Daniel und die beiden Mädchen begannen mit gedämpfter Stimme ›Happy Birthday‹ zu singen. Jason öffnete seine Karten und Geschenke, und seine Kusinen reihten die Karten aufgeregt auf dem schmalen Fensterbrett auf. Ann, die die Unruhe ihres Sohnes spürte, schickte Daniel mit den Mädchen nach draußen. Kaum waren sie fort, fiel Jason ihr in die Arme und schluchzte heftig.

»Sie sind an meinem Geburtstag gekommen, Mum. Warum? Warum kann ich denn nicht mal meinen Geburtstag haben, Ferien machen?«

Ann drückte und tröstete ihn, aber sie wurden durch die sechsjährige Nichte unterbrochen, die hereingerannt kam und sie aufforderte, nach draußen zu kommen, um sich diese ›großen Hubschrauberflugzeuge‹ anzusehen. Jason ging ins Bad, um seine Tränen zu verbergen. Ann folgte ihrer Nichte. Acht Chinook Hubschrauber flogen tief über den Campingplatz. Dicht hinter ihnen folgte ein kleiner schwarzer Hubschrauber – weder Ann noch Daniel konnten ihn identifizieren – der extrem tief flog. Ann schätzte, daß er höchstens dreißig Meter von den Dächern der Wohnwagen entfernt war, und er schien über dem Platz zu kreisen. Sie überließ es Daniel, auf die Mädchen aufzupassen, die von dem Schauspiel in der Luft fasziniert waren, und ging wieder hinein. Jason kam aus dem Badezimmer und sagte, er fühle sich besser. Aber er sprach mit einer sonderbar ausdruckslosen Stimme, die Ann beunruhigte. Sie spürte, daß er nur eine Platitüde artikulierte, daß er sich nicht besser fühlte, sondern nur ihre Besorgnis zerstreuen wollte. Im gleichen Augenblick erschien Vi. Sie war noch immer blaß, fühlte sich aber im hellen Tageslicht besser. Sie gratulierte ihrem Enkel zum Geburtstag und umarmte ihn. Zu ihrer Überraschung entzog Jason sich ihrer Umarmung und schrie vor Schmerz auf. Er preßte seine Hände auf seine linke Körperseite. Ann hob sein Hemd, und sie und ihre Mutter waren schockiert, als sie eine große, gefährlich rote Schwellung sahen. Vi wollte sofort einen Arzt rufen, aber Ann, die inzwischen so vertraut mit Jasons ›Verletzungen‹ war, bat sie abzuwarten. Und tatsächlich war am Ende des Tages nichts mehr von der Schwellung zu sehen.

Vi fühlte sich an diesem Tag unwohl. Obwohl sie nicht jung ist, ist sie kräftig und fit, und starke Kopfschmerzen kennt sie überhaupt nicht. Doch ein Einkauf mußte abgesagt werden, und sie war gezwungen, sich für den Rest in einem abgedunkelten Raum hinzulegen. Für den Rest der Ferien verbarrikadierte sie sich mit Koffern in ihrem Schlafzimmer.

Ann hatte ein anderes Problem, mit dem sie an den folgenden Tagen fertig werden mußte. Jason, der dafür bekannt gewesen war, daß er in der Schule und zu Hause Wutausbrüche gehabt hatte, richtete plötzlich all seine Wut auf seine Mutter. Er tat, was er konnte, um ihr nicht zu gehorchen und bei jeder sich bietenden Gelegenheit ungehörig und trotzig zu sein. Es war mehr als die übliche Widerspenstigkeit von Teenagern gegenüber den Vorschriften, die Eltern zu machen pflegen. Jason schimpfte nicht, weil er zu einer bestimmten Zeit ins Bett geschickt wurde oder weil ihm gesagt wurde, er solle leiser sein oder weil ihm verboten wurde, gefährliche Spiele am Swimmingpool zu spielen. Seine Wut war persönlich und tief. Ann, die immer seine engste Verbündete und Freundin gewesen war, die vor allem mit ihm fühlen konnte, wurde die Zielscheibe seiner heftigen Wut.

Ihr war peinlich, daß ihre Mutter und ihre Nichten Zeugen von Jasons Schärfe wurden, und so versuchte sie, die Situation zu entschärfen. Sie reagierte auf seine Ausbrüche, indem sie ihn neckte, versuchte seine Wut witzig zu nehmen. Ein hochentwickelter Sinn für Humor ist ein gemeinsamer Nenner der ganzen Familie Andrews, und jedes Familienmitglied ist schlagfertig genug, um in jeder Situation eine geistvolle Antwort geben zu können. Wann immer Daniel in seiner Pubertät eingeschnappt gewesen war, hatte Ann ihn dazu gebracht, darüber lachen zu können. Doch diese Technik versagte bei Jason, der sie finster anschaute oder noch wüster beschimpfte. Am Ende ging Ann ihm aus dem Wege und schwieg, damit die anderen sich nicht noch unwohler fühlten. Sie rief Paul von einer Telefonzelle am Campingplatz an und erklärte, was geschah, und Paul war wie sie der Meinung, die Ferien zu Ende zu bringen und die Sache anzugehen, wenn Jason wieder daheim war. Ann wußte, daß ihr Mann Jason nicht ungschoren davonkommen lassen würde, nachdem er sie so beschimpft hatte, und fürchtete die Auseinandersetzung.

Was sie aber am meisten verwirrte war, warum Jason sich gegen sie gewandt hatte. Sein Zorn auf die Außerirdischen war verständlich. Aber warum konzentrierte er ihn auf seine Mutter? Am letzten Abend waren sie zum Essen in einem Pizzarestaurant, und dabei kam es heraus. Obwohl Ann versuchte, ihn nicht herauszufordern, fand er einen Vorwand für einen Streit – und plötzlich begann er seine Mutter anzuschreien. Wenn er nicht von ihr geboren worden wäre, würden ›sie‹ nicht zu ihm kommen, er wäre normal, würde wie all seine Freunde sein. Sein Gesicht wurde knallrot, und Tränen der Wut rannen über seine Wangen. Er rannte aus dem Restaurant fort. Die anderen blieben völlig schockiert und verlegen sitzen, während alle anderen Gäste zuschauten, wie das Drama seinen Lauf nahm. Daniel sprang auf und folgte seinem Bruder, wobei er murmelte, daß es Ann wohl recht sei. Vi lief schockiert und wütend ebenfalls Jason nach. So sehr sie Verständnis für die Traumata hatte, die ihr Enkel zu ertragen hatte, ließ Vi nicht durchgehen, daß er seine Mutter derart aufregte. Ann, der ebenfalls Tränen über die Wangen liefen, blieb bei ihren kleinen Nichten, die zu essen aufgehört hatten und besorgt dreinschauten. Ann erzählte ihnen daraufhin, daß Jason sich nicht sehr gut fühle.

In dieser Nacht schlief Ann nicht. Sie wußte, daß Jason recht hatte. Er hatte von ihr seine Haarfarbe geerbt und ihren Teint, aber er hatte auch ein tödlicheres Erbe übernommen: Er war ein Entführter. Sie fühlte sich zerrissen, zugleich schuldig und hilflos, weil sie nichts ändern konnte. Sie spürte auch Groll, weil auch sie eine Entführte war und sie sich das nicht ausgesucht hatte. Sie war ebenso ein Opfer wie ihr Sohn. Es gab nichts, was einer von ihnen tun konnte, um das zu ändern, und so sehr sie mit Jason fühlte, wehrte sie sich dagegen, dafür verantwortlich gemacht zu werden.

Es war eine sehr schweigsame Gesellschaft, die da heimfuhr. Als sie Vi an ihrem Haus absetzte, erklärte die nachdrücklich, es habe ihr Freude gemacht. Doch als sie ihre Tochter umarmte, standen Tränen in ihren Augen. Später sollte sie mir erzählen, daß es damals war, nach ihrer entsetzlichen Nacht und Jasons Ausbruch, daß sie zum ersten Mal voll begriff, womit Ann und Paul Tag um Tag leben mußten.

13. KAPITEL

Der Plandschungel

Während die Andrews mit Jasons Problemen kämpften und Ann immer stärker in sie verstrickt wurde, kämpften sie auch einen anderen Kampf. Als sie 1990 gezwungen worden waren, ihr Mobilheim auf der Farm zu verlassen, waren sie sicher gewesen, daß es ein vorübergehender Rückschlag sei. Sie hatten Hawksnest Farm allein in der Absicht gekauft, dort zu wohnen, sich um ihre Tiere zu kümmern, ihre Kinder großzuziehen und, dies war ihr Traum, bis ins hohe Alter dort zu sein. Es war das Heim, in dem sie sich wirklich niederlassen wollten. Sie waren nie unrealistisch. Sie wußten, daß es nur ein kleines Stück Land war, und sie wußten auch, daß sie damit nie reich werden würden. Aber sie hatten Hoffnungen, es aufzubauen, es schließlich zu vergrößern. Und außerdem fühlten Ann und Paul, daß sie beide eine wertvolle Lektion gelernt hatten, als er seine Arbeit verlor. Sie hatten gelernt, mit einem stark reduzierten Einkommen zu leben und waren glücklich darüber, ihre Kreditkarten und ihren materiellen Besitz gegen eine andere Art von Glück eintauschen zu können. Sie suchten Lebensqualität, nicht ein dickes Bankkonto. Sie rauchten nicht und tranken nicht und brauchten kein großartiges gesellschaftliches Leben und sind deshalb, wie Ann sagt ›pflegeleicht‹. Sie wollten einfach ein Leben in der Natur führen, umgeben von Tieren, mit gerade genug Einkommen, um die Jungen großzuziehen und Lebensmittel in den Schranken zu haben.

Als die Gemeinde sie umquartierte, betrachtete die Familie dies als vorübergehende Maßnahme. Sie akzeptierten das widerwillig, als ihnen klar wurde, daß sie naiv gewesen waren, nicht zuerst eine Genehmigung einzuholen, bevor sie auf das Land zogen, aber auch, weil der harte Winter das Leben in dem Mobilheim schwer gemacht hätte. Noch bevor sie umzogen, hatten sie zuversichtlich einen Genehmigungsantrag eingereicht, auf der Farm in einem Mobilheim leben zu können. Sie waren sicher gewesen, daß es sich nur um eine Formalität handele. Als sie weggingen, taten sie dies in der Erwartung, binnen weniger Monate wieder zurück zu sein, sobald die Dinge geklärt waren. Doch ihr Antrag wurde vom Tonbridge and Malling Borough Council abgelehnt. Es war für sie beide ein Schock. Sie kannten ähnliche bäuerliche Kleinbetriebe, auf denen die Besitzer so lange in Mobilheimen lebten, bis sie eine Genehmigung für den Bau eines Hauses auf dem Anwesen bekamen, und Paul und Ann hatten angenommen, daß auch sie diese Erlaubnis erhalten würden. Sie reichten sofort einen weiteren Antrag ein und fügten ein Schreiben der lokalen Polizei bei, in dem bestätigt wurde, daß Vandalismus und Einbruch (sie waren bereits Opfer beider gewesen) unausweichlich sei, wenn das Anwesen unbewohnt war. Paul machte sich besonders Sorgen um die Tiere, die dort noch waren. Doch ihr Antrag wurde wieder abgelehnt.

Sie waren bestürzt und zunächst völlig unsicher, was sie tun sollten. Trotz dieses großen Rückschlages blieb ihnen wenig Zeit, sich ihrer Enttäuschung hinzugeben. Es gab finanzielle Probleme, denn kaum hatten sie die Farm verlassen, verdreifachte die Bank die Kreditrückzahlungsraten, und Paul arbeitete jede Stunde, die er arbeiten konnte, um diese zu bezahlen und die Familie finanziell über Wasser zu halten. Ann verbrachte ihre Zeit damit, sich um die verbliebenen Tiere zu kümmern und die Kinder großzuziehen. Neben den normalen Belastungen und Mühen eines Familienlebens mit zwei heranwachsenden Söhnen, machten ihnen Jasons Probleme Sorgen.

Doch als die Jungen schließlich alt genug waren und nicht nur weniger Anforderungen stellten, sondern auch dahingehend ein positives Vermögen darstellten, als sie auf der Farm helfen konnten, beschlossen Ann und Paul wieder, all ihre Energien darin zu setzen, die Gebäude wieder zu errichten, wieder Vieh zu kaufen und schließlich zurück nach Hawksnest Farm zu ziehen.

Dieses Mal waren sie entschlossen, alles richtig zu machen. Die Farmgebäude hatten in den vergangenen Jahren gelitten, da sie weder die Zeit noch das Geld gehabt hatten, sie richtig zu unterhalten, und ihre ursprünglichen Pläne für die Farm hatten sie nach dem mysteriösen Tod ihres Viehs aufgeben müssen. Aber es gab Pferde, Gänse und das Schwein Prudence, die noch immer sehr glücklich auf dem kleinen Besitz lebten. An schönen Sommertagen, wenn die ganze Familie zur Farm ging, gewöhnlich mit mindestens einem der Hunde im Gefolge, lebte die alte Freude wieder auf, und

Paul und Ann standen Seite an Seite und planten, wo sie die Rinder unterbringen würden, wieviele Hühner Ann haben würde und ob sie wieder Schweine züchten würden oder nicht.

Der erste Schritt, den sie unternahmen, bevor sie wieder bei der Gemeinde den Antrag stellten, zurück auf das Land ziehen zu dürfen, war, daß sie einen Bericht vom ADAS in Auftrag gaben, dem Agricultural Development Advisory Service der Regierung. Seit April 1997 ist der ADAS privatisiert und somit nicht länger ein offizieller Arm des Ministeriums für Landwirtschaft, Fischerei und Ernährung. Doch zu der Zeit, als die Andrews ihn konsultierten, im Jahre 1995, gehörte er zur Regierung und war die wichtigste Quelle für fachmännische Gutachten in landwirtschaftlichen Dingen in Britannien. Wie Paul Andrews sagt, war er entschlossen, keine Fehler zu machen. Er wollte um seiner selbst willen sicher sein, daß seine Pläne für Hawksnest Farm realisierbar waren, und er wollte den Planungsbehörden auch demonstrieren, daß er ein gesundes und gut durchdachtes Geschäft vorschlug.

ADAS schickte Dr. Elwyn Rees, einen Senior Livestock Consultant, um den Bericht über die Durchführbarkeit von Pauls Plänen zu erstellen. Dr. Rees ist in landwirtschaftlichen Kreisen sehr angesehen und vermittelte zu dieser Zeit zwischen Regierung und Rinderzüchtern wegen des BSE-Problems.

Pauls Baupläne für die neuen Rinderställe waren professionell gezeichnet, und Dr. Rees fand keinen Fehler darin. Er gab in seinem fünfzehn Seiten umfassenden Bericht verschiedene Empfehlungen ab, schloß aber sehr positiv, daß aus Hawksnest Farm eine lebensfähige Rinderzucht gemacht werden könnte, bei der jährlich 240 Kälber in Gruppen von jeweils 48 gezüchtet werden könnten. Er schätzte, daß die Andrews über 17.000 Pfund jährlich einnehmen würden und daß sie nach Abzug der Fixkosten – Reparaturen, Versicherung, Wasser, Strom, Telefon und dergleichen – ein Einkommen von knapp unter 13.000 Pfund haben würden. Sie würden nicht wie Millionäre leben, aber es war ein ausreichender Betrag, um die ganze Familie zu ernähren, und dazu würden Einnahmen durch das Geflügel, den Verkauf von Pferden und vielleicht durch Schweinezucht kommen. Paul und Ann waren sicher, daß sie überleben würden – und Erfolg haben würden – wenn sie die Genehmigung bekämen, das zu machen.

Sie rechneten ebenfalls gründlich die Kosten für das Projekt durch. Paul hatte bereits eine Menge gebrauchten Baumaterials gekauft und er hatte auch einen Freund, einen Bauunternehmer, dazu gebracht, ihm durch Ausleihen von Baumaschinen zu helfen. Dieser Freund hatte außerdem die Kosten ermittelt und errechnet, daß sie ein den Ansprüchen genügendes Gebäude für die Kälber für 25.000 Pfund errichten könnten. Bewaffnet mit dem ADAS-Bericht und den Kostenvoranschlägen besuchte Paul einen lokalen Bankmanager, der von seinen Plänen beeindruckt war und ihm schriftlich ein Darlehensangebot über 46.000 Pfund machte. Bei einer Umschuldung ihrer derzeitigen Darlehenszahlungen und dem Wegfall der Mietzahlungen für ihr Haus, würden sie monatlich nur 40 Pfund an zusätzlichen Kosten haben.

Den größten Teil der Bauarbeiten wollten sie selbst leisten, unterstützt von Freunden und Verwandten (die

Andrews sind mit mehreren Handwerkern befreundet, die ihnen entweder kostenlos oder zu erheblich reduzierten Preisen helfen wollten). Paul, ein großer Mann, fand die Aussicht, seine eigenen Gebäude zu bauen, reizvoll, und Daniel und Jason erreichten rasch das Alter, in dem sie auf einer Baustelle mit Hand anlegen konnten. Paul und Ann wußten, daß es einige Zeit dauern würde, um das Projekt auf diese Weise zu vollenden, aber es würde ihnen eine Menge Geld sparen und Paul erlauben, seine Arbeit als Taxifahrer fortzusetzen, um den Bau zu finanzieren. Wenn die Bauerlaubnis erteilte wurde, würde es fünf Jahre bis zur Fertigstellung dauern, eine lange Zeit für ihre Eigenbauvorhaben.

Wieder voller Zuversicht darauf, daß die Gemeinde ihre Genehmigung erteilen würde, nahmen sie Kontakt mit dem Farmer auf, über dessen Land ihr Zufahrtsweg verläuft, und er gab ihnen die Erlaubnis, eine Wasser- und Stromversorgung über sein Land zu führen. Sie ließen sich einen Kostenvoranschlag vom lokalen Wasserwerk machen.

Ende August 1995 reichten sie die Pläne mit allen notwendigen Informationen ein und bezahlten die erforderliche Gebühr von 1.440 Pfund an die Gemeinde. Wieder waren die Andrews sicher, daß es nur eine Frage von Monaten sein würde, bis sie ganz zurück auf Hawksnest Farm wären. Und wieder irrten sie sich.

Im Laufe der folgenden Monate verlangte die Gemeinde weitere Einzelheiten. Blättert man die gewaltige Akte der Korrespondenz durch, die Ann peinlich geordnet aufbewahrt hat, ist schwer zu verstehen, warum so viele Probleme aufgeworfen wurden. Eine Weile schien die Gemeinde geradezu davon besessen zu sein, zu erfahren, wie Paul und Ann den Bau bezahlen wollten. Obwohl das Darlehensangebot der Bank vorlag und dazu der Rentabilitätsbericht von ADAS, schien der Haupteinwand zu sein, daß die zur Verfügung stehenden Mittel unzureichend wären. Pauls wie Anns Mutter, die sich sehnlichst wünschten, daß die Familie wieder auf die Beine kam, hatten ihnen beträchtliche Geldgeschenke angeboten, und Anns Mutter schrieb sogar an die Gemeinde, um dies zu bestätigen.

Aber es gab andere Einwände. Die Konstruktion des Gebäudes mußte mehrfach verändert werden, weil von der Gemeinde festgelegte Änderungen und Auflagen berücksichtigt werden mußten. Eine detaillierte Kostenübersicht war einzureichen, praktisch bis hin zum letzten Nagel, den Paul zu verwenden beabsichtigte. Um die Sorge zu zerstreuen, daß die neuen Gebäude von den Fußwegen aus zu sehen seien, die in der Nähe des Grundstücks verlaufen (auf denen es zu keiner Jahreszeit viele Fußgänger gibt), ließ Paul sich von einem Fachmann beraten, wie die Hecken zu revitalisieren seien und welche Bäume gepflanzt werden müßten, um zusätzlichen Sichtschutz zu bieten.

Weitere Einwände kamen, und am Ende akzeptierten Ann und Paul sehr widerwillig, daß sie keine Erlaubnis erhalten würden, auf der Farm zu leben. Anfangs war ihnen die Umquartierung durch die Gemeinde in solche Nähe wie ein Gottesgeschenk erschienen, doch es bedeutete, daß es schwerer für sie war zu begründen, warum es notwendig sei, auf dem Gelände zu wohnen (obwohl es immer besser ist, wenn man Tiere hat, ganz in ihrer Nähe zu wohnen, wie Paul betont). Sie strichen das Mobilheim aus ihrem Planungsantrag.

Am Ende glaubten die Andrews, die von Planungsfachleuten beraten worden waren, sie seien genug durch die Mangel gedreht worden und würden sicher die Genehmigung für den Kälberstall bekommen. Ihr Optimismus und ihre Zuversicht hatten genug Dämpfer erlitten in den Monaten, die sie versucht hatten, die Forderungen der Gemeinde zu erfüllen, aber selbst sie waren nicht darauf vorbereitet, wieder eine Absage zu erhalten.

Als Gründe wurden angeführt, daß der landwirtschaftliche Kleinbetrieb nicht genug Geld erwirtschaften könne, um die Familie zu ernähren und daß folglich die Gefahr bestehe, daß die Gebäude zu einem ›nutzlosen Besitz‹ werden würden und entweder in Wohnhäuser umgebaut oder baufällig werden würden. Ann und Paul hatten diesem Einwand vorgebeugt, indem sie vorschlugen, die Gemeinde solle die Genehmigung mit der Auflage erteilen, daß die Gebäude ausschließlich für landwirtschaftliche Zwecke benutzt werden dürften.

Sie sind verärgert darüber, daß ihren detaillierten Finanzierungsplänen und der Rentabilitätsstudie von ADAS seitens der Gemeinde offensichtlich nicht genügend Gewicht beigemessen wurde. Die stützte ihre Entscheidung auf das Gutachten des Kent County Council-Beamten, dessen eigene Berechnung ergab, daß sie weniger als 10.000 Pfund im Jahr verdienen würden.

Ann erinnert sich daran, daß sie vorher mit viel weniger Vieh auf der Farm lebten. Damals beantragte sie einen Familienkredit aus Mitteln eines Regierungsprogramms für Familien mit niedrigem Einkommen. Ihr Antrag wurde abgelehnt mit der Begründung, daß die

Einkünfte der Farm zu hoch seien – eine ironische Wendung, daß ihnen nun die Erlaubnis für Erweiterung und Ausbau des Anwesens mit der Begründung verweigert wurde, daß die potentiellen Einkünfte als zu niedrig eingeschätzt wurden.

Als weiterer Grund für die Ablehnung wurde angeführt, daß der landwirtschaftliche Kleinbesitz sich auf sogenanntem ›Green Belt‹ Land befindet und daß deshalb zu beweisen wäre, daß der Bau ›in direktem Zusammenhang mit landwirtschaftlichen oder anderen Zwecken steht, die für ein ländliches Gebiet passend sind‹. Es fällt schwer sich etwas Landwirtschaftlicheres oder ›Passenderes‹ als das Züchten von Vieh vorzustellen, und Hawksnest Farm war bereits als landwirtschaftlicher Grund ausgewiesen, bevor die Andrews sie kauften.

Der Beamte des County Council, dessen fachmännisches Gutachten ihre Pläne über den Haufen warf, berichtete dem Planungsausschuß auch, daß er wegen ihrer Pläne besorgt sei, Fleischrinder zu einer Zeit zu züchten, in der BSE-Gefahr bestand. Ein Einwand, der, wie der ADAS-Experte Dr. Rees ihnen sagte, nicht haltbar war. Seine begründete Meinung (und er war außerordentlich gut informiert, weil er im Auftrag der Regierung mit MAFF und den Farmern zusammenarbeitete) war, daß sie in einer äußerst vorteilhaften Position sein würden, wenn sie Kälber züchteten, da älteres Vieh geschlachtet werden mußte und Farmer sich neue Bestände anschaffen müßten.

Im Mai 1996 wurde ihr Antrag endgültig abgelehnt. Ann weinte an diesem Abend. Es war das erste Mal, daß sie ihren Gefühlen freien Lauf ließ. In den Monaten des Kampfes hatte sie bewußt versucht, fröhlich zu sein, hatte Pauls Optimismus bei jeder Gelegenheit gestützt. Sie wußte, wieviel die Farm ihm bedeutete, weit mehr noch als ihr, und sie wußte, wie wütend und ungeduldig er über all die Hindernisse und die Bürokratie war, die zu überwinden sie gezwungen waren. Sie hatte ihn mehrmals zurückhalten müssen, damit er nicht vor Wut explodierte, wenn sie mit Gemeindebeamten zu tun hatten, die entschlossen zu sein schienen, ihnen nicht zuzuhören. Sie empfand die Ungerechtigkeit ebenso stark wie er, aber sie wußte, daß es besser war, die Situation nicht zu schüren.

Pauls Ärger wurde dadurch vergrößert, daß er sah, wie andere Planungsanträge genehmigt wurden, ohne daß die Antragsteller aufgefordert wurden, jene detaillierten Finanzauskünfte zu geben, die sie vorzulegen hatten. Sie waren beide verbittert darüber, daß der Glaube, den die Bank und der ADAS-Experte an sie hatten, einfach mit Füßen getreten und ignoriert wurde. Sie waren verwirrt. Sie hatten das Gefühl, zu Unrecht vielleicht, daß man sie für eine unfaire Behandlung ausgewählt hatte. Dahinter schien zu stecken, daß die Gemeinde befürchtete, sie würden den Bauantrag nur stellen, um in späteren Jahren einen Antrag auf Umbau in ein Luxusheim zu stellen.

Es gibt, nicht weit von Hawksnest Farm, Beispiele dafür, daß dies getan wurde. Spekulanten umgehen die für den Green Belt geltenden Gesetze schon lange so. Unweit der Farm der Andrews, nur ein Stück die Straße hinunter, wurde ein Mobilheim auf einem landwirtschaftlichen Kleinbesitz mit Genehmigung der Gemeinde durch ein prachtvolles Fünf-Zimmer-Haus ersetzt. Die große Ironie ist, daß die Andrews nie die Absicht hatten, das zu tun. Sie wollen nicht mehr, als auf ihrem Land leben und es bewirtschaften. Für Paul und Ann wäre das Glück vollständig, wenn sie aus ihrem Heim (obgleich es ein Mobilheim ist) in ein paar Felder voller Kälber, Pferde und Geflügel treten könnten, in denen es Platz für Pauls geliebte Hunde gibt.

♦

War es die Sorge um die Verschandelung des Green Belt oder der Mangel an finanzieller Rentabilität, der ausschlaggebend dafür war, daß die Andrews keine Genehmigung erhielten auf Hawksnest Farm zu leben? Oder gab es einen anderen, unheimlicheren Grund? Die Gemeinde sagt, was vorhersehbar war, nicht mehr, als daß die Gründe bei der Ablehnung des Planungsantrages genannt worden seien. Aber Tony Dodd (und Paul und Ann) sind mißtrauisch. Paul sagt, ihm sei inoffiziell von einem Freund, der gute Verbindungen zur Gemeinde hat, gesagt worden, daß die Behörden sich unerbittlich einer generellen Besiedelung des Landes widersetzen. Es erfolgte in der Tat eine sehr schnelle Reaktion, als festgestellt wurde, daß die Familie dort lebte. Sie wurden sofort von der Gemeinde in ein großes Haus mit einem großen Garten umquartiert. Andere Familien müssen mit Behelfsunterkünften vorliebnehmen, und es gibt, wie in jeder Gemeinde, eine lange Warteliste für Häuser mit drei Schlafzimmern. Selbst das Problem mit ihren Hunden wurde sofort gelöst. Der Bauträger, dem das Haus gehört, erlaubte ihnen, alle drei Hunde mitzunehmen.

Ann erinnert sich traurig an die Zeit, als sie verzweifelt darauf warteten, eine Sozialwohnung zu bekommen, bevor sie die Farm kauften, nachdem die Zwangsräumung ihres Cottage drohte. Ihnen wurde eine Wohnung in einer Gegend angeboten, in der sie ihre jungen Söhne nicht großziehen wollten, und sie hätten sich von ihren Hunden trennen müssen. Obwohl es eine andere Gemeinde war, fällt es schwer zu glauben, daß die Auflagen für einen Hausbau nur ein paar Kilometer weiter entfernt so anders sind.

Aber was ist so Bedeutendes an Hawksnest Farm, daß es eine derartige Entschlossenheit gibt, sie daran zu hindern, dort zu wohnen?

Hawksnest Farm liegt nahe einem Gelände, das dem Verteidigungsministerium gehört, dem Übungsplatz Mereworth. Der bäuerliche Kleinbesitz ist von dem Land des Verteidigungsministeriums durch ein Waldstück getrennt, das einem arabischen Grundbesitzer gehört, der es instandhalten läßt. Da es dichtes Waldgebiet ist, gehört zur Instandhaltung das gelegentliche Fällen von Bäumen und Zurückschneiden, aber auf diesem Land arbeitet niemand dauernd.

Der Übungsplatz Mereworth wird, wie der Name schon sagt, zur Ausbildung von Soldaten benutzt. Er gehört zu der Cinq Ports Training Authority, einem Gelände der regionalen Territory Armee, und offiziell sind es die Freiwilligen der Territorialarmee, die das Gelände benutzen. Deswegen herrscht dort an Wochenenden mehr Betrieb als während der Woche, und spätnachts treffen dort Konvois mit Militärpersonen ein. Es ist an einigen Stellen mit Stacheldraht von dem Waldgebiet abgezäunt, und es gibt Warnschilder, die der Öffentlichkeit das Betreten verbieten. Es ließ sich nicht vermeiden, daß Einheimische auf das Gelände gelangten: Fahrradfahrende Kinder oder Reiter, die die Schilder übersehen haben. Wenn sie entdeckt wurden, wurden sie weggebracht, von Armeeangehörigen an die Grenze des Landes des Verteidigungsministeriums eskortiert. Als Anns Bruder David bei einem Ausritt mit Craven unabsichtlich auf das Gelände ritt, wurde er umgehend davon entfernt, eskortiert von einem Soldaten, der das Pferd führte und einem anderen, mit einem Gewehr bewaffneten, der hinter ihm ging. Kinder, die dort gespielt haben, kamen mit leeren Patronenhülsen zurück, und Kinder wie Erwachsene reden davon, daß ihnen von Soldaten erzählt worden sei, daß dort Blindgänger lägen. Ein Feuer, das im April 1997 in dem an Mereworth angrenzenden Waldgebiet wütete, nahm keine Rücksicht auf militärische Grenzen, und die 70 Feuerwehrmänner, die ausgezogen waren, um es zu bekämpfen, mußten sich vorübergehend zurückziehen, als durch die Hitze Patronen zu explodieren begannen.

Viele Einheimische haben ein seltsames, hohes, winselndes Geräusch gehört, das von dem Übungsplatz herüberdringt. Es ist nicht von Dauer, ist unregelmäßig zu hören und so hoch, daß manche Menschen es nicht hören können. Aber wer es hört, hört es sehr deutlich. Die Andrews, die dem Übungsplatz am nächsten sind, wenn sie sich auf der Farm aufhalten, hören es alle paar Monate, und es irritiert sie. Wie Ann sagt, merkt man erst, wie störend es ist, wenn es aufhört, wenn das Gefühl von Erleichterung gewaltig ist. Sie, Paul, Daniel und Jason haben es gehört. Gewöhnlich dauert es einige Stunden, und während dieser Zeit sind die Tiere unruhig und unglücklich.

Sue und Billy Rutland und ihre Kinder leben ein paar hundert Meter von Hawksnest Farm entfernt in ihrer umgebauten Hopfendarre. Sie haben das summende Geräusch bei mehreren Gelegenheiten gehört, am deutlichsten im August 1996, als es am Spätnachmittag fast zwei Stunden anhielt. Ihre Tochter Laura hatte heftige Kopfschmerzen, die den ganzen Abend anhielten, obwohl das Geräusch aufgehört hatte. Im Juni 1997 hörte Sue wieder das Geräusch, aber dieses Mal dauerte es nur eine halbe Stunde am Morgen. Sie sind sicher, daß es vom Land des Verteidungsministeriums kam.

Beide sind auch Zeugen eines eigenartigen Lichts geworden, das sich schnell an ihrem Haus vorbeibewegte und parallel zum Übungsplatz lief. Billy sah es zuerst um halb zwölf abends, als er von dem Pub The Chequers, der ein paar hundert Meter entfernt im Dorf Crouch liegt, nach Hause ging. Am Ende eines langen Arbeitstages war er im Pub nur auf ein paar Bier gewesen. Er war sicher kein Trinker.

»Ich bemerkte etwas, das wie ein Vogelschwarm oder ein Fischschwarm am Himmel aussah. Ich konnte nicht erkennen, was es war. So blieb ich stehen, um es zu beobachten. Es war eine flache Scheibe, die aus Lichtfetzen bestand. Sie hatte einen Durchmesser von zwischen fünfundzwanzig und dreißig Metern.«

»Sie wendete – machte anderthalb Drehungen in einer Richtung und dann wieder zurück. Dann verschwand sie und tauchte wieder auf. Jeder Zyklus dauerte 14 Sekunden – ich habe das gemessen, in dem ich zählte, und es war absolut regelmäßig.«

Billy beobachtete es zwanzig Minuten lang. Dann begann es sich in Richtung auf sein Haus zu bewegen, führte dabei immer noch seine Wendemanöver aus. Er folgte ihm zu dem Haus – etwa dreißig Meter – und weckte Sue. Sie trat mit ihm hinaus, und beide beobachteten die Lichtformation weitere zwanzig Minuten aus ihrem Garten. Sie bewegte sich langsam über ihrem Land, stand eine Weile über ihren Stallungen still und verschwand schließlich völlig.

»Es war das Seltsamste, was ich je gesehen habe«, sagte Billy Rutland. »Es bestand aus federigen Lichtbüscheln, ein bißchen ähnlich wie Schokoladenblättchen. Sie verdichteten sich, machten anderthalb komplette Drehungen, kehrten dann die Bewegung um und verschwanden völlig.«

Billy, der früher auf Themseschiffen gearbeitet hatte, ist die Navigation nach Tonnen gewöhnt. Er benutzte die Standardtechnik, um den Zeitabstand zwischen Verschwinden und Wiederauftauchen zu ermitteln. Er blieb stets gleich. Es verschwand für genau acht Sekunden, und der ganze Zyklus dauerte stets vierzehn Sekunden.

Weder er noch Sue haben je erklären können, was sie sahen.

»Billy weckte mich, weil er wußte, daß ihm am nächsten Tag niemand glauben würde, wenn er der einzige Zeuge war«, sagt Sue. »Ich bin sicher, wir hätten begonnen, an uns selbst zu zweifeln, wenn wir es nicht beide gesehen hätten.«

Die Andrews haben nie etwas Ähnliches gesehen, aber sie haben bei mehreren Gelegenheiten helle Lichter gesehen, die über dem Gelände des Verteidigungsministeriums schwebten.

Tony Dodd äußert sich bissig über die offizielle Version, wonach das Land als Übungsplatz für die Ausbildung von Freiwilligen der Territorialarmee verwendet wird.

»Hawksnest Farm liegt in einem Gebiet, das typisch dafür ist, daß es UFO-Aktivitäten anzieht. Es gibt mehr UFO-Sichtungen über und um Waldgebiete als sonstwo, und dies gilt nicht für Britannien, sondern für die ganze Welt. Es gibt auch UFO-Aktivitäten um Militäranlagen.«

»Natürlich sind die Außerirdischen, wenn sie unseren Planeten unter dem Gesichtspunkt einer Invasion oder Kolonisierung studieren, an unseren Verteidigungssystemen mehr als an allem anderen interessiert. Also zieht jeder Ort, an dem es militärische Aktivitäten gibt, sie magnetisch an.«

»Wir wissen nicht, was in Mereworth vorgeht, da uns das Verteidigungsministerium nicht unbedingt die Wahrheit sagen wird. Militärgebiete, die unwichtig erscheinen, sind es vielleicht gar nicht. Doch selbst wenn es nicht mehr als ein Übungsplatz ist, genügt das, um das Interesse der Außerirdischen zu wecken, die, wie wir wissen, alle Aspekte menschlichen Lebens studieren.«

»Es scheint eine sorgfältig geplante Kampagne gegeben zu haben, um die Andrews von diesem Land fernzuhalten. Ihr Vieh ist auf mysteriöse Weise eingegangen, und jeder ihrer Versuche, dorthin zurückzuziehen, ist blockiert worden.«

»Wenn auf diesem Armeestützpunkt heimliche Versuche durchgeführt werden, ist es möglich, daß die Rinder durch Austritt von Strahlung getötet worden sind und daß ihre Kadaver deshalb von Männern entführt wurden, die weiße Schutzanzüge trugen. Wenn diese Art von Experimenten weiter fortgesetzt werden, ist es offensichtlich, daß die Armee nicht will, daß eine Familie in nächster Nähe wohnt. Entweder, weil sie zuviel beobachten könnte oder aber, weil sie selbst in Gefahr sein könnte. Den Tod der Rinder kann man vertuschen, aber es wäre weitaus schwieriger, wenn der Familie etwas zustieße.«

Tony Dodd glaubt, daß die Andrews schon lange, bevor sie auf die Farm zogen, im Mittelpunkt des Interesses der Außerirdischen standen, aber er ist nicht überzeugt davon, daß es ein glücklicher Zufall war, der sie zur Hawksnest Farm führte.

»Sie hatten beide das Gefühl, daß sie förmlich getrieben wurden, diese Farm zu kaufen, obwohl es andere gab, von denen einige bessere Einrichtungen hatten, für die sie sich hätten entscheiden können. Ich glaube, die Außerirdischen wollten, daß Jason und Ann nahe dem Gelände des Verteidigungsministeriums leben. So gibt es dort zwei Dinge, die sie gleichzeitig studieren können.«

14. KAPITEL
Verstümmelte Tiere

Trotz des Todes ihres Viehs und der Probleme, die Erlaubnis zu bekommen, auf ihrem eigenen Land zu bauen, waren Paul und Ann noch immer entschlossen, das Beste aus der Farm zu machen. Im Frühling 1996 beschloß Paul ein paar Kühe zu kaufen. Er liebt Kühe, genießt den Umgang mit ihnen und hat erfolgreich Kälber gezüchtet, die zuvor auf dem Markt Spitzenpreise erzielten. Obwohl ihm verweigert wurde, Kälberzucht in größerem Umfang zu betreiben, hatte er eine Scheune, in der er eine kleinere Zahl von Kühen und Kälbern überwintern konnte, und es gab einen Teich und reichlich Weideland.

Er kaufte vier trächtige Kühe, drei Charolais-Färsen und eine ältere Jersey-Kuh. Die Familie reiste zu einer Farm an der Grenze von Sussex/Hampshire, um sie auszusuchen, und wartete dann gespannt darauf, daß sie am 30. Juni nach Hawksnest geliefert wurden. Ann und die Jungen machten Ferien bei Anns Mutter, als sie gebracht wurden, aber sie rief Paul jeden Tag an, um sich zu vergewssiern, daß sie sich gut eingewöhnten.

Der Farmer, der sie ihnen verkaufte und seine Farm aufgab, um sich zur Ruhe zu setzen, war zuversichtlich, daß sie Ende September oder spätestens Anfang November kalben würden. Jason genoß seine Ferien, aber die Heimreise konnte ihm nicht schnell genug gehen. Er wollte die Kühe sehen. Nachdem er einige Minuten auf dem Feld mit ihnen verbracht hatte, hatte er eine Beziehung hergestellt. Sie ließen sich von ihm streicheln und drücken, als ob sie Schoßtiere seien. Wenn Ann oder Paul sich ihnen näherten, wichen sie zurück, aber sie schienen Jason zu akzeptieren. Er liebte es, seine Hände auf ihre schwellenden Bäucher zu legen und erzählte seiner Mutter, daß er fühlen konnte, wie die Kälber sich bewegten.

Der September kam und ging und dann der Oktober, ohne irgendein Anzeichen dafür, daß die vier werfen würden. Tatsächlich sahen alle vier dünner aus, weniger trächtig, und ihre gerundeten Bäuche hatten weniger Umfang. Trotz der Tatsache, daß sie alle gesund waren, hatte Paul ein ungutes Gefühl, und als Mitte November noch immer nichts darauf hinwies, daß sie werfen würden, rief er den Tierarzt an.

Der Tierarzt sollte sie am Donnerstag, dem 21., besuchen. Am Montag zuvor waren alle sechs Pferde verschwunden, als Ann und Paul auf die Farm kamen. Es war kein großes Rätsel. Die Pferde waren schon vorher von böswilligen Jungen herausgelassen worden, die absichtlich die Tore geöffnet hatten. In der Vergangenheit, als Paul Schweine gezüchtet hatte, waren die beiden freigelassen worden und auf den Saumpfad gelaufen. Eine von Pauls riesigen Säuen lag einmal mitten auf einem naheglegenen Weg und weigerte sich selbst dann, sich von der Stelle zu rühren, als zwei Polizisten ihr sagten, sie stelle ein Verkehrshindernis dar.

Die Andrews rannten nicht herum, um nach den Pferden zu suchen. Wie schon zuvor kamen sie alle von allein zurückgelaufen, Nach wenigen Stunden fehlte nur noch Squeakie, Daniels Stute. Das war seltsam, weil Squeakie pünktlich und häuslich ist und niemals die Farm verläßt, selbst dann nicht, wenn das Tor weit offen steht. Als sie am folgenden Morgen noch immer nicht zurückgekehrt war, befürchtete Paul, sie sei gestohlen worden. Während Ann sich Gedanken darüber machte, wie sie Daniel die Nachricht beibringen sollte, rief Paul die Polizei an.

In dieser Nacht regnete es heftig, und Ann schlief schlecht. Sie sorgte sich darum, daß Squeakie, die die Gesellschaft anderer Pferde brauchte, irgendwo allein war, naß und ohne daß sich jemand um sie kümmerte. Als sie am nächsten Morgen das Haupttor der Farm erreichten, stieg Ann aus, um es aufzuschließen. Sie war erstaunt, vor dem Tor im Lehm tiefe Hufabdrücke von Kühen zu sehen. Es gab sehr viele Abdrücke, als ob die Kühe sich im Kreise bewegt hätten. Aber es gab keine Abdrücke, die zu dieser Stelle oder davon wegführten, obwohl überall tiefer Lehm war.

Überrascht darüber, daß seine Frau sich soviel Zeit mit dem Öffnen des Tores ließ, stieg Paul aus dem Wagen und ging zu ihr. Auch er stand vor einem Rätsel. Dann deutete Ann auf einen anderen Abdruck am Rande. Er hatte die Form einer Stiefelsohle. Davon war nur einer da, und erstaunlich daran war seine Größe. Pauls eigener großer Fuß wirkte daneben zwergenhaft. Er schätzte, daß er mindestens Größe 15 hatte.

Sie waren beide besorgt und eilten zum Tor. Das Vorhängeschloß war noch an seinem Platz und auch das Seilende, das Ann immer darum wickelte (daran konnten sie sehen, ob jemand versucht hatte, es zu öffnen), war noch an seinem Platz. Sie gingen sofort in die Scheune, wo die Kühe sein würden, da sie dort Schutz vor dem nächtlichen Regen fanden. Alle Kühe waren dort. Aber die Tiere waren sichtlich beunruhigt, muhten und wichen zurück, als ihre Besitzer näherkamen.

Die Pferde grasten ganz friedlich. Ann und Paul waren entschlossen, Squeakie zu finden, und so machten sie sich gemeinsam auf den Weg durch den dichten Wald und riefen nach dem Pferd. Sie wanderten am Waldrand entlang, da sie wußten, daß die Stute nicht freiwillig tief in das dichte Gewirr des Unterholzes gelaufen sein würde. Sie gingen durch ein großes, abfallendes Feld, das einem Nachbarn, einem Obstbauern, gehörte. Der Hang fiel vor ihnen ab. So konnten sie deutlich sehen, daß das Feld leer war. Sie hatten nicht ernsthaft geglaubt, das Pferd dort zu finden. Der Zugang zum Feld befand sich neben dem Farmgebäude, und man konnte nur über den großen Farmhof dorthin gelangen, auf dem stets viele Leute und Hunde waren. Squeakie wäre bemerkt worden, zumal dies der dritte Tag seit ihrem Verschwinden war.

Bei der Rückkehr zu ihrer Farm konnten sie die anderen Pferde hören, bevor sie das Tor erreicht hatten. Die Pferde wieherten, als ob sie riefen. Sie hörten, daß ein anderes Pferd das Rufen erwiderte. Sie rannten den Weg zurück, den sie gerade gekommen waren und folgten der Richtung, aus der das Wiehern kam. Dort, in einer Ecke des Feldes, die sie Minuten zuvor noch abgesucht hatten, stand Squeakie, von weißem Schweiß bedeckt und unkontrolliert zitternd. Sie waren beide völlig verblüfft. Sie konnten sie unmöglich übersehen haben. Da Paul den Farmer nicht verärgern wollte, öffnete er ein anderes unbenutztes Tor und ließ sie hinaus. Er wußte, daß sie nicht auf diesem Wege in das Feld gekommen war, da das Tor offensichtlich seit langer Zeit nicht benutzt worden war.

Wieder auf ihrem eigenen Grund, legten sie Squeakie eine Decke über, um sie zu wärmen, aber sie beruhigte sich augenblicklich, als sie wieder bei den anderen Pferden war. Sie fraß tüchtig. Als Ann und Paul mit dem Füttern der anderen Tiere fertig waren, fühlten sie sich erschöpft. Während der Heimfahrt erzählte Ann Paul, daß sie das seltsame Gefühl gehabt hätte, daß sie beobachtet worden seien. Zu ihrer Überraschung sagte er ihr, daß er das auch gefühlt habe. Es war das erste Mal, wie er sagte, daß er sich je ›gefürchtet‹ habe, als er auf seinem eigenen Grund war.

Am folgenden Tag kam der Tierarzt, um die Kühe zu untersuchen, die fügsam und ruhig waren – völlig anders, als sie vorher während der Woche gewesen waren. Nachdem der Tierarzt sie fast eine Stunde lang untersucht hatte, versetzte er Ann und Paul mit dem Untersuchungsergebnis in Erstaunen. Nur zwei der Kühe, sagte er, seien trächtig. Das war eine Überraschung, aber Paul wie Ann wußten, daß eine Schwangerschaftsdiagnose nicht immer leicht ist, und der alte Farmer konnte sich geirrt haben. Doch was der Tierarzt darauf erklärte, schockierte sie. Eine der Kühe, die trächtig war, würde erst in etwa zehn Wochen werfen, und die andere war erst seit vier oder fünf Monaten trächtig. Da die Kühe seit Ende Juni in Hawksnest waren, bedeuteten diese verblüffenden Neuigkeiten, daß sie bei ihrer Ankunft nicht trächtig gewesen sein konnten. Erstaunlicher war, daß irgendwann ein Bulle auf das Grundstück gelangt sein mußte, um sie zu besamen. Der Tierarzt war ebenso verblüfft wie sie, versicherte ihnen aber, daß die beiden Kühe gesund seien.

Die Kälber kamen pünktlich zur Welt, eines an einem kalten Morgen Anfang März, das zweite am 17. April. In beiden Fällen war es vielleicht möglich, daß die Kühe vor ihrem Eintreffen auf Hawksnest Farm besamt worden waren, aber nur vielleicht. Der Farmer hätte sie andernfalls nicht als trächtig deklariert.

♦

Das mysteriöse Verschwinden von Squeakie, die unerklärliche Unfruchtbarkeit der beiden anderen Kühe und die unnatürlich lange Tragezeit der beiden anderen, waren nicht die einzigen verblüffenden Ereignisse, in die Tiere auf dem Kleinbauernbesitz verwickelt waren.

1995 war die Hofkatze verschwunden. Die Andrews erwarben zwei Katzen von einer anderen Farm, um der Mäuse Herr zu werden, die sich beim Futter tummelten. Als die Katze, von Jason Cosmic Creeper getauft (nach der Katze der Hexe in einem seiner Lieblingsfilme, Bedknobs and Broomsticks), für ein paar Tage verschwand, war niemand von der Familie beunruhigt. Katzen, die ihr Futter erjagen, streunen oft herum. Doch als Daniel und Jason auf der Farm herumtollten, machten sie eine grausige Entdeckung. Die Katze lag ausgestreckt auf einem Strohballen. Sie war nicht wie eine schlafende Katze zusammengerollt, und als sie nahe bei ihr waren, sahen sie, daß sie ein sauberes rundes Loch im Kopf hatte. Sie war steif und mußte mindestens seit einem Tag tot sein. Erstaunlicherweise war kein Blut um das Loch zu sehen, das offensichtlich keine natürliche Verletzung war. Paul begrub sie. Er und Ann vermuteten, daß Rowdys sie aus Gemeinheit getötet hatten.

Ein paar Monate später wurde auf dem unteren Feld ein Fuchs gefunden, der die gleiche seltsame Kopfverletzung hatte. Wieder fand sich keine Spur von Blut. Am 26. August 1996 wurden nahe dem Tor vier tote Mäuse gefunden, alle in unnatürlich gerader Linie aufgereiht. Jede hatte ein kleines schwarzes Loch, nicht größer als ein Nadelstich im Kopf, das linke Auge fehlte und das Rektum war sauber herausgeschnitten. Bei einer fehlte ein Teil des Bauches, bei einer anderen lag der Kieferknochen frei, als ob das Fleisch weggeschnitten worden sei, und bei einer war der linke Vorderfuß abgeschnitten. Es fiel schwer festzustellen, welche Verstümmelungen die vierte hatte, da Jason zufällig auf sie getreten war, bevor die bizarre Reihe von Kadavern entdeckt wurde. Dieses Mal machte Ann, beunruhigt wegen der rituellen Anmutung der Verletzungen, ein Foto von den Mäusen und schickte es Tony Dodd, bevor sie die Kadaver beseitigte, die nach ein paar Tagen zu verwesen begannen.

Zu dieser Zeit wußte Ann nichts von Verstümmelungen von Tieren. Als sie über UFOs und Außerirdische las, konzentrierte sie sich auf das Material, das mit ihren und Jasons Erlebnissen zu tun hatte. Sie hatte ein wenig über Entführung in Erfahrung gebracht, wußte aber nichts von den anderen Aspekten des Themas. Sie war überrascht, daß Tony sich nicht überrascht zeigte. Dann fand sie heraus, daß er mit den seltsamen Malen und Verstümmelungen, die sich bei toten Tieren finden, vertraut ist, zumal, wenn sie sich auf Grundstücken finden, wo es Aktivitäten Außerirdischer gibt.

♦

Der erste Bericht über Tierverstümmelungen in neuerer Zeit, der in Verbindung mit dem UFO-Phänomen stand, betrifft einen Fall, der sich 1967 in Colorado, USA, ereignete. Eine gesunde dreijährige Stute wurde tot aufgefunden. Ihr Kopf und ein Teil des Halses waren vom Fleisch befreit. Es war so sauber, als sei es schon seit Tagen so und von der Sonne ausgebleicht und getrocknet. Doch das Pferd war noch zwei Tage zuvor lebend gesehen worden, und der Rest des Körpers war unberührt. Der Kopf war vom Körper mit einem sauberen Schnitt abgetrennt worden, den kein Tier gemacht haben konnte. Es gab keine Fußabdrücke um den Körper und keine Spur von Blut auf dem Boden oder ein Heraussickern aus dem abgetrennten Hals.

Wegen des geheimnisvollen Todes des Pferdes und der Umstände, wurde der Kadaver an einen Pathologen geschickt, der feststellte, daß Herz, Lungen und Schilddrüse fehlten. Die Wunde schien kauterisiert worden zu sein. Jahre später, als Laser zum Einsatz kamen, hätte ein Pathologe eine Ähnlichkeit mit dieser Kauterisierungstechnik festgestellt, 1967 aber war eine solche Technologie zumindest der breiten Öffentlichkeit unbekannt.

Was den Fall der toten Stute noch interessanter machte – und das Interesse der internationalen Öffentlichkeit weckte – war, daß in der Nacht, als sie starb, mehrere Menschen in dieser Gegend UFO-Aktivitäten gemeldet hatten. In dem Bereich, in dem der Kadaver gefunden wurde, war ein sonderbar süßlicher Geruch, den der Rancher, auf dessen Land das Pferd geweidet hatte als ›weihrauchähnlich‹ beschrieb.

In den folgenden Jahren gab es viele Berichte über Verstümmelungen von Tieren. In Amerika sind Rinder am häufigsten Opfer. In Britannien sind es Wild und Schafe, die seltsame Verletzungen aufweisen. Gewöhnlich werden in den Berichten seltsame Lichterscheinungen oder Geräusche am Himmel erwähnt, oder die Tiere werden in einem Gebiet verstümmelt, das dafür bekannt ist, daß es dort zuvor UFO-Aktivitäten gab.

Die Hauptmerkmale, die in Fällen von Verstümmelungen festgestellt wurden, sind:

Fehlen von Blut, oft winzige Löcher in den Drosselvenen, durch die Blut abgesaugt worden ist. Manche Tierärzte glauben, daß die Tiere in vielen Fällen noch lebten, aber bewußtlos waren, als dies geschah.

Schnitte am Körper, die fortschrittliche anatomische Kenntnis beweisen. Die Einschnitte zur Entfernung lebenswichtiger Organe wurden an den richtigen Stellen gemacht.

Die Verwendung chirurgischer Instrumente. Die Schnitte sind exakt, die Wunden oft kauterisiert, und es gibt keine Spuren von Blut darum oder, wo Knochen abgetrennt wurden, von Knochensplittern und Staub.

Innere Organe, gewöhnlich das Gehörn oder Sexualorgane, sind zuweilen entfernt, Beweis dafür, daß die Tiere sediert wurden.

Zuweilen Beweise für Strahlung am Ort der Verstümmelung.

In den 70er Jahren gab es ein großes Interesse der Medien, als aus ganz Amerika eine Serie von Verstümmelungen an Tieren gemeldet wurde. Als aber keine Erklärung dafür gefunden wurde, verschwand das Thema aus den Schlagzeilen. Die Verstümmelungen hörten aber nicht auf, und ein paar Forscher fuhren fort, weitere Berichte zusammenzutragen.

In Amerika sammelte die Dokumentarfilmerin Linda Multon Howe, die für ihre Umweltbeiträge mehrere Preise bekommen hat, eine Vielzahl von Beweismaterial für Verstümmelungen an Tieren, ursprünglich in der Annahme, daß sie eine Vertuschung von Vergiftung durch die Regierung aufdecken könne. Sie vermutete, daß es sich um ein Leck handele, bei dem Strahlung oder Gifte ausgetreten seien, und daß es sich bei dem toten Vieh um wahllos von der Regierung genommene Proben handelte, um das Ausmaß der Vergiftung festzustellen.

Die Dokumentation, die sie 1980 produzierte, A Strange Harvest, brachte ihr den Fernsehpreis Emmy ein, der in Amerika Aufsehen erregte. Anschließend veröffentlichte sie ein Buch: ›Ernte der Außerirdischen – weitere Beweise für den Zusammenhang zwischen Verstümmelungen von Tieren und Entführungen von Menschen durch außerirdische Lebensformen.‹ Sie stellte fest, daß zum Zeitpunkt einer Verstümmelung nicht nur regelmäßig UFOs gesichtet wurden, sondern daß auch bald danach Hubschrauber ohne Kennzeichen in der Umgebung auftauchten. Sie nahm an, daß es sich um Hubschrauber der Regierung handele. Ihre ursprüngliche Theorie, daß die Regierung verantwortlich für die Verstümmelungen sei, war, wie sie glaubt, nicht richtig. Doch es gibt eine Beteiligung der Regierung dahingehend, als sie, weit aufmerksamer als jemals zugegeben werden würde, das Werk der Außerirdischen beobachtet.

Ihre Beweise stimmen mit denen der meisten anderen ernsthaften UFO-Forschungen überein, die nichts unmittelbar mit Verstümmelungen von Tieren zu tun haben. Es gibt einen Konsens zwischen geachteten und engagierten Forschern, daß Regierungen (nicht nur in den USA, sondern in allen hochentwickelten Ländern) sehr viel über die Kontakte von Außerirdischen mit der Erde wissen, obwohl das offiziell geleugnet und vertuscht wird. Dieses Buch ist nicht der Ort, um dieses Thema zu vertiefen. Ganze Bibliotheken gut recherchierter Bücher wurden geschrieben, in denen die Verbindungen zwischen Regierungen und außerirdischen Raumfahrzeugen dargelegt sind. Einige UFOlogen glauben, daß es eine ständige Kommunikation zwischen beiden gibt, aber das ist spekulativ. Außer Frage aber steht, daß Regierung und Abteilungen des Militärs mehr Kenntnis über Aktivitäten Außerirdischer haben, als sie je zugeben würden. Es gibt so viele Berichte darüber, daß UFOs von Militärflugzeugen entdeckt und verfolgt wurden und so viele gut dokumentierte Berichte von Vertuschungen, daß es unmöglich ist, dieses Beweismaterial zu ignorieren.

Unter den vielen Fällen von Verstümmelungen bei Tieren, die Howe untersucht hat, ist einer, der eine mögliche Erklärung dafür gibt, warum Außerirdische wahllos Organe und Gewebe von Rindern und anderen Tieren entfernen – und der zugleich zeigt, daß ihre ursprüngliche Hypothese, nämlich die Beobachtung von Vergiftung, gar nicht so falsch ist. Der Unterschied ist, daß nicht Regierungsabteilungen beobachten, sondern Außerirdische.

Eine Hausfrau, die 1973 vom Bingo in Houston, Texas, nach Hause fuhr, sah ein großes Licht am Himmel ›hängen‹. Ihre Mutter, ihre Schwester, ihr Schwager und eine halberwachsene Tochter waren mit ihr in dem Wagen und sahen es ebenfalls. Die Frau, Judy Doraty, hielt am Straßenrand an und stieg aus dem Wagen, um das große Licht zu betrachten. Alle im Wagen erinnern sich, es gesehen zu haben, und als sie weiterfuhren, schien es, als folge es ihnen. Es wurde auch von Nachbarn und Verwandten gesehen. Als Judy ihren Wagen anhielt, bewegte es sich über ein Feld, schoß dann plötzlich senkrecht hoch und verschwand.

Erst als sie sich sieben Jahre später hypnotisieren ließ, nachdem sie sich wegen der Ereignisse der Nacht ständig beunruhigt gefühlt hatte, erinnerte sich Judy an das, was geschehen war, nachdem sie aus dem Auto gestiegen war, um das Licht zu beobachten. Sie sah, obwohl es in einiger Entfernung von ihr geschah, daß ein Kalb von dem Licht in ein schwebendes Raumfahrzeug hochgezogen wurde. Sie hatte das sichere Gefühl, daß sie nicht zuschauen sollte und fand sich im nächsten Augenblick selbst im Inneren des Gefährts wieder.

Zwei kleine Außerirdische mit großen Köpfen und großen stechenden schwarzen Augen arbeiteten an dem Kalb, entfernten geschickt Organe und führten eine systematische Untersuchung seiner Zähne, Ohren, Augen und Fortpflanzungsorgane durch. Sie sprachen mit ihr telepathisch während sie arbeiteten, sagten, daß sie die Umweltverschmutzung beobachteten. Sie sagten, sie seien hier stationiert, und dies sei ihre Aufgabe. Sie seien besorgt darüber, daß von Menschen hergestellte Toxide in die Nahrungskette gelangten, und sie erzählten ihr, daß sie ähnliche Untersuchungen bei allen Arten von Lebewesen durchführten.

Judy Doraty hatte das Gefühl, als machten sie sich lustig aber sie, sprächen mit ihr, als sei sie ein kleines Kind. Mehr als einmal erwähnten sie, daß sie sich anschließend an nichts erinnern würde. Als sie mit dem Kalb fertig waren, sah sie voller Entsetzen, daß ihre Tochter Cindy dort war und die beiden Kreaturen sie auf eine Bank setzten. Sie war erleichtert, als sie nur etwas von der Innenseite von Cindys Mund schabten. Dann wurden Judy und Cindy in den Wagen zurückgebracht und sie setzten ihre Reise fort. Sie erinnerten sich nur daran, das Licht gesehen zu haben.

Es ist eine höchst glaubwürdige Erklärung, zumal da wir bereits bei ihrem Zuchtprogramm gesehen haben, daß außerirdische Lebensformen besonders an menschlicher Fruchtbarkeit interessiert zu sein scheinen. Die beiden Humanoiden hatten Judy erzählt, daß sich in den Fortpflanzungsorganen Spuren von Toxiden zeigen würden – und wir wissen bereits, daß die Fruchtbarkeit von männlichen Menschen als Folge chemischer Vergiftung abnimmt.

Ihre Erwähnung, daß sie ähnliche Tests an allen Lebewesen durchführen, bedeutet für den Menschen offensichtliche Implikationen. Tony Dodd glaubt, daß viele Fälle von unerklärlichem Verschwinden die Folge von Entführungen sein könnten, die fehlgeschlagen sind oder daß für eingehendere Untersuchungen ein menschlicher Körper erforderlich ist und das Opfer getötet wurde. Es hat nur sehr wenige Fälle gegeben, bei denen ein menschlicher Leichnam gefunden wurde, der ähnliche Zeichen von Verstümmelungen aufwies wie bei Tieren, aber einen oder zwei hat es gegeben.

In Britannien führt Tony Dodd umfassend Buch über Verstümmelungen bei Tieren. In dieser Akte befindet sich auch das Foto der Mäuse, die auf Hawksnest Farm gefunden wurden. Er hat Beweise für Verstümmelungen an Schafen, Rindern und Pferden, aber auch an Hirschen, Füchsen, Seehunden, Igeln, Dachsen, Schweinen und Katzen. Fast alle haben ein sauberes Loch in der Stirn, durch die das Gehirn und eine Probe des Rückenmarks entfernt worden sind, wie mit einem Apfelausstecher. Jedesmal findet sich kein Blut am Ort der Verstümmelung, und es gibt gewöhnlich immer Berichte über seltsame Lichter und Objekte, die zur gleichen Zeit am Himmel gesehen wurden.

»Es ist so systematisch, daß es kein Vandalismus sein kann«, sagt Tony Dodd. »Irgend etwas geht dort vor, da so viele Tiere überall in der Welt auf die gleiche Weise verstümmelt werden.«

Das Landwirtschaftsministerium, das Royal Veterinary College und die National Farmers Union sagen übereinstimmend, daß ihnen von irgendwelchen Berichten über Verstümmelungen nichts bekannt sei. Tony Dodd ist skeptisch, da er selbst Berichte abgegeben hat.

»Es könnte sein, daß es eine Erklärung gibt, die nichts mit UFOs und Außerirdischen zu tun hat. Aber warum gibt man die nicht?« fragt er.

♦

Drei Elstern, die in einem Wassertrog ertrunken sind, zehn tote Ratten, die oben in einem Wassertank treiben – diese bizarren Ereignisse auf Hawksnest Farm sind für Paul und Ann fast Normalität geworden. Sie sprechen ganz sachlich über diese Art von Ereignissen, die andere entsetzen würden. Der eigenartige süßliche Geruch, den viele andere, ich eingeschlossen, gerochen haben, kommt und geht, besonders in der Umgebung ihrer Tiere. Am 30. April 1997 trug Ann in ihr Tagebuch ein, daß der Geruch bei einer der Kühe, Cassie, so stark war, daß ihr und Paul schlecht war, nachdem sie das Tier versorgt hatten. Zwei Wochen später war der Geruch unmittelbar am Tor des landwirtschaftlichen Kleinbesitzes sehr stark. Er verschwand, doch als Ann das Feld hinunterging, entdeckte sie, daß Squaekie während der Nacht gefohlt hatte. Doch dieser Geruch haftete so stark an Mutter und Kind, daß sie es kaum ertragen konnte, näher heranzugehen, um sich davon zu überzeugen, daß das Fohlen wohlauf war. An diesem Abend hatten sie und Paul Kopfschmerzen, und der Geruch blieb einfach in ihren Nasenlöchern haften.

Vier Monate nach der Geburt des gesunden Fohlens, sah Squeakie dünn aus. Zuerst nahmen Ann und Paul an, daß das aufwachsende Fohlen soviel Milch von ihr nahm, daß sie selbst nicht genug Nahrung bekam.

Doch eines Tages bemerkte Ann, daß etwas von der Stute herabhing. Sie rief den Tierarzt an, der feststellte, daß Squeakie die Nachgeburt nicht ausgestoßen hatte. Normalerweise ist es so, daß, wenn die Nachgeburt nach der Geburt nicht auf natürliche Weise ausgestoßen wird und die Stute nicht innerhalb vierundzwanzig Stunden behandelt wird, sich die Plazenta zersetzt, giftig wird und die Stute innerhalb weniger Tage stirbt. Zum Erstaunen des Tierarztes gab es bei Squeakie keine ernsthaften Nachwirkungen. Sie brauchte nicht einmal eine Behandlung mit Antibiotika. Sie ist, erzählte er ihren Besitzern, ein Wundertier.

Jedes Jahr veranstaltet ein Motorradclub an einem Wochenende im August am abgelegenen Ende eines der Felder des Anwesens eine Rallye. Nachdem die Familie ihr ganzes Vieh verloren hatte und vor großen finanziellen Problemen stand, verkaufte Paul ein kleines Stück Land an einen Motorradclub. Es stellte sich heraus, daß die Motorradfahrer auf dem Grundstück nur einmal im Jahr eine Wochenendrallye machen wollten. Für den Rest der Zeit erlaubten sie Paul gern, seine Pferde und Kühe dort zu weiden.

Die Motorradfahrer kamen von weither. Trotz anfänglicher Bedenken der Nachbarn der Andrews (sonst wohnt niemand im Umkreis von mehreren hundert Metern in der Nähe der Farm), ist die Iron Horses Rallye friedlich, und zum Erstaunen derer, die das Schlimmste befürchteten, sind die Motorradfahrer in den Dreißigern oder Vierzigern und legen sich relativ früh in ihren Schlafsäcken zur Ruhe. Nach der Rallye im August 1996 sprach Ann mit einigen Motorradfahrern, die aus Belgien angereist waren. Einer von ihnen fragte, ob sie wisse, daß es auf der Farm paranormale Aktivitäten gäbe. Ann fragte ihn überrascht, was er damit meine. Er und sein Freund erzählten ihr, sie hätten ein gleißendes Licht über den Feldern schweben sehen und dann ein ›phantastisches Lichterschauspiel‹ über den Wäldern, in der Richtung, wo das Gelände des Verteidigungsministerium liegt.

(Die Motorradfahrer sind nicht die einzigen, die die seltsamen Lichter über den Feldern der Andrews bemerkt haben. Als die Nachbarin Sue Rutland an einem Abend im September 1997 mit ihrer Tante zum nächsten Briefkasten ging, sah sie ein helles, orangenes Glühen über der Farm. Sie eilte nach Hause und rief Ann an, die daraufhin Paul bei der Arbeit informierte. Als die beiden eine Stunde später auf der Farm ankamen, war das orangefarbene Licht verschwunden, aber aus dem Waldgelände drangen zwei schwache weiße Lichtstrahlen. Die Tiere wirkten unnatürlich ruhig.)

Jason und Daniel durften zum ersten Mal 1996 mit zweien ihrer Freunde bei der Motorrad-Rallye zuschauen. Paul hat einen kleinen Wohnwagen auf dem Anwesen stehen, den er, wenn er dort arbeitet, als Unterkunft benutzt. Die Jungen nahmen Schlafsäcke mit und verbrachten die Nacht darin. Früh am Morgen, bevor die anderen sich gerührt hatten und während die Motorradfahrer noch pennten, stand einer von Jasons Freunden auf, um im Wald seine Notdurft zu verrichten. Als er ein kleines ›Kind‹ hinter einem Baum sah, dem er sich näherte, folgte er ihm in der Annahme, es sei aus dem Lager der Motorradfahrer gekommen und seinen Eltern davongelaufen. Als er den Baum erreichte, war von dem ›Kind‹ nichts zu sehen. Er suchte ein paar Minuten nach ihm, kehrte dann zu dem Wohnwagen zurück und weckte die anderen und sagte, er habe einen Geist gesehen. Er glaubt jetzt, daß es auf der Farm spukt und weigert sich, dort noch eine Nacht zu verbringen.

Ein sehr ähnlicher Zwischenfall ereignete sich zehn Monate später, im Juni 1997, als Ann für andere Angehörige ihrer Familie, darunter ihre Mutter, ihre beiden Brüder, ihre zwei Schwägerinnen und ihre Nichten eine Grillparty gab. Es war ein windiger Tag, aber dennoch waren Paul und Ann überrascht, als ein riesiger Baum im Wald umstürzte und auf ihr Grundstück fiel. Zum Glück wurde keiner ihrer Gäste oder eines der Tiere dabei verletzt. Noch größer war die Überraschung, als Anns kleine Nichten, sieben und elf Jahre alt, vom unteren Feld zurückkamen, wohin sie gegangen waren, um sich die Pferde anzuschauen, und fragten, wer die ›kleinen Kinder‹ seien, die sich in den Waldungen versteckten. Vi sagte ihnen, sie müßten Schatten gesehen haben, die wie Kinder aussähen, aber Ann konnte in ihren Gesichtern lesen, daß sie das nicht glauben mochten.

15. KAPITEL
Eine echte Seele

Anfang 1996 hatten Jason und Ann den Punkt erreicht, an dem sie, wenn auch mit Unbehagen, die Aktivitäten der Außerirdischen um sie akzeptierten. Da Jason sich mehr an die Entführungen gewöhnt hat – und mehr darüber weiß – fühlt er sich bei der Prozedur wohler. Das bedeutet nicht, daß er sie genießt oder sie ihm Freude macht. Er wünschte, es wäre zu Ende, aber er fürchtet sich nicht so sehr davor.

»Es wäre viel besser, wenn es nicht geschähe, weil ich immer so müde bin. Aber ich weiß jetzt, daß ich immer zurückkommen kann, und daß sie mir, obwohl ich nicht mag, was sie mit mir tun, nichts antun wollen«, sagt er.

Ann fürchtet nicht mehr, daß er ihr ständig körperlich genommen wird, und obwohl sie noch immer sehr besorgt ist, wenn sie feststellt, daß er nachts nicht da ist, hat sie sich damit abgefunden. Sie hat andere, tiefere Ängste. Paul kann die Entführungen weniger akzeptieren, und es ist vielleicht ein Glück, daß er sie insgesamt weniger bewußt erlebt als Ann. Sie wacht oft nachts auf, weiß, daß Jason nicht da ist, schläft aber wieder ein, da sie nichts daran ändern kann.

Wenn Paul ebenfalls erwacht, schwankt er zwischen Verständnis und Wut darüber, daß sein Leben von etwas beherrscht wird, daß sich seiner Kontrolle entzieht. Anfang 1996, mitten in einer für Jason unglücklichen Zeit, als die Entführungen häufiger denn je stattzufinden schienen, wurden Paul und Ann durch Geräusche aus Jasons Zimmer geweckt. Als sie dorthin kamen, fand sie Daniel auf Jasons Bett sitzen. Er drückte einen Teddybär an sich, den Jason seit seiner Kindheit hatte. Obwohl Daniels Wangen tränenüberströmt waren, war er wütend.

»Diese Bastarde haben ihn wieder geholt. Ich wußte, daß es geschah, aber ich konnte mich nicht bewegen. Ich konnte es nicht verhindern«, sagte er und schlug mit seiner Faust auf das Kopfkissen. »Ich hasse sie.«

Ann tröstete ihn, erinnerte ihn daran, daß Jason immer zurückkam. Paul hingegen ließ sich von Daniels Ärger und frustrierenden Gefühlen anstecken. Er schlug die Schlafzimmertür zu und begann nach unten zu marschieren. Ann folgte ihm und fragte, was er tun wolle. Oftmals war Paul bei Jasons Abwesenheit ebenso gelassen gewesen wie sie, aber in dieser Nacht war seine Stimmung völlig anders.

»Ich werde die Polizei holen«, schnappte Paul seine Frau an. »Mir reicht es einfach. Es ist außer Kontrolle. Sowas machen normale Familien nicht durch.«

Als Ann versuchte, sich zwischen ihn und das Telefon zu stellen, stieß er sie grob beiseite und sie fiel auf das Sofa. Sie wurde nicht verletzt, aber sie war schockiert. Während ihrer ganzen Ehe, während all der Probleme, denen sie sich gemeinsam gestellt hatten, war Paul nie ihr oder den Jungen gegenüber gewalttätig gewesen. Es war nur ein Stoß gewesen, aber sie hatte so etwas noch nie zuvor von ihm erlebt, und sie begann zu weinen.

Sofort legte Paul einen Arm um sie und entschuldigte sich. Auch er war über sein eigenes Verhalten schockiert.

»O Gott, es tut mir so leid. Ich bin einfach durchgedreht. Manchmal glaube ich, ich kann damit nicht mehr fertig werden. Warum wir? Um Himmels willen, warum diese Familie?«

Einem inneren Gefühl folgend rief Ann Maria Ward an. Obwohl es halb vier morgens war, wußte sie, daß Maria bereit sein würde zuzuhören und zu helfen. Wie vorhergesagt, konnte Maria Trost und Rat geben. Sie sprach mit Paul, sagte ihm, daß, gleich wie schlecht er sich fühle, er um Jasons willen damit fertig werden müsse. Zur Polizei zu gehen, wo sie bereits die Erklärung für sein Verschwinden kannten, würde die Dinge für den Jungen nur noch schlimmer machen, erzählte sie ihm. Das letzte, was Jason gebrauchen könne, wären verständnislose und mitleidslose Polizeibeamte.

Maria sprach daraufhin wieder mit Ann, und die Worte, die sie wählte, versetzten Ann einen Schreck.

»Jason ist etwas Besonderes. Ich weiß nicht, wie ich dies erklären soll, aber mir scheint, als habe Jason eine ursprüngliche Seele, und daran sind die, die ihn entführen, interessiert.«

Ann erinnerte sich gehört zu haben, daß Daniel auch die Formulierung ›eine ursprüngliche Seele‹ gebraucht hatte, als er erklärt hatte, warum sein ›Soldatenmann‹ seine Aufmerksamkeit Jason zugewandt hatte. Maria sprach weiter und versicherte Ann, daß Jason nichts Schreckliches geschehen würde, wenn das Wohnzimmer plötzlich von intensivem weißem Licht erfüllt sei. Ann hatte nur eine kleine Tischlampe eingeschaltet, weil es mitten in der Nacht war, doch der Raum war jetzt in strahlendes Licht gebadet, und draußen war das laute Krachen von Donner zu hören. Augenblicklich ging das Licht aus, und der Donner verebbte in der Ferne. Chissum, der größte Hund, winselte bei dem Donnerschlag, ging dann zum Treppenfuß, und sein erschrecktes Winseln wurde zu einem fröhlichen Bellen. Jason kam, sich die Augen reibend, die Treppe herunter auf sie zu.

Maria, die am Telefon hatte verfolgen können, was geschah, lachte und sagte zu Ann: »Was habe ich Ihnen gesagt? Kann ich jetzt bitte etwas schlafen?«

Jason setzte sich und erzählte seinen Eltern und seinem Bruder, was ihm widerfahren war.

»Ich habe heute nacht einen der großen Menschenähnlichen getroffen«, sagte er. »Er zeigte mir eine wirklich komische Landkarte und versuchte mir genau zu erklären, woher sie kommen. Er erzählte mir – in meinem Kopf – daß sie uns – also die Erde – seit Hunderten und Tausenden von Jahren beobachtet haben. Das war so interessant, daß ich stundenlang hätte bleiben können.«

»Das hast du getan«, unterbrach Paul ihn.

Jason grinste und fuhr fort.

»Diesmal sah ich Unmengen anderer Menschen und, o ja, dann war da dieser Säugling und die ›Kleinen‹ spielten mit ihm mit einem funkelnden Ball – er war wie der, der in unser Haus kam, aber kleiner. Das Baby lachte und kicherte so sehr über den Ball, daß immer mehr von den ›Kleinen‹ hinzukamen, um ihn zu sehen. Er war so lustig.«

Jason lächelte, genoß die Erinnerung hielt ein paar Augenblicke inne, bevor er weiterredete.

»Ich fühlte mich diesmal wirklich gut. Ich fühlte mich innerlich wohl, mit dem Großen zusammen zu sein. Er sagte, er kennt uns alle, und ich hatte den Eindruck, daß er Daniels Soldatenmann war, der ihn besucht hatte.«

Etwa eine Woche später überkam Ann eine starke Vorahnung, daß etwas geschehen würde. Jason war an diesem Abend wieder unruhig gewesen, hatte aber nichts davon erwähnt, daß wieder eine Entführung bevorstehe. Er ging fröhlich zu Bett, und als Ann nach ihm sah, schlief er tief. Sie konnte nicht schlafen. Sie lag neben Paul, der laut schnarchte, und war von einem Gefühl des Unbehagens erfüllt, das sie nicht erklären konnte.

Sie stand wieder auf, um nochmals nach den Jungen zu sehen, aber mit ihnen war alles in Ordnung. Der große Hund, Chissum, schlief auf dem Treppenabsatz und rührte sich nicht. Er öffnete nicht einmal ein Lid, als Ann über ihn hinwegtrat. Sie gab ihm einen sanften Stoß mit dem Fuß, worauf er laut knurrte, erwachte aber zu ihrer Überraschung dennoch nicht. Wieder in ihrem Bett sagte sie sich, daß alles in Ordnung sei, als sie ein dumpfes, fernes Summen hörte. Es wurde lauter, als ob es näherkäme. Sie richtete sich im Bett auf und rüttelte Paul wach – was schwer war, da er sehr tief schlief. Auch er konnte es hören. Aber er legte schnell wieder seinen Kopf auf das Kissen und schnarchte weiter.

Ann trat an das Fenster und blickte hinaus. Draußen war nichts zu sehen, doch das Geräusch schien jetzt überall um sie herum zu sein, in ihrem Haus. Sie erinnert sich gedacht zu haben, als sie zum Bett zurückging, daß es erstaunlich war, daß Paul dabei schlafen konnte. Und dann erinnert sie sich bis zum folgenden Morgen an nichts mehr.

Als sie nach unten kam, kippte Paul eine Tasse Tee hinunter, bevor er sich eilig auf den Weg zur Farm machte. Daniel las ein Fußballmagazin und Jason aß einen Teller Müsli. Daniel blickte auf und fragte sie, ob sie ›es‹ während der Nacht gesehen habe.

»Was?« fragte sie.

»Den Fußball«, sagte Daniel.

»Es war ein großer blauer Lichtball«, fuhr Jason fort. »Es war, als ob er schwebte, alles untersuchte. Er bewegte sich herum, ohne irgendwo gegenzustoßen.«

Daniel erzählte Ann, daß der ›Fußball‹ alle Schlafzimmer oben erkundet habe, auch das von ihr und Paul. Er war überwältigt von seiner Schönheit, doch als er seine Hand ausstreckte, um ihn zu berühren, wich er zurück. Jason sagte, daß er keine Angst davor gehabt hätte. Er hatte gewußt, daß es etwas anderes als ein Entführungserlebnis war, und daß ihm nichts geschehen würde. Beide Jungen sagten, sie seien tief eingeschlafen, bevor der Lichtball verschwunden war.

Ein anderes Nicht-Entführungserlebnis, das sich bei Jason wiederholt, ist ein Traum. Weil er es als ›Traum‹ beschreibt, glaubt seine Mutter, daß es keine wiedergewonnene Erinnerung ist wie ihre Träume, denn Jason konnte immer zwischen der Realität einer Entführung und einem Traum unterscheiden. Darin unterscheidet er sich von einem typischen Entführten. In dem Traum ist er manchmal auf der Farm und manchmal zum Einkaufen in einem Supermarkt. Er hebt etwas mit einem glänzenden Boden auf, etwa eine Konservendose, und sieht darin ein Spiegelbild von sich. Aber während er sich sieht, sieht er auch einen Außerirdischen hinter sich, und es ist nicht der, der ihm vertraut zu sein scheint, nicht Daniels ›Soldatenmann‹. Er fühlt, daß er erschreckt und vorsichtig ist, und er versucht, die mentale Kommunikation, die der Außerirdische mit ihm aufbauen will, zu blockieren. Während er seine ganze Willenskraft aufbringt, um sich dem Kontakt zu widersetzen, wacht er auf. Jedes Mal, wenn er diesen Traum hat – und er ist vier oder fünfmal wiedergekommen – hat er nächtelang Angst einzuschlafen, und er ißt auch nicht mehr richtig, beklagt sich über Übelkeit.

Noch ein anderes wiederkehrendes Phänomen bemerkte Paul erstmals an einem Freitagabend im April 1996. Er stand mitten in der Nacht auf, um ins Bad zu gehen, und hörte, daß in Jasons Zimmer gesprochen wurde. Paul warf einen Blick durch die Tür und sah Jason aufrecht in seinem Bett sitzen. Er sprach fließend in einer fremden Sprache, bei der es viele leise ›Ummmm‹-Töne gab. Seine Augen waren weit geöffnet, aber er schien in einem tranceähnlichen Zustand zu sein. Paul weckte Ann, und beide lauschten mehrere Minuten. Dann drehte Jason sich um, richtete seinen starren Blick auf Ann und sagte auf Englisch »O ja, die Mutter.« Dann schien er müde zu werden, legte sich nach einer Weile hin und schlief wieder ein. Er hatte die Augen geschlossen und einen Daumen in seinen Mund gesteckt.

Als Ann und Paul sich umdrehten, um das Zimmer zu verlassen, wären sie fast von Chissum umgerannt worden, der sich an ihnen vorbeischob. Er ging durch das Zimmer zu seinem jungen Schützling und drückte ängstlich seine Schnauze an Jasons Gesicht. Ohne aufzuwachen, streckte Jason eine Hand aus und schob ihn weg, murmelte dem Hund zu, er solle gehen. Der große Schwanz begann zu schlagen und Chissum, beruhigt, daß mit Jason jetzt alles in Ordnung war, machte kehrt und trottete aus dem Zimmer, um wieder seine Wachposition am Treppenabsatz zu beziehen. Die Spannung war gebrochen, und Ann und Paul lachten über den großen Hund. Ann drückte ihn, bevor sie ins Bett zurückkehrte. Doch das Frösteln, das sie spürte, als sie hörte, wie er sie kalt ›die Mutter‹ nannte, kehrt jedesmal wieder, wenn sie sich an den Zwischenfall erinnert.

Die seltsame Sprache ist mehrere Male gehört worden, und Paul versuchte auf Tony Dodds Vorschlag hin, sie auf Band aufzuzeichnen. Aber trotz Verwendung eines zuverlässigen, modernen Gerätes, klemmen die Kassetten immer. Dies ist bei Erforschungen des Paranormalen häufig der Fall. Angehörige der Society for Psychical Research verbringen viel Zeit damit, die Fehlfunktionen ihrer elektronischen Ausrüstungen während ihrer Forschungen zu beheben. Es ist bekannt, daß Videokameras, Kassettenrecorder und Kameras, die auf Automatikbetrieb eingestellt sind, versagen, sogar Geräte zur Hitzemessung, mit denen Temperaturveränderungen überwacht werden sollen. UFOlogen sind daran gewöhnt, daß Filme nach der Entwicklung unbelichtet waren, und es ist immer unmöglich mit Sicherheit zu sagen, ob der Fehler auf anfällige menschliche Technik zurückzuführen ist oder ob ein Eingreifen von außen das Problem verursacht hat.

Jason hat noch immer gelegentlich seine einseitigen nächtlichen Gespräche. Obwohl Paul und Ann aufmerksam zuhören, können sie die Sprache, die er spricht, nicht identifizieren. Sie klingt nicht wie eine der bekannten europäischen Sprachen. Was immer sie sein mag – Jason spricht sie ebenso leicht wie Englisch und wechselt manchmal sogar zwischen beiden Sprachen, während er vor sich hinmurmelt, so daß seine Eltern zuweilen ein klares, verständliches, alltägliches Wort wie ›Pony‹ oder ›Farm‹ verstehen. Kinder, die zweisprachig aufwachsen, wechseln die beiden Sprachen oft, ohne zu merken, daß sie es tun, auf genau diese Weise.

Als Ann die neue Sprache zum ersten Mal hörte, war sie sehr besorgt. Die fremde Sprache schien eine andere Art zu repräsentieren, wie ›sie‹ ihren Sohn übernahmen, und all ihre alten Ängste, daß er zu ihnen ›hinübergehen‹ würde, waren wieder da. Dies ist mit Abstand ihre größte Angst, trotz aller Versicherungen, die Tony Dodd ihr gibt. Die Worte ›die Mutter‹ quälen sie. Auch Paul hatte im Oktober 1996 einen beunruhigenden Wortwechsel, der ihn mit andauerndem Unbehagen erfüllt. Nach einem Streit, einer normalen familiären Auseinandersetzung mit einem aufsässigen heranwachsenden Sohn, schrie Paul:

»Du tust, was dein Vater dir sagt, hast du das verstanden?«

Jason wurde sofort ruhig und fixierte ihn mit einem kalten Blick.

»Du verstehst nicht, nicht wahr?« sagte er. »Ich bin mehr Teil von ihnen, als ich je Teil von dir sein werde.«

Paul dachte ein paar Tage über diese Worte nach und versuchte, einen Sinn darin zu sehen. Er war ungewöhnlich ruhig und konzentriert. Ann, die während des Streits nicht anwesend gewesen war, spürte, daß etwas Wichtiges geschehen war, mußte die Einzelheiten aber Paul, der gewöhnlich so offen und sachlich bei allem ist, aus der Nase ziehen. Sie versuchte ihn damit zu beruhigen, daß dies nur dumme Worte seien, in der Hitze einer Auseinandersetzung von einem Heranwachsenden gesagt, der versuchte, seine Eltern zu verletzen. Doch auch ihr war, als fasse eine kalte Hand nach ihrem Herzen, als sie sie hörte.

Schließlich rief Paul Tony Dodd an, nachdem er fast eine Woche lang dauernd an Jasons Erklärung hatte denken müssen. Wie immer war Tony tröstend und unterstützend – und überhaupt nicht überrascht. Obwohl er, erzählte er Paul, nie zuvor direkt einem Kind begegnet war, das so sprach, hatte er Berichte aus Amerika über entführte Jugendliche gelesen, die ähnliche Dinge zu ihren Eltern gesagt hatten.

Für Paul bleibt es das aufregendste und unangenehmste Erlebnis von allen Entführungserlebnissen, die Jason hatte. Es vermittelt ihm das Gefühl, sagt er, als sei er bedeutungslos, als ob all die Energie, die er aufgewendet hat, um seinen Sohn aufzuziehen und zu lieben, einfach eine Aufgabe gewesen ist, die er zum Wohle anderer ausgeführt hat. Er zieht einen Vergleich zu den Hunden, die er züchtet, die er liebt und füttert, bei denen er sich aber keinen Augenblick vorstellt, mit ihnen genetisch verbunden zu sein. Erfüllt er bei Jason auch nur diese Rolle?

Doch so dunkel diese Gedanken auch sein mögen, sie überkommen Paul nur gelegentlich. Ansonsten genießen er und Jason es, sich zu necken, zu scherzen, überhaupt die zuweilen schwierige Beziehung zwischen Vater und Sohn. Zuweilen aber bemerkt Ann, daß Paul düster dreinschaut und er einen verwirrten, fast erschreckten Ausdruck in den Augen hat, wenn er Jason beobachtet.

Tony Dodd mußte Ann immer wieder versichern, daß er, seit er sich mit Entführten beschäftigt, nie einem begegnet ist, der sich von den Menschen abgewandt hat. Viele Entführte erleben ein spirituelles Erwachen und Vertiefen, aber dies scheint sehr vorteilhaft zu sein, und es ist nichts, was ihre Beziehungen bedroht (außer wenn eine zu intensive Beschäftigung mit dem Entführungserlebnis zu einer Kluft zu dem Partner führt, der es entweder nicht glaubt oder die ganze Wichtigkeit der Ereignisse nicht begreifen kann).

Ann betrachtet jetzt Jasons Gerede in einer unbekannten Sprache (von der er am Morgen nichts weiß) als ein gutes Zeichen. Sie sagt sich, wenn sie wach im Bett liegt und dem leisen Gemurmel lauscht, das über den Treppenabsatz aus seinem Raum dringt, daß er zumindest, wenn er redet, dort in seinem Bett ist und nicht entführt worden ist.

Im Februar 1997 hatte sie ein wichtiges Erlebnis, von dem sie weiß, daß sie darüber im Lauf der Zeit irgendwie mehr erfahren wird. Trotz des kalten Februarwetters schlafen Paul und Ann in ihrem Schlafzimmer immer bei geöffnetem Fenster. Paul arbeitete in dieser Nacht nicht, was bedeutete, daß Ann leicht einschlafen konnte, weil sie durch seine Anwesenheit im Bett beruhigt war. Diesmal aber warf sie sich im Bett herum und drehte sich und versank schließlich in einen Schlaf, in dem sie sich als Kind sah.

Sie blickte auf sich hinab, sah sich im Schlafzimmer des Hauses der Familie in Peckham schlafen, wo sie ihre ersten Jahre verbracht hatte. Sie sah, daß sie sich lächelnd aufrichtete, dann aus dem Bett stieg und einen Morgenmantel und Hausschuhe anzog. Ihr kindliches Ebenbild sah so glücklich aus, aber in ihrem Traum war Ann von Furcht und Enttäuschung erfüllt. Sie schaute zu, wie das kleine Mädchen leichtfüßig die Treppe hinunterlief, in die Hände klatschte und kicherte, einer Lichtkugel folgte, die sie zu verzaubern schien. Die erwachsene Ann versuchte dem Kind verzweifelt zu sagen, es solle nicht gehen, sollte nicht so fröhlich dabei sein, aber sie konnte keinen Ton von sich geben.

Plötzlich erwachte Ann, noch immer von der Angst aus ihrem Traum erfüllt. Als sie langsam ganz wach wurde, bemerkte Ann eine Gestalt am anderen Ende des Bettes, auf ihrer Seite. Sie begrub kurz ihren Kopf im Kissen, überzeugt davon, daß es ein Teil des Traumes sei, und blickte dann wieder auf. Die Gestalt war noch da, dicht beim Fenster. Sie konnte den Regen gegen die Scheibe schlagen hören, und Wind, der durch den oberen Teil des Fensters drang, hob den Vorhang kurz hoch und wehte ihn über den Kopf der stehenden Gestalt.

Voller Angst versuchte Ann Paul zu wecken, doch der schlief wieder zu tief, um geweckt werden zu können. Sie kletterte über ihn hinweg und floh aus dem Zimmer, um zu prüfen, ob mit Jason alles in Ordnung sei. Als sie sein Zimmer erreichte, fand sie ihren Sohn friedlich schlafend. Aber als sie sich umdrehte, um in ihr Zimmer zurückzukehren, erstarrte sie. Sie konnte das Geräusch schlurfender Schritte hören, die ihr über den Treppenabsatz folgten und sich der Tür von Jasons Zimmer immer mehr näherten. Voller Entsetzen setzte Ann sich auf den Stuhl neben Jasons Bett. Es ist ein kleiner Treppenabsatz, der wegen Jasons Furcht vor der Dunkelheit nachts immer beleuchtet ist. Binnen weniger Sekunden erreichten die Schritte die Tür von Jasons Zimmer, und die Gestalt vom Fenster erschien, beleuchtet vom Licht auf dem Treppenabsatz. Es war ein junger Mann.

Anns Entsetzen verschwand, als sie ihn sah. Er war nackt und völlig naß, als ob er draußen im Regen gewesen sei. Sein Gesichtsausdruck war voller Angst, und er streckte seine Hände zu Ann aus, als bitte er sie um Hilfe. Instinktiv stand sie auf und streckte ihre Hände zu ihm aus. Seine Hände waren eiskalt. Für einen Augenblick war Ann von tiefem Mitleid für den jungen Mann erfüllt, und dann erinnert sie sich an nichts mehr, bis sie am nächsten Morgen um sechs Uhr erwachte.

Sie glaubt – und auch Tony Dodd tut das – daß sie einem anderen Entführten begegnet ist, der irrtümlich in das falsche Haus zurückgebracht wurde. Als die Außerirdischen ihren Fehler bemerkten, korrigierten sie ihn.

Es gibt viele Beispiele dafür, daß Entführte auf falsche Weise zurückgebracht werden, etwa, daß sie ihre Kleidung falsch herum trugen oder einfach im falschen Raum des Hauses waren – so wie Jason, als er noch ein Baby war, ans falsche Ende seines Bettchens oder auf den Boden darunter gelegt wurde. Eine Entführte, die mit Tony Dodd Kontakt aufnahm, fand sich in den frühen Morgenstunden im Vorgarten ihres Hauses wieder, dessen Türen von innen verschlossen waren. Nick Pope glaubt, daß die Schludrigkeit, welche die Entführer zeigen, schließlich zu einem konkreten Beweis für eine Entführung führen könnten, wenn ein Opfer ins falsche Haus oder sogar in das falsche Land zurückgebracht wird.

Zwei Wochen lang nach dieser Begegnung weigerte Ann sich, im Schlafzimmer zu schlafen. Sie suchte Zuflucht auf dem Sofa unten. Einer der Hunde lag zu ihren Füßen. Natürlich weiß sie, daß die Hunde niemanden aus der Familie vor den seltsamen Ereignissen, die ihnen widerfahren, beschützen können, doch für eine Weile vermittelte ihr nach diesem Erlebnis ein schnüffelnder Pyrenäen-Berghund ein Gefühl von Sicherheit. Sie hat auch viele Male versucht, das Gesicht des jungen Mannes zu zeichnen, aber vergeblich. Sie mustert Menschenmengen aufmerksam und sucht nach ihm, überzeugt davon, daß er ein Entführter ist, der relativ nahe bei ihrem Haus wohnen muß und daß sie ihm eines Tages begegnen wird. Sie hat ein sicheres Gefühl, daß sie ihn wiedersehen wird. Sie weiß, daß sie ihn erkennen wird. Aber wird er sie kennen?

Jasons Entführungen erfolgen in Wellen, und nach einem unglücklichen Beginn im Jahre 1997, waren der März und der April relativ friedlich. Kurz nach Mitte Mai hatte er ein weiteres Erlebnis, aber dieses Mal war es keine Entführung, sondern eine Variante, die ihm angst machte. Ann bemerkte, daß er gereizt, müde und schlecht gelaunt war – sichere Anzeichen dafür, daß er wieder unruhige Nächte hatte. Aber in letzter Zeit war es ihm besser gegangen. Er akzeptierte seine Entführungen. Sie war beunruhigt zu sehen, daß er wieder so erregt war. Schließlich brachte sie ihn zum Reden.

Er versuche, erzählte er ihr, die ganze Nacht wach zu bleiben, weil er Angst habe, ›falls es wieder geschähe.‹ Ann fragte ihn, was er meine, und er erzählte ihr verärgert: »Falls ich mich wieder sehen kann.«

Verdutzt bat Ann ihn, das zu erklären.

»Es war letzten Donnerstag«, sagte Jason. »Ich wachte plötzlich auf, verließ das Bett, um nach unten zu gehen, und schaute kurz zurück. Und da sah ich mich: Ich lag noch im Bett und schlief. Ich war erschreckt. Ich versuchte, nach dir oder Dad zu schreien. Dann dachte ich, ich müßte zu euch nach unten gehen. Kaum hatte ich das gedacht, war ich unten, aber ich weiß nicht, wie ich dorthin gekommen bin.«

Er erzählte Ann weiter, daß er im Wohnzimmer war, und daß er deutlich gehört habe, wie sie und Paul über einen Urlaub sprachen, den sie planten, wieder auf dem Campingplatz in Hastings. Sie sprachen darüber, ob Jason Alan mitnehmen solle, einen Schulkameraden. Er erzählte sogar, welches Fernsehprogramm sie und Paul gesehen hatten.

Als er ihr das erzählte, erschauderte Ann. Sie und Paul hatten über den Urlaub gesprochen, aber da sie ihn nicht gebucht hatten – und sie sich nicht sicher waren, ob sie ihn sich leisten konnten – hatten sie den Jungen nichts davon gesagt.

Jason erzählte weiter, daß die Hunde angefangen hätten zu winseln und zu knurren, nachdem er das Wohnzimmer ›betreten‹ habe, und daß Chissum, der größte und mutigste, nach ihm geschnappt habe. Erschreckt darüber, weil die Hunde sich bei Jason wohler als mit jedem anderen fühlen, hatte er sich gewünscht, wieder oben zu sein – und augenblicklich war er es. Wieder wanderten Anns Gedanken zu diesem Abend zurück, und sie erinnerte sich, daß die Hunde geknurrt und gewinselt hatten und Paul sie nicht beruhigen konnte. Aber sie hatte Jason ganz sicher nicht in dem Raum gesehen.

Sie lächelte und drückte ihn, sagte, daß sie mit Tony Dodd sprechen würde, aber sie sei sicher, daß es nicht wichtig wäre. Jason war beruhigt, doch Ann war, obwohl sie sich tapfer gab, besorgt. Sie erzählte es Paul, und er war es, der Tony anrief, der wie immer von ihrem Bericht nicht überrascht war.

Er erklärte Paul, daß Jason eine OBE oder ein out-of-body-Erlebnis gehabt habe, ein gut dokumentiertes übernatürliches Phänomen, das sich zunehmend mit Entführungsfällen zu überschneiden scheint. Es gibt bekannte ›psychische Stars‹, die in Laboratorien getestet werden und in der Lage sind, ihre Körper mehr oder weniger mit bloßer Willenskraft zu verlassen. In einem Fall konnte der Betreffende sogar eine Reihe von Zahlen lesen, die oben auf einen hohen Schrank gelegt worden waren, ohne auch nur das Bett zu verlassen.

Außerkörperliche Erfahrungen sind in Zeiten einer Krise bekannt. Es gibt Fälle von Patienten, die auf sich hinabblicken konnten, während sie auf dem Operationstisch lagen und die sich sogar anschließend an das Gespräch zwischen Ärzten und Krankenschwestern erinnern konnten. Aber sie sind keineswegs ungewöhnlich. Jeder Sechste hat schon einmal eine Art OBE gehabt, und für denjenigen, der sie erlebt, ist es ganz ›normal‹ durch Wände zu gehen, augenblicklich große Entfernungen zurückzulegen und Informationen zu erlangen, die man unmöglich auf andere Weise erhalten kann.

Allerdings haben nur wenige Menschen sie regelmäßig oder können sie willentlich haben. Der Prophet Elias benutzte seine Fähigkeit, seinen Körper verlassen zu können, um für die Israeliten während ihres Krieges gegen die Syrer zu spionieren, und viele primitive Kulturen akzeptieren die Tatsache, daß der Schamane oder Medizinmann seine OBE-Fähigkeiten benutzen kann, um festzustellen, wie feindliche Stämme sich bewegen und wie stark sie sind. Wir wissen, daß die amerikanischen Militärbehörden Experimente mit ›Fernaufklärung‹ durchgeführt haben. Dabei, es war in den 70er Jahren, wurden den Medien Landkartenkoordinaten gegeben, und man forderte sie auf, den jeweiligen Ort zu beschreiben. (Einige von ihnen benutzten die out-of-body-Technik, um zu dem Ort zu reisen.) Als Saddam Hussein während des Golfkrieges erklärte, die Alliierten würden ihn mit übernatürlichen Mitteln ausspionieren, wurde das allgemein als Geschwätz eines Wahnsinnigen betrachtet. Inzwischen wissen wir, daß er die Wahrheit gesagt hat, da Fernaufklärung eingesetzt wurde.

Aber für Jason war es eine völlig neue Erfahrung, und obwohl Ann ihn tröstete, hatte auch sie nie zuvor von OBE gehört. Tony Dodd konnte der Familie versichern, daß Jasons verstärkte psychische Fähigkeiten ihn ganz natürlich zu einem Kandidaten für andere paranormale Erlebnisse und auch für Entführung machten.

Er warnte sie auch, daß Jasons außerirdische Freunde ihm die Fähigkeit von OBE absichtlich verliehen haben könnten, zu ihrem eigenen Vorteil – obwohl es sicherlich nicht von Bedeutung war, daß er zuhörte, wie seine Mum und sein Dad über einen Urlaub sprachen.

Wenige Tage nachdem Paul mit Tony gesprochen hatte, erwachten Paul und Ann eines frühen Morgens dadurch, daß Jason laut aus seinem Bett nach ihnen rief. Als sie in sein Zimmer kamen, war er sehr erregt. Nachdem sie ihn soweit beruhigt hatten, daß sie ihn verstehen konnten, bestand er darauf, daß Ann Papier und Stift nahm, um zu notieren, was er sagte. Er machte eine Pause und erklärte dann:

»Ich versuche mich zu erinnern, ich muß mich erinnern. Ich will dies nicht vergessen. Schreib das alles auf, Mum.«

Dann erzählte er, das Gefühl gehabt zu haben, gereist zu sein und sich in einer hellen Umgebung wiedergefunden zu haben, obwohl es Nacht war. Er sagte, er habe viele Korridore gesehen, lange mit glänzenden Böden wie in einem Krankenhaus. In die Decke waren Lichter eingelassen, und die waren eingeschaltet. In dem Korridor gab es keine Fenster, aber viele Türen. Manche davon waren Doppeltüren.

Dies ist eine Abschrift der Notizen, die Ann in Steno festgehalten hat, das sie aus der Zeit, als sie im Büro arbeitete, kannte:

»Alle Korridore sind leer, wie in einem Traum. Aber dies ist kein Traum. Ich weiß, daß ich dort bin. Ich biege um eine Ecke, aber ich weiß nicht wie, und da ist ein leises summendes Geräusch. Ich erinnere mich, daß ich auf etwas an der Wand schaue, erinnere mich aber nicht, was es war. Dort ist eine sehr schwere, dunkle Tür mit einem Soldaten oder Posten zu jeder Seite. Sie tragen dunkelblaue Marineuniformen mit einem weißen Gürtel. Ihre Waffen kann ich nicht sehen. Sie haben weiße Gamaschen über ihren Stiefeln und weiße Vorhang-›Troddeln‹ an ihren Schultern – rechts, glaube ich. Dunkle Barrette, ohne Abzeichen oder Schilder darauf. Ein Mann ist weiß. Der andere ist schwarz.«

»Ich kann den Raum betreten, ohne daß die Wachen es bemerken, aber ich weiß nicht wie. Sie sehen mich nicht. Dies ist ein großer Raum – eine Halle. Sehr hohe Decken, aber keine Fenster. Der Boden glänzt noch immer. An der Tür zur Linken ist ein kleines Schaltpult, und direkt links von den Schaltern ist eine Reihe Fernseher und Knöpfe. Vor den Bildschirmen stehen zwei weitere Soldaten. Beide sind weiß. Eine kleine Treppe führt von diesem Balkon zu dem großen Raum.«

»Jetzt bin ich in dem großen Raum, und da sind zwei Leute, die weißes Zeug tragen, neben diesen Behältern. Da sind sechs, vielleicht acht von diesen Behältern, und sie sehen wie dicke kleine Milchflaschen aus. Ich kann mich nicht genau erinnern, aber da sind lange Regale mit kleineren Milchflaschen, mit großen Zahlen unten drunter. Jede hat eine Nummer. An der Decke sind ganz viele kleine rote Lichter, und manche gehen an und aus, während ich sie ansehe.«

»In einigen der Gefäße sind Dinge, die treiben in Wasser oder Flüssigkeit.«

An dieser Stelle wurde Jason sehr aufgeregt und begann zu weinen. Seine Mutter sagte ihm, er solle sich beruhigen und es vergessen, aber er fauchte sie an, daß er entschlossen sei, sich an alles zu erinnern. Er fuhr fort.

»Ich weiß, was das ist. Ich weiß, was das ist. Es sind Stücke. Stücke von ›ihnen‹, von den Außerirdischen. Ich bin sehr, sehr wütend, und dann fangen all die roten Lichter an zu blitzen, und dann ist da ein Geräusch wie eine Schiffssirene, und es geht an und aus und hört nicht auf. Leute rennen herum und noch mehr Leute kommen herein, aber niemand scheint zu wissen, was passiert.«

»Das letzte, woran ich mich erinnere, ist ein phantastischer Lichtblitz, und dann bin ich in dem Licht und ich habe dieses unglaubliche Gefühl von Geschwindigkeit, und ich kann die Sirene nicht mehr hören. Dann wache ich auf, und ich schreie nach dir und Dad, weil ich nichts vergessen wollte.«

Nachdem er ihnen das erzählt hatte und zufrieden war, daß Ann alles aufgeschrieben hatte, ließ er sich von ihr zudecken und schlief ein. Ann und Paul standen vor einem Rätsel. Der einzige Schluß, den sie daraus ziehen können, ist, daß Jason während seiner OBE in ein Laboratorium gelangte, in dem Militärpersonal Experimente an gefangenen Außerirdischen durchführt. Jason hatte ihnen bereits erzählt, daß die Außerirdischen die Experimente gezeigt hätten, die die menschliche Rasse mit ihnen macht und wie wütend ihn das mache. Jetzt schien er die Einrichtung gesehen zu haben, ohne vorher entführt worden zu sein. Tony Dodd hatte wie immer recht.

Bisher hat sich seine OBE nicht wiederholt und er hat auch keine Angst davor, daß es geschieht. In gewisser eigenartiger Hinsicht wirkt er glücklicher mit dem Wissen, daß es wahrscheinlich von den Außerirdischen herbeigeführt wurde, als damals, wo er glaubte, es sei eine völlig andere Dimension seines eigenen Lebens. Er hat sich daran gewöhnt, ein Entführter zu sein. Der Gedanke ›in anderer Hinsicht gespenstisch‹ zu sein, wie er sagt, gefiel ihm nicht.

Bei dem nächsten Ereignis, das die Familie störte, ging es nicht um Jason, sondern um Daniel – oder, genauer, um Daniels Katze. Daniels Katze war eine der beiden Hofkatzen, die gekauft wurden, um die Mäuse auf Hawksnest Farm zu bekämpfen. Doch während eines kalten Winters vor ein paar Jahren wurde der Kater mit nach Hause genommen, und er beschloß, dort zu bleiben. Wie es Katzen an sich haben, entschied er darüber, wem er gehört und wo er lebt. Der Kater wählte Daniel zu seinem Herrn, und er machte Daniels Schlafzimmer zu seinem Heim. Er ist kein freundlicher Kater. Er hält sicheren Abstand zu den Hunden und schlägt verächtlich seinen Schwanz, wenn jemand versucht, Wirbel um ihn zu machen. Daniel ist die einzige Person, zu der er Zuneigung hat, und es war Daniel, der seinen Namen auswählte: Fadius Dudus Maximus, ein majestätischer für einen majestätischen und hochmütigen Kater. Er wird auch ›Dude‹ genannt, weil er wie Daniel sagt ›ein feiner Pinkel ist‹.

Es war in der Nacht des 27. Mai, einem Dienstag, kurz nach Mitternacht, als Daniel seine eigene Begegnung mit etwas Unerklärlichem hatte. Daniel war gerade von einem Freund nach Hause gekommen, und da Schulferien waren, war Jason lange auf und sah sich mit seinen Eltern ein Video an. Ein schrilles Kreischen ließ sie alle zusammenzucken. Paul stellte den Fernseher leiser. Wieder war das Kreischen zu hören. Deutlich war, daß es sich nicht um einen Menschen, sondern um ein Tier handelte. Daniel eilte zur Hintertür und stürzte praktisch über einen der Hunde. Alle fünf Hunde waren wachsam und beobachteten. Der große, Chissum, stand knurrend auf.

»Dude«, war alles, was Daniel sagte, während er hinausstürmte.

Paul zuckte die Schultern, drehte den Fernseher wieder lauter und bemerkte, daß der Kater zweifellos mit der Katze eines Nachbarn kämpfte.

»Du weißt, wie ungesellig dieser Kater ist«, sagte er. Ann wollte ihm schon beipflichten und sich weiter den Film ansehen, als sie merkte, daß Jason ins Leere starrte und die Lehne seines Sessels so fest umklammert hielt, daß seine Knöchel weiß wurden. Dann ging er zu ihr, setzte sich neben sie, nahm ihren Arm und legte ihn um sich. Sie erinnerte sich zum ersten Mal, daß er an diesem Morgen beim Aufstehen gesagt hatte, er habe ein ›schlechtes Gefühl‹, daß ›sie‹ kommen würden.

In diesem Augenblick rief Daniel aus dem Garten nach Ann. Sie schoß hinaus. Er hielt den Kater in seinen Armen, aber der zischte und fauchte und starrte intensiv auf etwas, das auf der anderen Seite des hölzernen Gartenzauns war. Ann streckte eine Hand aus, um Dude zu streicheln, in der Hoffnung, ihn so zu beruhigen. Aber er schlug nach ihr und kratzte sie mit seinen Krallen. Sie sagte Daniel, er solle den Kater ins Haus bringen. Dann starrte sie in die Dunkelheit und versuchte zu erkennen, was das Tier so aufregte.

Auch wieder im Haus wollte Dude sich nicht beruhigen. Er sprang auf die Fensterbank, schwang seinen Schwanz. Sein Fell war gesträubt, und er knurrte in die Schwärze draußen. Paul nahm das nicht ernst. Er erklärte, daß der Kater wohl endlich seinen Meister gefunden habe, wahrscheinlich einen Fuchs. Daniel war inzwischen oben gewesen und tauchte, bewaffnet mit einem Baseballschläger und einer Taschenlampe, wieder auf, marschierte hinaus und schloß die Tür hinter sich.

Nach etwa zehn Minuten stand Ann wieder von dem Sofa auf.

»Ich hole wohl besser den großen weißen Jäger rein. Es ist spät. Er wird bald die Nachbarn stören«, sagte sie.

Im Garten war es still. Aber sie sah den Strahl der Taschenlampe am Zaun. Als sie nach Daniel rief, drehte der sich um. Er schaltete die Lampe aus und folgte ihr ins Haus, ohne etwas zu sagen. In der Wärme der Wohnzimmerlichter konnte Ann sehen, daß er zitterte.

»Ich hörte ein Geräusch«, sagte er. »Also leuchtete ich mit der Taschenlampe den Zaun da ab, wo Dude hingeschaut hatte. Da kroch etwas herum.«

Als er sah, daß Paul etwas sagen wollte, fuhr er fort.

»Nein, Dad, es war kein Fuchs oder eine andere Katze. Es lebte – ich weiß, daß es lebte – aber es sah aus wie … wie … wie ein Blatt. Es klingt verrückt, aber es war so etwa vierzig Zentimeter breit, lederig und hatte viele Adern, so wie ein großes Blatt an einem nassen Tag. Aber es lebte. Ich leuchtete mit der Taschenlampe darauf und hob den Schläger, weil ich wütend war, daß es Dude aufgeregt hatte. Dann schlug ich es, ich weiß, daß ich es schlug … aber ich traf es nicht, weil, als der Schläger runterkam, da war es einfach weg, verschwunden.«

Er sah seine Eltern an, erwartete, daß zumindest Paul eine anzügliche Bemerkung machen würde. Doch nach allem, was die Familie im Laufe der Jahre erlebt hatte, tat niemand das ab. Daniel dachte weiter darüber nach, bis Paul ihm und Jason befahl, ins Bett zu gehen. Dude sprang dankbar auf Daniels Arme, um sich nach oben tragen zu lassen. Die Hunde weigerten sich in den Garten hinauszugehen, um ihren letzten spätabendlichen Rundgang zu machen. Paul schloß besonders gründlich ab, und Daniel schlief in dieser Nacht bei eingeschaltetem Licht und mit dem Baseballschläger neben seinem Bett, während der Kater unruhig auf der Fensterbank hin- und herschlich.

Am nächsten Tag versuchte Daniel eine logische Erklärung für die Ereignisse der Nacht zu finden. Es sei eine Halluzination gewesen, weil er müde war. Es sei nur eine Rauferei zwischen Katzen gewesen. Es sei ein Tier gewesen, etwa ein Igel. Aber er weiß, daß dies alles nicht stimmt. Als er mir Monate später davon erzählt, sagte er:

»Ich weiß, daß ich auf etwas geschlagen habe. Ich weiß, daß es dort war und dann war es weg. Es ist, als bemerke man etwas deutlicher, wenn es weg ist. Ich merkte, daß es dort war und doch nicht dort war, und ich kann es nicht erklären. Aber verglichen mit dem, was Jason zu erklären versucht hat, ist es nichts.«

Daniel ist ein sensibler Junge, der in seiner ersten richtigen Stellung gute Leistungen bringt. Er besucht die Abendschule, um sich zusätzlich zu qualifizieren. Er ist ausgeglichen, hat eine bissige Art von Humor und nimmt nichts zu ernst. Aber er unterschätzt Jasons Probleme niemals.

»Wie bei den meisten Menschen ist etwas in mir, das versucht, andere Erklärungen zu finden, etwas, das sagt, es können keine Außerirdischen sein und daß solche Dinge nicht passieren. Aber das sind nur zwei Prozent von mir. Die anderen 98 Prozent haben gesehen, wie das alles passierte. Ich habe mit ihm gesprochen. Ich weiß, daß er die Wahrheit sagt. Ich glaube Jason, und ich glaube, daß die einzige wirkliche Möglichkeit die ist, daß es Außerirdische sind. Ich brauchte nicht erst Dudes Reaktion in dieser Nacht zu sehen – ich wußte es immer.«

Egal, was Dude so erschreckt haben mag, der Kater reagiert nicht immer so heftig auf ungebeten Gäste. Etwa einen Monat nach dem Zwischenfall im Garten schreckte Jason aus dem Schlaf auf und sah, daß Dude miauend auf seinem Bett auf und ab lief. Verschlafen schob er die Katze fort. Er war überrascht, daß sie in seinem Zimmer war. Sie hält sich sonst immer nur in Daniels Zimmer auf. Der Kater blieb hartnäckig, schnurrte und strich um Jasons Gesicht herum, bis er ganz wach war und sich aufrichtete. Während er das tat, sah er einen der großen Außerirdischen, einen von denen, die er ›Mönche‹ nennt, weil sie immer lange Mäntel oder Gewänder tragen, und vier von den kleinen. Der Kater akzeptierte nicht nur ihre Anwesenheit, sondern schien viel Aufhebens um sie zu machen, und Jason hatte das Gefühl, daß er ihn absichtlich geweckt hätte. Der große Außerirdische starrte ihn an, während die anderen vier beschäftigt waren, Dinge aufhoben und sie zurückstellten. Dann erinnert Jason sich an nichts mehr bis zum nächsten Morgen.

Er mag Dude jetzt nicht mehr, glaubt irgendwie, daß der Kater ein Verräter war. Er hat seiner Mutter erzählt, daß er den alten Dude lieber gemocht hätte, den Dude, der von etwas im Hintergarten erschreckt war.

♦

Es gibt einen Schluß bei der Geschichte über Jason Andrews und seine Familie. Wenn man mit Ann Andrews spricht, wie ich es jetzt viele Monate lang mehrmals jede Woche getan habe, hat sie immer etwas Ungewöhnliches zu berichten. Gemessen an den Maßstäben dieser bemerkenswerten Familie mag das nicht bedeutungsvoll sein. Doch es genügt immer, um jemandem, der ruhiger lebt, ein Gefühl des Unbehagens zu vermitteln.

Nehmen wir zum Beispiel ein Schlüsselbund, das Ann täglich benutzt, wenn sie ein Haus in einem nahegelegenen Dorf besucht. Sie führt immer die Hunde aus, wenn die Besitzer arbeiten. Die Schlüssel verschwanden – das wäre an sich nichts Ungewöhnliches, sondern nur unangenehm, weil neue Schlüssel angefertigt werden mußten. Ann wollte nicht, daß diese zweiten Schlüssel wieder verlorengingen, und so bestand sie darauf, daß Paul Zeuge war, als sie sie in ihre Handtasche steckte, die sie in der Küche ließ. Am nächsten Morgen lagen die Schlüssel oben auf ihrem Nachttisch.

Ein anderes Beispiel ist der Wohnwagenurlaub in Hastings, den Ann im Juni 1997 mit Jason machte.

Dieses Mal begleiteten sie Anns Mutter Vi, ihre Schwägerin Ruth und ihre beiden Nichten, und alles schien bemerkenswert ruhig zu verlaufen. Für kleine Zwischenfälle. etwa als die Teekanne verschwand und im Kühlschrank wieder auftauchte, wurden die Kinder verantwortlich gemacht. Als sie ihre Unschuld beteuerten, lachte Ann nur. Sie wollte Jason die Pause nicht verderben, indem sie zu intensiv nachforschte.

Als sein Geburtstag näherkam, konnte Ann sehen, daß Jason besorgt war. Im Jahr zuvor war er verstört gewesen, weil ›sie‹ ihm in die Ferien gefolgt waren. Er bat seine Mutter, ihn in eine Discoveranstaltung gehen zu lassen, die die ganze Nacht dauerte und Teil des Unterhaltungsprogramms des Ferienparks war. Sie willigte ein. Zum einen, weil dies ein zusätzliches Geburtstagsgeschenk sein sollte, zum anderen, weil sie das Gefühl hatte, er müsse während der schweren frühen Morgenstunden mit anderen Menschen zusammen sein. Es wurde vereinbart, daß Ann ihn um vier Uhr früh abholen würde. So lange hatte er noch nie aufbleiben dürfen.

Für den Rest der Familie, der im Wohnwagen blieb, war es eine seltsame Nacht. Anns Schwägerin Ruth wurde durch ein lautes, hämmerndes Geräusch geweckt, und als das Geräusch stärker wurde, erwachten die anderen – Ann, ihre Mutter und ihre Nichten – auch. Das Geräusch schien von allen Seiten des Wohnwagens zu kommen, selbst von unten, doch draußen war niemand zu sehen. So früh in der Saison waren alle anderen Wohnwagen ringsum bis auf einen unbewohnt.

Schließlich erstarb das Geräusch, und alle gingen wieder schlafen. Ann geriet für einen Augenblick in Versuchung, Jason aus der Disco zu holen. Aber sie unterdrückte ihre Ängste und sagte sich, er sei am richtigen Ort, weg vom Wohnwagen. Als sie ihn abholte, war er todmüde, aber ganz begeistert von der Party, und sie wußte, daß sie die richtige Entscheidung getroffen hatte. Er wußte nichts von den seltsamen Geräuschen, und sie erzählte ihm nichts davon. Am nächsten Tag stand er spät auf, um einen perfekten und ungestörten Geburtstag zu feiern.

Während Jason älter wird, entwächst er unausweichlich seinen Eltern auf ganz natürliche Weise wie alle Heranwachsenden. Er spricht weniger mit ihnen, hat Lebensbereiche, in die sie nicht einbezogen sind. Das ist normal und gesund. Doch anders als die meisten Mütter heranwachsender Söhne, hat Ann ganz andere Sorgen.

Sie glaubt, daß Jason lernt, ohne ihre Hilfe oder die Hilfe anderer mit seinen Entführungserlebnissen fertig zu werden. Es gibt Morgen, an denen sie sicher ist, es durch seine Müdigkeit und sein Verhalten weiß, daß er ein Erlebnis gehabt hat. Aber er spürt nicht länger das Bedürfnis, das mit ihr zu teilen oder sich Rat bei Tony Dodd oder Maria Ward zu holen. Er telefoniert mit James Basil, und sie hört, daß er James Dinge erzählt, von denen sie nichts weiß. Es ist, sagt sie, als ob eine ›unsichtbare Barriere‹ zwischen Jason und dem Rest der Familie errichtet sei.

In vielerlei Hinsicht ist Ann froh, daß ihr Sohn ohne die Angst und das Elend, die er früher empfand, mit seinen Erfahrungen umgehen kann. Aber eine ständige

Sorge ist da, eine, die im Laufe dieses Berichts mehrfach erwähnt worden ist. Sie befürchtet, daß Jason zu den Außerirdischen ›übergeht‹. Sie weiß, daß er körperlich immer zurückkehren wird, aber sie fragt sich, ob seine Loyalität nicht in Zwiespalt geraten wird, wenn er als ihr Botschafter benutzt wird – eine Vorstellung, die ein Zwischenfall im September 1997 zu bestätigen scheint.

Über den ganzen Sommer dieses Jahres war die Zukunft von Hawksnest Farm ungewiß. Paul und Ann hatten das Gefühl, daß sie ihre Verluste verringern müßten und verkaufen sollten. Nachdem sie fast zehn Jahre lang Herz und Seele in das Anwesen investiert hatten, war klar geworden, daß sie nie die Erlaubnis bekommen würden, es so zu bebauen und zu betreiben, wie sie wollten.

Logischerweise spürten sie, daß es sinnvoll sei zu gehen, als die Gemeinde ihnen endgültig die Erlaubnis verweigerte, einen Viehstall zu errichten und Kälber zu züchten. Sie wußten, daß die Farm nie ihre einzige Einkommensquelle sein könnte. Sie würden immer andere Arbeit tun müssen, um sie zu subventionieren. Sie wußten auch, daß sie nie wieder dort leben können würden, und dies war der bitterste Schlag. Das Haus der Housing Association, in dem sie wohnen, ist komfortabel und angenehm, aber sie haben es nie als Heim betrachtet. Für sie war es immer ein vorübergehender Aufenthaltsort, so lange, bis sie auf die Farm zurückziehen würden. Ann gibt zu, daß ihr Herz diesem Haus nicht gehört. Sie hat es sich nicht ausgesucht, und sie hat keine Ambitionen, Zeit und Geld zu investieren, um es herzurichten.

Aber obwohl sie akzeptierten, daß es sinnvoll sei, höheren Verlusten vorzubeugen und die Farm zu verkaufen, war ein weiteres erschreckendes Erlebnis nötig, um sie fast dazu zu bringen, ihren Traum zu verkaufen. Es geschah an einem Sonntag, dem 17. August 1997. Paul und Ann waren auf der Farm und versorgten das Vieh, nutzten aber auch die Gelegenheit, über ihre Zukunft zu sprechen, da die Jungen nicht da waren. Ihnen war kurz zuvor inoffiziell von einem Freund Pauls mitgeteilt worden, daß egal, wie oft sie den Antrag stellen würden und wie sie den Antrag ändern würden, die Gemeinde unnachgiebig bleiben und keine Baugenehmigung erteilen würde. Es gab, wie der Freund herausgefunden hatte, in dieser Sache eine ungewöhnliche Entschlossenheit bei den Behörden. Die Worte, die er benutzte, waren ›Ihr lauft gegen eine Wand‹.

Tief innerlich wußten Paul und Ann dies, nachdem sie einen achtjährigen Kampf mit der Gemeinde geführt hatten. Aber sie lieben ihr kleines Stück Land so sehr, daß sie das einfach ignorierten. Jetzt mußten sie in die Zukunft blicken. Außerdem fühlten sie beide, daß die Farm in gewisser Hinsicht ein Magnet für die Aktivitäten der Außerirdischen war, obwohl sie nicht unbedingt dort erfolgten. Vielleicht war es am besten, die Niederlage einzugestehen, zu verkaufen und irgendwoanders von vorne zu beginnen.

Es war ein heißer Nachmittag, und sie nahmen Hannah, einen der Pyrenäen-Berghunde mit. Sie war läufig, und sie glaubten nicht, daß die Jungen sie von dem Rüden, Chissum, fernhalten könnten. Sie ließ sich im Schatten des kleinen Wohnwagens nieder, hatte ein Auge geöffnet und hielt Wache, während Ann und Paul sich um die anderen Tiere kümmerten. Als sie fertig waren, setzten sie sich neben den Wohnwagen, tranken Kaffee und sprachen über ihre Pläne. Die Schönheit des Anwesens an einem sonnigen Sommernachmittag machte es ihnen noch schwerer, vernünftig zu denken und sich nicht von ihren Gefühlen leiten zu lassen, und ihre Gedanken drehten sich im Kreise.

Plötzlich begann Hannah zu knurren, erhob sich, und dann wurde ihr Knurren langsam zu einem heftigen, wütenden Bellen. Paul und Ann standen auf und starrten in die Richtung, in die der große Hund blickte, aber sie konnten nichts Außergewöhnliches sehen. Die Gänse ruhten in diesem Bereich des Feldes, und Paul bemerkte, daß alles in Ordnung sein müsse, weil andernfalls die Gänse mit ihrem üblichen Geschnatter begonnen hätten. Hannah machte unbeirrt weiter. Sie lief nicht über das Feld, aber sie bellte wütend, keuchte vor Anstrengung in der Hitze, bis Paul sich Sorgen um sie zu machen begann. Schließlich hörte sie auf zu bellen, aber sie schaute weiter in die Richtung und winselte. Erst da bemerkte Paul, daß die Gänse zu still waren. Normalerweise hätte das bloße Bellen des Hundes genügt, um sie in Unruhe zu versetzen. Doch wie er und Ann sahen, war die ganze Schar reglos. Ein großer Ganter hatte einen Flügel ausgestreckt, als ob er ihn putzen wollte, aber er war in der Bewegung erstarrt.

Dann wurde ihre Aufmerksamkeit auf ein Rascheln gelenkt, das aus dem Wald nahe der Stelle kam, wo die Gänse waren. Sie konnten es nur hören, weil Hannah jetzt still war. Sie beide erhaschten einen kurzen Blick von etwas Grauem, das sich durch die Büsche bewegte, nahe der Herde der reglosen Vögel. Die Gestalt bewegte sich rasch davon, tiefer in die Waldung hinein, und als sie verschwunden war, erwachten die Gänse wieder zum Leben, schnatterten und liefen auf ihre normale Art herum.

Hannah war noch immer unruhig, legte sich aber schließlich wieder hin. Doch sie hielt den Kopf hoch und die Augen offen und beobachtete. Paul und Ann waren völlig durcheinander, und Paul bat Ann zu bestätigen, was sie mehrere Male zuvor gesehen hatten, bevor er akzeptierte, daß es keine Halluzination gewesen war. Sie treiben die Pferde an diesem Tag früh vom unteren Feld hoch, und statt das getrennt zu machen, um die Arbeit in der Hälfte der Zeit zu verrichten, taten sie das zusammen. Obwohl es ein so wundervoller Nachmittag war, blieben sie nicht wie sonst auf Hawksnest Farm. Zum ersten Mal gab ihnen die Farm nicht das Gefühl von Friede und Entspannung und Freude darüber, sie zu besitzen. Sie hatten beide Angst. Wieder daheim, trafen sie eine Entscheidung. In der folgenden Woche boten sie die Farm zum Kauf an.

Es gab großes Interesse seitens potentieller Käufer, doch sobald ernsthaft über den Kauf verhandelt wurde, wurde ihnen beiden bewußt, daß sie noch nicht bereit waren, sich von der Farm zu trennen. Als Paul zögernd seine Zweifel erwähnte, fühlte Ann sich unglaublich erleichtert. Auch sie hoffte heimlich, daß niemand kaufen würde, so daß sie dort bleiben konnten. Sehr zu Jasons Freude, weil er die Farm liebt und dort glücklicher als sonstwo ist, beschlossen sie für den Augenblick, es noch einmal zu versuchen.

Sechs Wochen später aber sollte Ann eine Wiederholung des seltsamen Nachmittags erleben, an dem die Gänse gelähmt waren. Dieses Mal jedoch war es für sie noch beunruhigender, weil dazu kam, daß Jason eine seiner sonderbaren Erklärungen abgab. Sie und Jason waren am Samstag, dem 20. September, auf der Farm, um die Tiere zu versorgen. Die Dämmerung senkte sich, und Ann wollte sich auf den Heimweg vorbereiten, als die Gänse hinten auf dem Feld zu schnattern begannen. Jason hakte sich grinsend im Arm seiner Mutter ein und begann in Richtung auf den Lärm zu laufen.

»Sie wollen uns nur etwas zeigen. Wir sollten gehen«, sagte er.

Ann merkte, daß die Gänse und alle anderen Tiere plötzlich absolut still geworden waren. Sie alle schauten zu dem Wald hinter dem fernen Feld. Sie spähte zu dem Düster der Sträucher hinüber, konnte aber nichts sehen. Voller Angst führte sie Jason zum Wagen. Er wollte das nicht und wiederholte ständig, daß sie gehen sollten, weil dort etwas sei, was ›sie‹ ihnen zeigen wollten. Ann mußte ihn förmlich auf den Beifahrersitz drücken. Als sie den Motor anlassen wollte, merkte sie, daß überhaupt nichts geschah. Ihre Panik wurde größer.

Jason war sehr ruhig und versuchte auszusteigen. Ann verriegelte hastig alle Türen. Sie betätigte mehrfach den Anlasser und wurde schließlich damit belohnt, daß der Motor ansprang. Mit einem Gefühl der Erleichterung fuhr sie über den Feldweg. Jason drehte sich um und schaute zur Farm zurück. Er sagte: »Sieh, da ist noch einer von ihnen.«

Dann wandte er sich vorwurfsvoll an Ann. »Wir hätten gehen sollen, um sie zu begrüßen.«

Daheim, nach diesem Zwischenfall, war Jason wieder ganz der alte. Er schlang sein Essen viel zu schnell hinunter, wollte raus, um sich mit einem Freund zu treffen, stritt sich mit Daniel darüber, welches Fernsehprogramm angeschaut werden sollte. Es gelang Ann wie immer, den beunruhigenden Zwischenfall zu verdrängen.

Mitten in der Nacht aber erwachte sie. Paul war von seiner Taxitour am Wochenende noch nicht zurück. Ein Instinkt drängte Ann zu Jason zu gehen. Als sie sein Zimmer betrat, saß er aufrecht in seinem Bett und lächelte.

»Ist alles in Ordnung mit dir?« fragte seine Mutter.

»Ja, wir sind ganz«, sagte Jason mit ausdrucksloser Stimme. Das Lächeln auf seinem Gesicht blieb. Er schien durch Ann hindurchzuschauen, an ihr vorbeizusehen, doch sein Blick war starr auf sie gerichtet. Tröstend sagte sie ihm, er sähe müde aus und er solle sich hinlegen und versuchen, etwas zu schlafen.

Jason hob eine Hand, als ob er sie zum Schweigen bringen wolle und sprach dann.

»Begreife: Ich bin sie und sie sind ich. Die wenigen sind viele und die vielen sind eins.«

Damit legte er sich hin, kauerte sich in seine übliche Schlafposition und schloß seine Augen. Am folgenden Morgen erinnerte er sich an nichts von dem, was in der Nacht geschehen war.

Ann hat über die Bedeutung der Worte herumgerätselt. Tony Dodd glaubt, daß ›die wenigen‹ die Entführten sind und ›die vielen‹ die Außerirdischen, und daß ›die vielen sind eins‹ bedeutet, daß Außerirdische und Entführte wie eine Einheit handeln.

Für Ann sind die Worte an sich weniger wichtig als die Art, in der Jason etwas von sich gab, was eine schicksalhafte Nachricht zu sein scheint. Wird er, sorgt sie sich, zu einem Sprachrohr für seine außerirdischen Freunde?

Epilog

Als Jason sich einem seiner Freunde in der Schule anvertraute und von seinen Entführungen erzählte, wurde er wenige Tage später auf dem Schulhof ausgelacht und als ›Raumknabe‹ und ›ET‹ verhöhnt. Es war ärgerlich, aber Jason ist ein Junge, der sich nicht unterkriegen läßt, und er hat überlebt und seine Glaubwürdigkeit auf der Schule erhalten. Zuweilen, wenn ein Ausbruch paranormaler Aktivität um ihn seinen Höhepunkt erreicht, scheint er elektrisch geladen zu sein. Berührt man ihn, bekommt man einen sanften elektrischen Schlag. Ich habe das selbst erlebt. Seine Mutter Ann ist sogar von ihm verbrannt worden, so stark, daß eine rote Narbe an ihrem Arm geblieben ist. Jason versetzt seinen Schulkameraden oft schwache elektrische Schläge, wenn er geärgert wird.

Es ist diese Art von normaler Reaktion auf seine Probleme, die denen, die ihn kennen, wie ich und Maria Ward, die größte Hoffnung gibt. Er mag die sonderbarsten Erlebnisse durchgemacht haben, und er mag eines Tages, wie Tony Dodd vorhersagt, in der Lage sein, sehr viel zu dem beizutragen, was wir über seine Entführer wissen. Aber nichtsdestoweniger ist er noch immer der Junge, wie er im einleitenden Kapitel des Buches beschrieben wurde: Ein normaler Teenager, der zufällig ein – in gewisser Hinsicht – abnormales Leben führt.

Es ist unmöglich vorherzusagen, was die Zukunft ihm bringt, aber aus den Erfahrungen all der Mehrfach-Entführten (denen, die regelmäßig entführt werden) scheint klar, daß es eine wichtige spirituelle Dimension bei diesem Phänomen gibt. Die Bilder, die Jason gezeigt wurden, Schaden, der auf der Erde angerichtet wurde, und das, was Menschen Außerirdischen angetan haben, könnte durchaus Teil einer gut organisierten Propagandakampagne der Besucher unseres Planeten sein. Sie versuchen uns etwas zu sagen, indem sie einige wenige Individuen auswählen, die Informationen bekommen, um sie dem Rest von uns weiterzugeben. Wir sind nicht in der Lage über die Qualität dieser Informationen zu befinden, aber es scheint, als sei es eine beständige Nachricht.

Professor Mack bringt das sehr beredt zum Ausdruck:

›Die außerirdischen Wesen … scheinen zu oft aus einer anderen Domäne zu kommen, die als näher an der Quelle des Seins oder der Primärschöpfung empfunden wird. Sie sind trotz ihres wenig attraktiven Äußeren als Vermittler oder Sendboten Gottes beschrieben worden … Die Anerkennung ihrer Existenz nach dem anfänglichen ontologischen Schock ist manchmal der erste Schritt zur Öffnung des Bewußtseins für ein Universum, das mit Intelligenzen erfüllt ist und in sich selbst intelligent ist. Sie entwickeln ein Gespür von Ehrfurcht vor einem rätselhaften Kosmos, der heilig und beseelt wird. Das Gefühl der Trennung vom ganzen Rest der Schöpfung verschwindet, und das Erlebnis des

Einsseins wird ein zentraler Aspekt der Evolution des ‹Bewußtseins› der Entführten.‹

Tony Dodd teilt die Auffassung, daß entführt zu werden nicht nur als Opfersein verstanden werden sollte, als Teil einer seltsamen medizinischen Beobachtung, die von Außerirdischen durchgeführt wird, sondern als Beginn einer spirituellen Reise. Er hat die Nachrichten aufgezeichnet, die er in seinem ›Gehirn‹ von außerirdischen Intelligenzen empfängt, und diese Aufzeichnungen sind genutzt worden, um vielen Menschen spirituellen Trost zu bringen, besonders Patienten in Sterbekliniken, die dem Ende ihrer Zeit auf Erden entgegensehen.

Nick Pope, der Beamte des Verteidigungsministeriums, der über seinen Beruf zur UFO-Forschung kam und anfangs skeptisch war, glaubt ebenfalls, daß das Interesse außerirdischer Rassen an der Erde ein Angebot ist, um ›uns als Spezies zu zivilisieren‹. Er hält die Erklärung für unwahrscheinlich, daß Hauptgrund für die Entführungen ist, daß die Außerirdischen einfach wissenschaftliche Experimente durchführen, um Gewebematerial zu züchten. Wie einer der renommiertesten UFOlogen, Jacques Vallee (dessen Buch Passport to Magonia schlagartig ernsthaftes akademisches Interesse an dem Phänomen auslöste) darlegt, könnten die Außerirdischen, wollten sie nur genetisches Material haben, das auf einen Schlag bekommen, ohne die lange und umständliche Entführung von Einzelpersonen. Nick Pope stellte wie Professor Mack fest, daß die Entführungs-›Opfer‹, mit denen er sprach, alle von einer Erweiterung des spirituellen Bewußtseins und einem größeren Interesse an Umweltthemen berichteten.

Maria Ward und James Basil, die beiden Entführten, die Jason so viel von ihrer Zeit geschenkt haben, sind ebenfalls der Ansicht, daß das, worin immer sie verstrickt sein mögen, eine Reise in die Erleuchtung war und daß ihr Leben dadurch bereichert worden ist. Marias Einstellung zum Universum ist wie die von Professor Mack hollistisch. Sie glaubt, daß wir seit Beginn der Schöpfung mit anderen Intelligenzen interagiert haben, daß ihre ›Hardware‹ (Raumschiffe, fremdartige graue Körper mit großen Augen usw.) auf uns ›außerirdisch‹ wirken mag, aber daß ihre Existenz natürlich und vertraut ist. Maria mag Worte wie ›UFO‹, ›extraterrestrisch‹ und ›außerirdisch‹ nicht, weil sie glaubt, daß damit eine Barriere um die sehr realen Erfahrungen errichtet wird, die sie und die anderen Entführten machen. Sie zu etikettieren bedeutet eine Festlegung, wie andere auf sie reagieren, und weil es soviel Skepsis dabei gibt, wird es denen schwer gemacht, so glaubt sie, die Hilfe brauchen, um ihre Erlebnisse besser zu verstehen.

Im Lauf der Jahre, die sie andere Entführte beraten hat, ist ihr ein Muster bewußt geworden, das sich in drei Stufen gliedern läßt. Es gibt Entführungen in der Kindheit, die inhaltlich dazu neigen, kindlich zu sein. Dann gibt es Entführungen von Heranwachsenden, die weitaus physischer sind (das, worauf sich Science Fiction konzentriert) und dann die abschließende spirituelle Dimension. Sie zieht einen Vergleich zur Schule: Der Entführte entwickelte sich von einer Klasse zur nächsten weiter. Alle Entführungen schließen ein physikalisches Element ein, doch am Ende ist derjenige, der es erlebt, imstande, dies zu akzeptieren und kann, wenn er will, aus anderen Aspekten enormen spirituellen Nutzen daraus ziehen.

Ihre Vorhersage für Jason (und die machte sie Ann gegenüber bei ihrer ersten Begegnung) ist die, daß Jason wahrscheinlich entführt werden wird, bis er zwischen 16 und 18 Jahre alt ist. Dann wird er für ein paar Jahre in Ruhe gelassen werden, entweder bis er verheiratet ist und eigene Kinder hat oder bis er Anfang dreißig ist.

»Es ist, als wüßten ›sie‹, daß dies die kritischen Jahre für Menschen sind, in denen sie erwachsen werden und ihre Persönlichkeit entwickeln. Deshalb lassen sie uns in Ruhe. Aber ihr Interesse beginnt wieder, sobald wir unsere eigenen Familien haben.«

Sie sagt, daß Jason es in diesem körperlichen Wachstumsalter – bei dem die Entführungen gewöhnlich einen sexuellen Aspekt oder einen Zuchtaspekt einschließen – schwerfallen wird, mit seinen Eltern zu sprechen. Darum fände er James so wichtig.

»Er muß nicht nur mit seinen eigenen Gefühlen und Reaktionen fertig werden, sondern hat vielleicht auch das Gefühl seine Eltern zu verraten, insbesondere Ann, wenn er zugibt, daß er diese Erfahrung nicht völlig unerfreulich findet. Und außerdem neigen heranwachsende Jungen nicht dazu, ihren Müttern von den intimen Einzelheiten ihres Lebens zu erzählen, selbst wenn die Situation ›anormal‹ ist.«

Sie glaubt, daß ›die anderen‹, wie sie sie nennt, seit der Schöpfung an der Entwicklung der menschlichen Rasse beteiligt sind.

»Für mich und andere ist da ein starkes Gefühl von Erkennen und Vertrautheit mit ihnen. Ich weiß, daß Jason dies fühlt, und er sollte seinen Weg mit diesen Gefühlen weitergehen, statt mit Furcht. Furcht verengt die Perspektive, reduziert alles. Wenn er während einer Entführung ein Gefühl von Panik hat, wird er sich anschließend an die Panik erinnern. Wenn er es akzeptiert, kann er sich vorwärts bewegen.«

»Ich bin zuversichtlich, daß Jason Fortschritte machen wird. Er ist ein Junge mit großer Kraft und Energie, die ihm dabei helfen werden, und wenn er lernen kann, von seinen Entführungen zu profitieren, wird er ein glückliches, erfülltes sprituelles Leben führen.«

Maria glaubt, daß auch Ann schließlich mit ihren eigenen Entführungserlebnissen fertig werden wird.

»Ann ist von Natur aus intuitiv, sehr sensibel und offen. Sie ist auf Jasons Sorgen sehr früh eingegangen, viel stärker als andere Mütter es tun. Ich glaube, daß Ann andere beraten wird, wenn sie Jason erst einmal großgezogen und ihm geholfen hat, zu akzeptieren, welches Leben vor ihm liegt. Sie besitzt die Fähigkeit für andere zu fühlen und sie zu verstehen. Im Augenblick sind ihre Energien auf Jason konzentriert und auf ihre eigenen wiedergefundenen Erinnerungen. Sie muß eine Menge verarbeiten. Aber schließlich wird sie Zeit haben, anderen zu helfen, und dann wird sie ihre wahre Rolle finden.«

James Basil hatte sein letztes Erlebnis 1995, und ihm wurde gesagt ›Du wirst lernen müssen, eine Weile allein zu leben‹. Er glaubt nicht, daß er wieder entführt werden wird, obwohl er Maria Wards Theorie akzeptiert und respektiert, daß er sich lediglich in einem Schlummerzustand befindet und ihm erlaubt ist, ohne Eingreifen von außen seine menschliche Persönlichkeit zu entwickeln.

»Ich glaube, sie hörten auf zu kommen, als sie sehen konnten, daß ich aus dem ganzen Prozeß gelernt hatte und bereit war, weiterzugehen. Ich hatte keine Angst mehr und wehrte mich nicht mehr gegen die Erfahrung. Das war, als ich meinen letzten Kontakt hatte, mit einem der Kleinen, und ich wußte, daß er ebenso verängstigt war wie ich. Er war jung, und er ließ mich meine Hand ausstrecken und sein Gesicht berühren. Früher hätte ich ihn am liebsten umgebracht, aber diesmal tat er mir so leid – und ich glaube, er wurde geschickt, um mich zu testen, als Botschafter, um zu sehen, ob ich weit genug vorangekommen sei, um mich ihnen gleich zu fühlen.«

James hat zwei Theorien über die Natur seiner Besucher formuliert. Eine ist die, daß sie Zeitreisende sind, menschliche Wesen aus der Zukunft. Die zweite ist, daß sie im konkreten, objektiven Sinne existieren, aber daß sie aus einer subjektiven Quelle genährt werden. Mit anderen Worten: Jeder Entführte führt der Existenz der Außerirdischen, die sich zwischen Realität und Unwirklichkeit bewegen, auf eine Weise, die menschliche Erfahrung neu formuliert, etwas hinzu (und dafür sollten wir alle, wie er glaubt, offener sein).

Seine Gedanken sind abstrus und philosophisch, und auch er akzeptiert die hollistische Natur der Erfahrung. Sie war und ist ein Teil seines Lebens, notwendig dafür und nicht von außen herangetragen, sondern ein Grundelement aller menschlichen Existenz.

Er glaubt, daß er wegen dieses Begreifens um das Leben, das Universum und menschliche Spiritualität einen Vorsprung im Leben hat. Er ist sicher, daß Jason eines Tages das gleiche fühlen wird, daß, obwohl die anfänglichen Gefühle Angst waren, etwas weit größeres aus ihnen erwächst – eine tiefes mystisches Verständnis für das Leben.

»Die nächsten Jahre sind für Jason sehr wichtig. Wenn er lernen kann, keine Angst zu haben, kann er lernen zu wachsen und aus all dem Gewinn ziehen. Ich kann jetzt bei ausgeschaltetem Licht schlafen – aber ich war schon 17, als ich das konnte. Er kann wählen. Es kann entweder eine Zeit großer Angst oder großer Erleuchtung sein.«

Für mich war der ganze Prozeß des Recherchierens und Schreibens dieses Buches eine Zeit großer Erleuchtung. Ich fing damit an, so wie es viele Außenstehende tun, nach faßbaren Beweisen zu suchen. Wie Paul Andrews wollte ich einen Außerirdischen berühren, ein Foto machen, ein analysiertes Implantat haben. Wie jeder andere Forscher festgestellt hat, sind solche Beweise nur schwer zu erhalten. Aber vielleicht stellt die Suche nach dieser Art von ›Beweis‹ an sich einen Widerspruch zur Natur des Entführungserlebnisses dar. Wenn wir mit höheren Intelligenzformen als unserer eigenen zu tun haben, warum sollten sie es nötig haben, Fingerabdrücke zu hinterlassen, um damit umständlich ein Ereignis zu bezeugen, das sie geheimzuhalten beschlossen haben (Entführungen ereignen sich fast immer nachts, im Schutze der Dunkelheit, und alle möglichen Zeugen werden bewußtlos gemacht).

Was die Familie Andrews kollektiv gibt, ist eine andere Art von Beweis, ein Beweis, den man nicht unter Laborbedingungen sezieren kann, der aber nicht weniger gültig ist. Sie WISSEN, daß das, was ihnen widerfahren ist, real ist. Und nicht nur das. Sie und ich sind vielen anderen Menschen begegnet, die zwingende ähnliche Erlebnisse gehabt haben. Da so viele Menschen dort gewesen sind und da ähnliche Geschichten bis an den Beginn der menschlichen Zivilisation zurückverfolgt werden können und da sie sich in allen Kulturen, Gesellschaften und Rassen wiederfinden, ist es eine ungeheure Fülle von Beweismaterial, das nicht ignoriert oder abgetan werden kann.

Die Menschen, die sich mit dem Phänomen der Entführung durch Außerirdische beschäftigen, sind keine Verrückten oder Fanatiker. Als ich im Publikum der ersten (von mehreren) UFO-Konferenz saß, die ich besucht habe, war ich überrascht von der Durchschnittlichkeit der Menschen um mich. Sie gehörten weder zu der Brigade, die mit braunen, vorne offenen Reisstrohsandalen durch die Gegend läuft, noch waren es die mit Parkas bekleideten Einzelgänger. Es waren Männer und Frauen jeden Alters, die sich über Enkel, Autos, Fußball und Popmusik unterhielten, die aber dennoch da waren, weil sie ein gemeinsames Interesse haben. Sie alle glauben, daß, wenn die Sonne nur einer von Millionen Sternen in der Milchstraße ist, und diese Galaxis nur eine von vielen Milliarden im Universum ist und wir, wie die Astronomen sagen, nur zehn Prozent unseres eigenen Universums kennen, und es neben unserem andere Universen geben könnte, es höchst unwahrscheinlich ist, daß es irgendwo da draußen nicht eine hochentwickelte Lebensform gibt, die uns in Technologie und intellektueller Entwicklung voraus und überlegen ist.

Ich war während meiner Recherchen auch überrascht von der Qualität der Menschen, die sich mit dem Gebiet der Entführung durch Außerirdische befassen, Menschen wie Professor John Mack, einem der angesehensten Psychologen der Welt, Professor David Jacops, einem Geschichtsprofessor an der Temple University, Philadelphia, Tony Dodd, einem besonnenen Polizeisergeant. Männer wie diese sind streng wissenschaftlich und akribisch genau in ihrer Vorgehensweise.

Am überzeugendsten von allen aber sind die Entführten selbst, wobei Jason und Ann Andrews besonderer Erwähnung bedürfen. Jason hat sein Leben lang darum gekämpft, seine Ängste auszudrücken und sein Wissen über das, was ihm widerfährt. Er hat diesen Weg nicht freiwillig gewählt. Auch Ann nicht. Sie beide (und Paul und Daniel) würden mit Freuden mit jedem von uns tauschen, der jede Nacht ruhig in seinem Bett schlafen kann. Ihr Mut und ihre Überzeugung können nicht in eine Flasche gefüllt und analysiert werden, doch man muß nur kurze Zeit dabei gewesen sein, um völlig davon überzeugt zu sein.

♦

Dieses Buch ist die Geschichte von Jason und Ann Andrews. Sie sollten das letzte Wort haben. Auf all das blickend, was ihm in seinem kurzen Leben widerfahren ist, sagte Jason:

»Vielleicht bin ich auserwählt worden, vielleicht bin ich etwas Besonderes, und vielleicht werde ich eines Tages verstehen. Aber im Augenblick möchte ich nur, daß es aufhört. Ich möchte, daß sie mich in Ruhe lassen. Ich möchte einfach ganz normal sein.«

Ann sagt: »Wir sind in den letzten Jahren einen langen Weg gegangen, und es war keine leichte Reise. Ich glaube, die Zukunft wird für Jason nicht leicht sein. Aber ich hoffe, daß wir es dadurch, daß wir damit an die Öffentlichkeit gegangen sind, für andere Kinder ein weniger leichter gemacht haben, daß man ihnen glaubt und sie die Hilfe bekommen, die sie brauchen.«

»Wir können die Uhr nicht zurückdrehen und alles ungeschehen machen. Es war von dem Augenblick an bestimmt, als Jason geboren wurde, von dem Augenblick meiner Geburt an und vor mir, als mein Vater geboren wurde. Alles, was wir tun können ist, für Jason einen Weg zu finden, um mit all dem fertig zu werden. Es geht zuerst um ihn.«

»Auch ich muß noch eine Menge erreichen. Ich muß meine eigenen Erfahrungen begreifen, bevor ich ihm wirklich helfen kann. Die Reise ist noch nicht zu Ende. Wir müssen noch einen langen Weg gehen.«

Bibliographie

Weitere Literatur zu diesem Thema:

Good, Timothy: Jenseits von Top Secret. Das geheime UFO-Wissen der Regierungen. Eine Dokumentation.

Hopkins, Budd: Eindringlinge. Die unheimliche Begegnung in den Copley Woods.

Howe, Henry F. / Westley, Lynn C.: Anpassung und Ausbeutung. Wechselbeziehungen zwischen Pflanzen und Tieren.

Jacobs, David: Geheimes Leben. Dokumentierte Berichte über UFO-Entführungen aus erster Hand.

Spencer, John / Spencer Anne: 50 Jahre UFOs. Sichtungen, Begegnungen, Erfahrungen.

Vallée, Jacques: Konfrontationen. Begegnungen mit Außerirdischen und wissenschaftlichen Beweisen.

Vallée, Jacques: Enthüllungen. Begegnungen mit Außerirdischen und menschlichen Manipulationen.

Band 12768

Philip Trevinnard

Das Omen der flammenden Steine

Sara Carhay hat von ihrem Bruder Bryan das Cottage Crowjy im Südwesten Cornwalls geerbt. Da sie gerade an ihrer Dissertation arbeitet und in Geldnöten ist, zieht sie in das düstere Haus, in dem ihr Bruder Selbstmord beging. Schon bald wird sie das Gefühl nicht los, daß in diesem Haus unheimliche Dinge vor sich gehen, denen auch Bryan auf der Spur war.
Doch weder der Arzt Tim Hendra, der sich in Sara verliebt hat, noch ihre nette Nachbarin Clare Dorriel schenken Sara Glauben, die von einer unheimlichen, kahlköpfigen nackten Frau und seltsamen nächtlichen Feuern berichtet. Sara verstrickt sich mehr und mehr in diese unheimliche Welt, bis es für sie kein Zurück mehr gibt …

BASTEI LÜBBE